Stefanie Voigt und Markus Köhlerschmidt

Die philosophische Wollust

Stefanie Voigt und Markus Köhlerschmidt

Die philosophische Wollust

Sinnliches von Sokrates bis Sloterdijk

Die Deutsche Nationalbibliothek verzeichnet diese Publikation in der Deutschen Nationalbibliografie; detaillierte bibliografische Daten sind im Internet über http://dnb.d-nb.de abrufbar.

Die Herausgabe des Werkes wurde durch die Vereinsmitglieder der WBG ermöglicht.
Redaktion: Dr. Karen David-Sirocko, Eutin
Satz: Jung Crossmedia Publishing GmbH, Lahnau
Einbandgestaltung: Finken & Bumiller, Stuttgart
Einbandabbildung: Auguste Rodin, „L'Amour et Psyché", um 1905, © akg-images
Gedruckt auf säurefreiem und alterungsbeständigem Papier
Printed in Germany

Besuchen Sie uns im Internet: www.wbg-wissenverbindet.de

ISBN 978-3-534-23772-2

Die Buchhandelsausgabe erscheint beim Primus Verlag.
Einbandgestaltung: Christian Hahn, Frankfurt/Main
Einbandabbildung: „Le baiser" (Der Kuss) von Auguste Rodin (1840–1917),
© picture-alliance / akg-images

ISBN 978-3-89678-721-7

www.primusverlag.de

Elektronisch sind folgende Ausgaben erhältlich:
eBook (PDF): 978-3-534-71821-4 (für Mitglieder der WBG)
eBook (epub): 978-3-534-71822-1 (für Mitglieder der WBG)
eBook (PDF): 978-3-86312-704-6 (Buchhandel)
eBook (epub): 978-3-86312-705-3 (Buchhandel)

Inhaltsverzeichnis

Die Philosophie und der Sex – die Geschichte einer angespannten Beziehung von der Antike bis zur Gegenwart

„Jedermann sollte wenigstens so viel Philosophie ... studieren als nötig ist, um sich die Wollust angenehmer zu machen.“[1]
(Georg Christoph Lichtenberg)

„Die Menschen, die zur Wollust neigen, sind milde und barmherzig, die zur Reinheit neigen, sind es nicht.“[2]
(hl. Johannes Klimakos)

Ungewöhnlich ist, dass ein Buch „Philosophie“ und „Sex“ zu vereinen sucht. Das liegt am Wort „Sex“. Es ziert üblicherweise Rotlichtbezirke, nur selten aber die gehobene Konversation – im Gegensatz zu „Philosophie“. Sie entspricht viel eher dem Format dickleibiger Bücher oder Gelehrtengesprächen, sie ist etwas für Bibliophile, ist erhaben. Ihre Thesen verleihen Charme und Klasse, denn zum gelungenen Leben gehört eine eigene Philosophie, aber nicht unbedingt Sex – sagen die einen. Nicht umsonst rät im 18. Jhdt. die Fachliteratur dem Manne bei sexueller Anfechtung den Griff zum Buch philosophischen Inhalts. Doch gibt es auch die Gegenthese, wonach Sex unabdingbar, Philosophie hingegen ein Spaßverderber sei – behaupten zumindest Leute, die statistisch gesehen weniger oft Bücher kaufen, schon allein deswegen, weil sie keine Zeit zum Lesen haben (wollen).

Der Gegensatz Philosophie – Sex gilt aber nicht nur dem Inhalt, sondern auch dem Stil. Es heißt: Die Qualität der Philosophie bestimmt ihre saubere Argumentation. Sex aber muss schmutzig sein, fordert zumindest Woody Allen. Der studierte Philosoph, der bis zu sieben Therapeuten zugleich beansprucht, vergleicht seine Filme mit Sex: Jedes Mal hohe Erwartungen – jedes Mal herbe Enttäuschungen. Trotzdem oder gerade darum durchzieht diese Problematik sein cineastisches Werk genauso wie sein literarisches Schaffen, samt vielen Querbezügen zwischen philosophischen Grundbegriffen und Sex. Allen thematisiert in Filmen wie „Was Sie immer schon über Sex wissen wollten, aber nie zu fragen wagten“ (1969, sein Durchbruch als Regisseur) die großen Fragen des Menschseins und Sexhabens anhand von Reizwäsche tragenden Schafen und sprechenden Spermien. In einem seiner Bücher wälzen die philosophisch ambitionierte Hauptfigur namens Nadelmann und eine

> „Juliet sich im Liebesspiel – oder war es bloß ein Sexspiel? Er wusste, es gab einen Unterschied zwischen Sex und Liebe, aber er war der Meinung, beides sei wundervoll, solange nicht einer der Partner zufällig ein Hummerlätzchen umhatte. Frauen, überlegte er, sind etwas Weiches, das einen umhüllt. Das Dasein ist auch was Weiches, das einen umhüllt. Irgendwann wickelt es einen total ein. Dann kam man nicht wieder raus, es sei denn zu irgendwas wirklich Wichtigem, wie Mutters Geburtstag oder einer Geschworenensitzung. Cloquet dachte oft, es bestehe ein großer Unterschied zwischen dem Sein und dem In-der-Welt-Sein, und er meinte, egal, zu welcher Gruppe er gehöre, die andere amüsierte sich zweifellos besser.“[3]

So trennen Grad und Art der Genüsse die Philosophie und den Sex voneinander und ordnen sie völlig verschiedenen Seins-Gattungen zu.

Und doch zieren diese beiden Wörter vereint das vorliegende Buch. Denn die musevolle Betrachtung menschlicher Fleischeslust ist nicht so sehr philosophisches Neuland, wie der erste Verdacht suggeriert. Vielmehr schwingt in den Thesen erstaunlich vieler Philosophien das Thema Sex mit – wie in den Texten alter Schlager. Nicht alle Philosophen waren bzw. sind Feinde der Lust im Sinne Kants (1724–1804): Der widmet sich wie kaum ein anderer der Systematik des Denkens bzw. der „Bedingung der Möglichkeit“ von Erkenntnis – auf die Möglichkeit bedingter Erkenntnis im biblischen Sinne hat er Zeit seines Lebens verzichtet. Denn der Begriff „erkennen“ taucht in der Bibel in zwei Formen auf: 1) als „etwas erkennen“, wie z. B., dass der Schuh nicht zugebunden ist, oder 2) als „sich gegenseitig erkennen“, eine Paraphrase von Sex. Trotz dieser Abstinenz, oder vielleicht deswegen, nimmt Kant sich des Themas der – wie er es nennt – „gegenseitigen Bereitstellung der Geschlechtsorgane“ an. Auch der Blick auf andere Philosophen zeigt, dass sich unter den großen Theoretikern des Denkens viele große Praktiker der ästhetischen Wahrnehmung finden, die entweder Sex abstrakt als obligaten Teil des Menschseins respektive eines guten Lebens definierten oder entsprechende Forschungen am lebenden Subjekt durchführten. So ist z. B.

Theodor Wiesengrund Adorno als forschender Kulturtheoretiker zu nennen, in dessen Tagebuch steht, wie er einer namenlos bleibenden Frau (in keinem Fall aber der seinen) durch die nachhaltige Verwendung einer Peitsche zum Orgasmus verhalf. Dieser Vorgang ist insofern von Belang für die Philosophie, als der Tagebucheintrag schließt mit der Notiz: „Menschlich und geistig gereift“[4], doch dazu später mehr.

Über solche inhaltlichen und biographischen Bezüge hinaus ist der Sex aber auch systemtheoretisch relevant für die Philosophie: Einige Vertreter der der Philosophie untergeordneten Disziplin der Ästhetik-Theorie meinen, dass extreme Formen der Wahrnehmung wie die z. B. beim Sex zu beobachtende Ekstase eigentlich zur kognitiven Grundausstattung des Menschen gehören. Vernunft kann dieser These nach nur als Gegenschablone zu solch genau gegensätzlich konstruiertem Irresein zustande kommen. Allein die zeitliche Beschränkung dieses Zustands unterscheidet gutes Außer-sich-Sein (so die Übersetzung von Ekstase) von wahnhaftem Hoffentlich-unter-Beobachtung-Sein. Der Mensch besteht gemäß dieser Vorstellung aus den Pendants von Rationalität und Irrationalität, aus zwei Medaillen einer Seite – so die treffende Formulierung des Fußballer-Philosophen Mario Basler. Neben Vordenkern wie ihm bewerten auch wissenschaftliche Anthropologen die moderne Negation von Ekstase als (nur bedingt begrüßenswerten) Gegensatz zu archaischen Kulturen, in denen der Verzicht auf Entgrenzungserfahrungen allenfalls als Geisteskrankheit gegolten hätte.

Der Philosoph Michel Foucault (1926–1984) geht sogar soweit zu veranschlagen, dass nicht nur Ekstase sein soll, sondern auch andere Entgleisungen des Alltagsdenkens. Rausch, Rock'n Roll und Psychosen hätten genauso ihre anthropologische Berechtigung. Sie seien vielmehr vor unserer Zeit immer Teil des kulturellen Kontexts gewesen. Heutzutage würden diese Dinge fälschlicherweise als Flucht vor der Realität oder als Krankheit interpretiert, und zwar von der eigentlich kranken, weil solche Entgrenzungen ausgrenzenden Gesellschaft. So lautet die Grundthese von Foucaults Veröffentlichungen über Sex im alten Rom. Ob dieser Aussage wurde der tendenziell cholerisch-dominante Foucault, obwohl Franzose, nicht nur international, sondern auch hierzulande einer der ganz großen Philosophen des 20. Jhdts. Zunächst aus den Berufssparten Krankenpflege, Psychologie und Soziologie stammend, widmet er sich später dem Thema der Macht in all den genannten Sparten. Die untersucht er anhand antiker Bettgeschichten, die er 1984 als mehrbändiges Werk mit dem griffigen Titel „Sexualität und Wahrheit" veröffentlicht. Es geht darin über den antiken „Gebrauch der Lüste", also so etwas wie eine Selbst-Für-Sorge, oder besser antik formuliert: „Selbstsorge" – einer der Stoa entstammenden Idee einer Verbindung von Ethik und Ästhetik. An dieser Verbindung versucht sich Foucault persönlich in den kalifornischen *dark-rooms* (völlig abgedunkelten Partyräumen zur rein physischen Kontaktaufnahme in einem Land, in dem bis heute kaum jemand Französisch spricht) und wird auf diese Weise zu einem der ersten prominenten Aids-Opfer überhaupt. Sprach er Zeit seines Lebens davon, einen Lusttod sterben zu wollen, gibt er selbst ein ergreifendes Beispiel für die gelebte Verbindung von Philosophie und Sex bzw. von Rationalität und Wahnsinn. Darum und trotzdem ist die Medaillenthese vom Ineinandergreifen von Philosophie und Sex ein Indiz für die Angreifbarkeit purer Rationalität. Demnach wäre zu fragen, ob diejenigen, die sich nicht ab und an einen gewissen Verstandesverlust gönnen, vergleichsweise weniger Verstand hätten als zeitweilige Entgrenzung praktizierende Mitmenschen (von Alkoholikern abgesehen). Also wäre ein guter Philosoph nur einer, der nicht immer einer ist und gelegentlich auf die Verbalisierung seiner Empfindungen verzichtet. Aber wäre ein noch besserer Philosoph dann vielleicht derjenige, der sich nicht nur praktisch mit der Thematik auseinandersetzt, sondern auch mit theoretischem Material? Schließlich ist Sex ein Tabu und meist hinter verschlossenen Türen zu finden, Bücher und die Philosophie sind hingegen vielfach mehr sozial erwünscht – und so entsteht, nebst der Frage nach der Möglichkeit gegenseitiger Potenzierung, ein kaum möglicher Gegensatz. Und trotzdem oder vielleicht gerade deswegen:

Eigentlich liegt der Verdacht einer engen Verbindung zwischen den Sphären Philosophie und Sex nahe: Der Begriff der Erotik kommt vom Wortstamm *eros* her und bezeichnet das Begehren dessen, was einem selber fehlt (was nicht nur die Frage aufwirft, ob derjenige, der jemanden interessant findet, sich selbst damit als langweilig klassifiziert). Die Vorgeschichte: Eros ist eine göttliche Gestalt im Alten Griechenland, zuerst als Prinzip eines pauschalen, ein gutes Leben ermöglichenden Verlangens, auch bekannt als Figur des Phanes. Aus dem wird später bei Sokrates der Eros, das Resultat eines one-night-stands des Gottes Poros (Gott des Weges, der Ressourcen und Einkommen) mit der sterblichen Bettlerin Penia (Verkörperung der Armut). Am unteren Ende der gesellschaftlichen Hierarchie lungernd, hofft sie auf einen, wenn auch geringen, Anteil von einem ausschweifenden Fest der vom Schicksal bevorzugten Göttin Aphrodite. So bekommt Penia Eros. Der wiederum erhält später eine Festanstellung bei Aphrodite, weil er ihrem Fest bzw. dem dort ausgeschenkten Nektar seine Existenz verdankt. Eros steht konsequenterweise für das Zusammentreffen der Gegensätze von Fülle und Mangel bzw. für gemischt süß-sauer-sinnliches Begehren. In der Literatur ist solches Wünschen in Form des Eros vielfach vertreten. Stellvertretend sei des Apuleius' Märchen von Amor und Psyche aus dem 2. Jhdt. genannt: Darin entführt Eros die Prinzessin Psyche, die sich dann in ihn verliebt. Diesem frühen Beleg eines Stockholm-Syndroms entspringt die gemeinsame Tochter Lust.

Als Alternativgötter für Liebe und Sex fungieren die Göttin Aphrodite und der Gott Dionysos:

- Der Aphrodite war ein zu Unrecht berüchtigter Tempel voller Priesterinnen auf Zypern geweiht. Eine der beiden Überlieferungen zu Aphrodites Herkunft stellt sie in die Herkunftslinie vom Uranos, dem Himmelsgott: Während er von der Göttin der Erde, Gaia, verführt wird, schlägt der gemeinsame Sohn Kronos dem Vater den Penis ab und letzterer fällt ejakulierend ins Meer. Daraus entsteht Meerschaum, dem Aphrodite entsteigt, so wie Botticelli nicht nur sie verewigte, sondern auch um 350 v. Chr. ein anonymer Bildhauer: Diese erste nackte aller griechischen Statuen soll so beliebt gewesen sein, dass Plinius über einen einschlägigen Fleck auf ihr berichtet.
- Dionysos ist zuständig für die Kombination von Wein und Sex, oft mit Satyrn im Gefolge, trunkenen, behaarten, gehörnten und stets erregten Halbmenschen. Eigentlich müsste Dionysos auch Gott der Wettschulden sein. Denn um diesen zu genügen, soll er nach dem Tod seines Wettpartners zu libidinösen Schulden gestanden und in Ermangelung des Verstorbenen einen Baum am Grabe bzw. einen hervorragenden Aststumpf zweckentfremdet haben.

In der Kunstgeschichte wurde Eros wurde auch als Schrecken erregender Sturmgott wiedergegeben. Populär wurde er seit dem Klassizismus im Bild niedlicher Eroten bzw. als Amor (lat. Cupido) schlechthin, ein geflügeltes Jüngelchen mit Pfeil und Bogen. Wen er damit trifft, ist ihm völlig egal, schließlich verkörpert er blinde Leidenschaft. Für sein Betragen sind – ab dieser Zeit und aufgrund einer anderen Legende – als Erziehungsberechtigte zunächst zwar weiterhin Aphrodite (lat. Venus), dann aber in jüngerer Zeit der Gott des Krieges, Ares (lat. Mars), verantwortlich zu machen. Der Ehegatte der Aphrodite, Hephaistos, hatte die beiden auf frischer Tat ertappt und mit einem Netz dingfest gemacht; als er aber seine Beute den anderen Göttern zum Spott vorführte, war er selbst derjenige, der Häme erntete.

Ausgehend von diesen in antiken Mythen geschilderten philosophischen Wurzeln des Erotik-Begriffs ist zu fragen, inwiefern nicht nur jeder praktizierte Sex, sondern vor allem jedes Gefühl von Sehnsucht erotische Qualitäten in sich birgt, ein Gefühl (philosophisch bzw. psychologisch formuliert: ein ästhetisches bzw. motivierendes Gefühl), bei dem Gegenschablonen angedacht werden (philosophisch bzw. psychologisch formuliert: Gegenschablonen der eigenen Existenz bzw. der eigenen Denkmuster). Demnach wäre jede Sehnsucht nicht nur erotisch, sondern auch jede sehnsüchtige Imagination schön und irgendwie philosophisch. Denn Sehnsüchte bergen Zeit zum Philosophieren und treten vor allem dann auf, wenn maßgebliche Komponenten für die Ausübung von Sex fehlen, seien es Zeit, Muse, die Kooperation anderer oder technische Hilfsmittel. Sehnsüchte benötigen keine sexologische Praxis. Buddha hielt das Aufgeben von Wünschen sogar für maßgeblich beglückend. Ein auf Sexualberatung spezialisierter Priester in Polen sagte unlängst, man müsse keinen Herzinfarkt gehabt haben, um Kardiologe zu sein.

Doch Praxis hin oder Theorie her: In keinem Fall kann die Lektüre philosophischer Bücher lediglich als Ablenkung von niederen Trieben oder als freudianische Sublimation des Sexualtriebes interpretiert werden. Sind Freuds Bücher dafür nicht selbst zu sexualisiert? Nicht nur, dass er knapp die Hälfte aller Traumsymbole als Penis-Symbol interpretiert – und die andere Hälfte als Vagina-Symbol. Der Urheber der Psychoanalyse ging auch davon aus, dass die Energie, die jeder eigentlich gerne in Sexuelles investieren würde (aufgrund mangelnder Möglichkeiten und entsprechender Sozialüberwachung aber nicht investieren kann), mittels Kunst sublimiert wird. Darum verzichtete er selbst ab dem 40. Lebensjahr zugunsten der eigenen Buchproduktion auf den Beischlaf mit seiner Frau (mit der zusammen er bis zu diesem Zeitpunkt fünf Kinder gezeugt hatte). Sex sei aber nicht nur denkbar als psychoanalytisch behandlungsbedürftiger Ausbruch des Verboten-Irrationalen, sondern auch als eine sozial erwünschte Ritualisierung von etwas, das in den überwiegenden Fällen nicht mehr dem eigentlichen Zweck der biologischen Fortpflanzung dient, sondern einer Art Kult zwischen Mensch und Mensch, zwischen Natur und Kultur – oder philosophisch gesehen zwischen Schönheit und Erhabenheit. Und damit ist Freuds Argumentation zum Thema Sex in der Ästhetik-Theorie angekommen: In der Philosophie gelten Schönheit und Erhabenheit eigentlich als die beiden einzigen ästhetischen Gefühle, die ein Mensch klassifizieren können muss, da alle anderen Gefühle nur Unterarten dieser beiden Kategorien sind. Darum werden in eingehenderen Analysen Schönheit und Erhabenheit als konkurrierende Formen des ästhetischen Empfindens voneinander getrennt. Das bezeichnet man als doppelte Ästhetik. Dies Denken führte vor allem im 18. Jhdt. zu interessanten Gegenüberstellungen von schönen, aber dummen Frauen und hässlichen, aber erhabenen Männern. Schönheit ist angenehm und nicht weiter anstrengend in der Handhabung. Erhabenheit überfordert in ihrer Größe, ist so überwältigend, dass es schon nicht mehr schön ist, aber genau aus diesem Grund interessant, nur schlecht zu beschreiben und nicht umsonst der wichtigste Begriff der modernen Kunst. Darum können schöne Männer aus dem Umfeld der queer-theorists (aus der Literaturtheorie der vor allem männlichen Homosexualität) nicht vorhandene Aussagen über Homosexualität bei Shakespeare nicht nur als Nachweis homosexueller Gelüste ex negatione, sondern auch als Inbegriff unbeschrieben-unbeschreibbarer Erhabenheit interpretieren. Doch sind erstens die Kategorien der Schönheit und Erhabenheit sehr spezielle ästhetiktheoretisch-philosophische Instanzen, die zweitens von anderen Disziplinen gar nicht als Gegensätze definiert werden. Drittens werden noch dazu solche Feindifferenzierungen im tatsächlichen Erleben von Schönheit und Erhabenheit nicht einmal rational reflektiert, also wen interessiert das?

Sowohl in der Philosophie als auch im Alltag viel relevanter – und noch dazu allgemeinverständlicher – ist ohnehin der Begriff der Liebe. Nun wird Liebe vielschichtig aufgefasst. Das Gebot „Liebe Deinen Nächsten wie Dich selbst“ mag im vorliegenden Zusammenhang und mit Blick gen manch’ Nächsten nicht immer einleuchten. Doch die Formulierung vom „Liebe machen“ als Umschreibung für Sex verweist darauf, dass Sex eben nicht nur etwas mit Schönheit und Erhabenheit, sondern auch etwas mit der höchsten aller Instanzen etwas zu tun hat, der Liebe. Also kann Sex aus philosophisch-menschlicher Sicht nicht ganz unwichtig sein. Denn jeder Anflug von Liebe ermöglicht dem Menschen wiederum andere Gefühle, die für ein reibungsloses Funktionieren seines psychischen Systems ausschlaggebend sind – egal ob mit oder ohne

Sex. Liebe ermöglicht ein nicht allein rationales, sondern auch ästhetisch-selbstmotivierendes, ein als wahrhaftig empfundenes Bewusstsein, vielleicht sogar ein schönes Leben, vielleicht sogar guten Sex, vielleicht ermöglicht auch Sex Liebe. In jedem Fall ist das Thema für die Philosophie wichtig. Darin stimmen die Psychologen mit den Philosophen sogar überein. Auch die Mediziner pflichten dem bei, indem sie über die heilende Wirkung des Aktes berichten, über die Produktion glücksbringender Hormone und Enzyme, die entweder indirekt durch Bewegung, Gemeinschaftsgefühle oder direkt durch den Austausch von Körperflüssigkeiten auf den Weg geschickt werden. All diese Aspekte zeigen, dass Theorie niemals Praxis ersetzen kann. Doch von positiven Begleiterscheinungen der Freikörperphilosophie ist in der Philosophiegeschichte anfangs kaum die Rede. Wenn dann erst in unserer jüngeren Vergangenheit so manche Philosophen vehement das Gute am Sex thematisieren, dann tun sie das eher ohne Berücksichtigung des Faktors Liebe. Sie bezeichnen oft nur die Kultivierung, den Stil als Ziel der Aktivität und geben damit indirekt denjenigen Kritikern aus der eigenen Fraktion Recht, die seit Anbeginn Sex generell kritisieren und, wie Marc Aurel, Sex als hirnloses Aneinanderreiben von Körpern interpretieren. Denn auch mit Stil ist Sex ohne Erfüllung der Grundanforderung von Liebe und/oder ethischen Grundregeln nur vergleichbar mit biologischen Zwängen, wie sie die Tiere plagen und z. B. Nashörner zur Paarung zwingen, bis die Weibchen nicht selten vom vor Erschöpfung zusammenbrechenden Bullen erdrückt werden. Oder wissen Nashörner etwas, was wir nicht wissen?

Die Beziehungsgeschichte von Philosophie und Sex steckt voller Fragen. Dieses Buch will die wichtigsten Thesen dieser Geschichte vorstellen, von der Antike bis zur Gegenwart.

1 Auch früher wollten Philosophen stets nur das Eine: Die Antike

Der Beginn der abendländischen Philosophie markiert zugleich den Beginn aller Probleme mit Sex. Sex gilt als erstes transzendentales Problem der Menschheit. Schließlich geben die ältesten Höhlenzeichnungen nichts anderes als die dazugehörigen Organe wieder, wenn nicht gar der damit mögliche Handlungsvollzug gemeint ist. Doch die Steinzeit ist am Anfang jeglicher philosophischen Denktradition schon längst Vergangenheit. Nur kleine Prologe lassen von Ferne die archaischen Zeiten Griechenlands erahnen, in denen alles anders war als heute. Leider ist darüber ganz wenig bekannt, weil eben nicht schriftlich fixiert. So überlieferten die Menschen etwa früher ihre Epen von Mund zu Mund und kannten folglich noch keine Philosophen heutigen Formats, weil die ihre Gedanken in Büchern verewigen. Angeblich unterscheidet sich die frühere Art des Denkens daher ganz erheblich von unserer heutigen, die an Buchstaben und Textverarbeitungssysteme gewöhnt ist. Viel weniger selbstreflexiv sollen die Menschen einst gewesen sein. Der Psychologe Julian Jaynes (1920–1997) vertritt in seinem Buch „Der Ursprung des Bewusstseins durch den Zusammenbruch der bikameralen Psyche" von 1988 sogar die These, dass in archaischer Zeit, also bevor es größere Städte gab, rechte und linke Hirnhemisphäre so streng voneinander getrennt waren, dass es früheren Menschen unmöglich war, durch Selbstreflexion die beiden Instanzen als Teile ein und desselben Systems auszumachen. Trug dann ein Teil dem anderen eine Information zu, glaubten sie göttliche Stimmen zu hören. Im Grunde war das eine Art schizophrener Schub bei gleichzeitiger Regression in eine Art kindliches Bewusstsein, die erst durch die mit größeren Menschenansiedlungen verbundenen Anforderungen vom regulären Ich-Bewusstsein abgelöst wurde. Streng, weil neurophysiologisch genommen müsste die Reihe dieser Zustände niedriger Rationalität eigentlich durch das Bewusstsein bei Sex ergänzt werden – denken manche und veranschlagen, dass so ein Zustand permanent niedriger Intellektualisierung nicht nur mit anderen Straßenverkehrs- und Feiertagsregelungen verbunden war, sondern auch mit einer heutigen Sexualgewohnheiten stark zuwiderlaufenden Feiertagsaktivität samt öffentlichem Verkehr.

Darum wird gerne erzählt, dass in alten Zeiten jährlich der Demeter (nicht nur Namenspatronin einer anthroposophischen Lebensmittelfirma, sondern in erster Linie Göttin der Fruchtbarkeit) gehuldigt wurde; und zwar auf freiem Feld ganze drei Tage lang. Neuere Forschungen enttarnen solche Fruchtbarkeitsrituale allerdings eher als dreitägiges Zusammensein von Frauen, die Ferkelopfer und Penis-Teigtaschen verspeisten. Heute wären solche Freilandaktivitäten Erregung (sic!) öffentlichen Ärgernisses, gälte als Kindmissbrauch mit bis zu fünf Jahren Strafe, wenn Kinder Augenzeugen des Geschehens würden, und ist nur in Holland in einem eigens dafür ausgewiesenen Park erlaubt. Natürlich steht es dem versierten Philosophen frei, sich gegebenenfalls nicht nur auf kulturwissenschaftliche Experimente zum Thema vorschriftliches Denken, sondern auch auf die antike Demeter zu berufen. Von ähnlich profundem Wissen würde die Argumentation mit den philosophischen Strömungen des 18. Jhdts. Kunde tun, als die Denker der Aufklärung das Ideal der Natürlichkeit bzw. Naturverbundenheit proklamierten. Also wurden auch die vormals nur Adeligen zustehenden Parks geöffnet. Aus einem Park in Dänemark wurde von legendär intensiver Nutzung im einschlägigen Sinne berichtet. Die Maxime des Philosophen Rousseau: „Zurück zur Natur!", war zwar nicht unbedingt als direkter Aufruf zu Open-Air-Sex gedacht, stellte aber auch kein Veto dar. Aufgrund dieser neuen Naturverbundenheit führte z. B. Frankreichs Königin Marie Antoinette das Stillen wieder ein und ließ sich einen Abdruck ihrer Brüste nehmen, um Milchschalen für den Gebrauch in einem künstlichem Landidyll herstellen zu lassen, in dem sie als Schäferin wirkte (Die Legende des ähnlich natürlichen Ursprungs von Sektschalen beruht unter anderem auf dieser Vorgeschichte).

Doch zurück in die Antike: Neben dem Demeter- gab es auch den Dionysos-Kult, ekstatische Umzüge weiblicher Menaden, die im Zuge ihrer Feiern stark angetrunken durch die Lande streiften und alle Männer, auf die sie unterwegs trafen, zerfleischten. Oder Homer hat in seinen Epen stark dramatisiert. Darüber hinaus wandelt sich der Dionysos-Kult im Laufe der Antike zur Männerveranstaltung schlechthin. Hinzu kommt, dass sich sowieso alle antiken Eskalationsgeschichten nicht mit modernen Maßstäben messen lassen, was erst ab Beginn einer dementsprechenden Berichterstattung möglich ist. Mit ihr beginnt eigentlich die Philosophie in all ihrer philologischen Überprüfbarkeit.

Vor Sokrates: Hesiod und die alten Griechen

„Kann doch größeren Segen der Mann sich nimmer erjagen,
Als ein verständiges Weib; essgierige aber und liebeshungrige
bleiben das Ärgste; sie sengen den Mann, wie kräftig er sein mag,
Ohne das Feuer, und geben ihn preis frühzeitigem Alter.“[1]

Hesiod, ein Zeitgenosse Homers aus dem 8. Jhdt. v. Chr., gilt als einer der frühen Vertreter dieser ersten Generation von Philosophen. Halb Dichter, halb Denker verfasst er eine Theogonie, eine Geschichte der Entstehung des Weltalls samt Göttern. Einer von ihnen ist Eros, entstanden durch eine Art asexueller Zellteilung. Hesiod gesteht diesem Klon zu, der Schönste aller Götter zu sein und ein Lust spendendes Prinzip zu verkörpern, das ihn selbst glücklicherweise verschonte. Denn der verheiratete Vater zweier Söhne war keineswegs ein Frauenfreund, sondern das genaue Gegenteil. Frauenfeindliches nennt sich griechisch Misogynie; Hesiod ist ein Paradebeispiel für dies Phänomen. Seiner Auffassung nach bestand die größtmögliche Dummheit eines Mannes darin, einer Frau zu vertrauen. Denn anstelle einer Frau könne man sich genauso gut irgendwelche Gauner einladen, um das eigene Vermögen zu verschleudern. Besonders im Sommer seien Frauen – nicht etwa der Bademode wegen, sondern hormonbedingt – in ihrer sexuellen Zudringlichkeit kaum zu ertragen und somit unmittelbar verantwortlich für vorzeitiges männliches Altern. Denn schließlich hätten sie am Sex mehr Freude als die Männer. Hesiod belegt diese Benachteiligung des Mannes mit der Geschichte des Menschen Teiresias, der kraft einer göttlichen Geschlechtsumwandlung sexuelle Erfahrungen als Frau machen durfte. Er – bzw. sie – zeigte sich begeistert. Die Göttin Hera allerdings weniger: Sie hatte gegen Zeus auf das Gegenteil gewettet (doch da Frauen ein Geschenk des Zeus sind, wusste der, auf was er wettet). Schlussendlich blendet Hera Teiresias – und Hesiod ist der Auffassung, dass es Gottesgeschenke gibt, auf die Mann hätte verzichten können. Teiresias wird später Seher im übertragenen Sinne. Hesiod dagegen wird selbst Opfer, Opfer von Hormonen, allerdings nicht seiner eigenen: Er wird zu Unrecht erschlagen, nicht von Frauen, sondern von zwei Brüdern, die ausgerechnet diesen großen Philosophen jeglicher Lustfeindlichkeit verdächtigten, ihre Schwester verführt zu haben. Dass er angeblich ein Loblied auf den sinnlichen Genuss beim Verzehr von gepökeltem Fisch geschrieben hat

(Fisch galt später im klassischen Athen als Luxus- und Sexsymbol, das als kostbares Geschenk vor allem für teure Hetären zum Einsatz kam), ist wohl ein Irrtum.

Das Thema Frauenfeindlichkeit wird noch wiederholt auftauchen: Misogynie geht ursprünglich auf die im alten Griechenland herrschende Arbeitsteilung zurück. Naturwissenschaftler der damaligen Zeit argumentieren wie folgt: Die Menstruation indiziert ein Feuchtigkeitsniveau der Frau, das zu weicher Körperbeschaffenheit und hoher Krankheitsanfälligkeit führt. Es empfiehlt sich daher eine Aufteilung des gesellschaftlichen Lebens in zwei Sphären: Öffentliches Leben sei Männersache, alles hinter der hauseigenen Türschwelle dagegen weiblicher Herrschaftsbereich. Ausnahmen, wie z. B. in Sparta, bestätigen diese Regel. Aristoteles mochte die selbstbewussten Spartanerinnen gar nicht und differenziert zwischen den Kategorien Form – anders gesagt: aktiv – und Inhalt – anders gesagt: passiv. Form entspricht dabei dem Mann, Inhalt der Frau. Der Mann ist so etwas wie ein Handwerker und die Frau ein Stück Holz in der holzverarbeitenden Industrie; beides sollte nicht allzu sehr ineinander greifen. Denn Schwäche und Erschlaffung nach dem Akt gelten als Beweise dafür, dass die für den Kräfteaufbau notwendige Nahrung dem Körper entzogen und für die Samenbereitung verwendet wurde. Darum würde nach sexuellen Exzessen nicht mehr Samen entleert, sondern dessen nicht ganz durchgekochte Vorstufe Blut. Mit eben solchen Argumenten entsteht eine Traditionslinie bis hin zu den noch heute herrschenden Gehälterverteilungen von Mann und Frau – obwohl es die Frauen sind, die die mehr verdienenden Männer auf die Welt bringen (dies die Antwort einer Spartanerin auf die Frage nach einer Berechtigung ihrer Mitsprache).

Nach Hesiod widmen sich zunächst nicht viele Denker der Sex-Theorie. Bei den **Vorsokratikern** findet sich ab dem 6. Jhdt. in den Schriften zum Ursprung allen Seins lediglich ein kleiner Kommentar zum Zeugungsakt, bei dem ein kleiner Mensch aus einem großen herausspringt.

Demokrit (460–371 v. Chr.), der Erfinder der Atomtheorie, vergleicht Sex mit einem Schlaganfall – und wird später verrückt.

Die **Pythagoreer**, die ab dem 5. Jhdt. v. Chr. die Wirklichkeit als aus Zahlen bzw. Proportionen konstruiert beschreiben, wollen Sex auf astrologisch geplante Zeugung von Nachkommen beschränkt wissen. Sonst wäre die Welt irgendwann übervölkert und voller „ungut“ gewordener Brut. Nach ihrer Auffassung wird „ungut“, was vor dem zwanzigsten Lebensjahr oder ohne Sinn und Verstand gezeugt wurde. Selbst Hundehalter wären um mehr Zuchtauswahl bemüht als Menschen.

Eine der Ersten, die sich einer ganz neuen Idee der damaligen Zeit, dem Konzept einer Seele, widmeten – noch dazu im Zusammenhang mit dem Thema Eros, war ausgerechnet eine Frau: Die Gedichte der lesbischen Lesbierin **Sapphos** (630/612–570 v. Chr.) drehen sich meist um ein sehnsuchtsvolles Warten auf die Geliebte. Die Bewohner von Sapphos' Heimatinsel Lesbos klagten daraufhin, dass homosexuelle Beziehungen unter Frauen nicht länger lesbisch genannt werden sollten. Wenn auch ohne Erfolg.

All diesen sogenannten Vorsokratikern folgt schließlich **Sokrates** (469–399 v. Chr.) selbst, seines Zeichens Steinmetz, der seine Kräfte weniger physisch als in Worten entfaltete. Er gilt mit seiner Einführung der typischen und bis heute lehrplanrelevanten „Was-ist-das-Fragen“ als eigentlicher Vater der abendländischen Philosophie. Angeblich favorisierte er Hochzeiten, und meint trotzdem: Mit einer guten Frau würde man glücklich, mit einer schlechten zumindest Philosoph. Ob er dies allerdings wirklich gesagt hat, muss dahingestellt bleiben. Auch, ob er tatsächlich der Liebhaber der Leiterin einer Frauenschule für Rhetorik und Philosophie war. Oder, ob er wirklich eine so biestige Frau hatte, dass deren Name Xanthippe zum Synonym für zänkische Ehefrauen schlechthin wurde. Sokrates wollte nämlich keine seiner Philosophien schriftlich fixiert wissen. Das war auch gar nicht nötig.

Nach Sokrates: Platon

„Deshalb, wenn das Zeugungslustige dem Schönen naht, wird es heiter und von Freude durchströmt und erzeugt und befruchtet; wenn aber Häßlichem, so zieht es sich finster und traurig in sich zusammen und wendet sich ab und schrumpft ein und erzeugt nicht“.[2]

All das, was von Sokrates überliefert ist, weiß man von den Sokratikern bzw. ihrem Gründungsvater **Platon** (427–347 v. Chr.), der dessen Schüler war. Platon ließ sich von seinem Lehrer inspirieren, vielfach zu Dialogen zwischen Sokrates und seinen jeweiligen Gästen – so dass bis heute und für alle Zeiten unklar bleibt, welche Aussagen in diesen Texten sokratischen und welche platonischen Ursprungs sind. Platon sagt also bzw. lässt Sokrates sagen bzw. lässt jemanden sagen, dass Sokrates gesagt habe, dass Sex eigentlich nur eine Vorform wahrer Liebe und darum nicht ganz oder gar nicht ernst zu nehmen sei. Denn die Wirklichkeit diene lediglich als eine Art Mustersammlung für eine höhere Welt. Alle realen und Veränderungen unterworfenen Dinge (die Erscheinungen) seien wie Blaupausen für das Ideale (die Ideen). Sobald sich beide nahe kommen, entsteht das Gefühl von Wahrheit bzw. von Liebe. Und damit meinte Platon ursprünglich die klassisch griechischen Gepflogenheiten, also konkret: Liebe von Männern zu Männern. Denn keiner weiß „... was ein größeres Gut wäre für einen Jüngling als gleich ein wohlmeinender Liebhaber, oder dem Liebhaber ein Liebling“.[3]

> Exkurs:
> In der damaligen Zeit haben nicht staatliche Schulen, sondern ältere Männer Jünglinge erzogen. Zwar kritisiert schon der ein oder andere, dass diese Erziehung auch potenziell eigennützige sexuelle Unterweisung beinhaltet habe. Aber vieles ist erlaubt. Auch der Feldherr Pausanias, zweiter Redner beim Symposion, lässt sich über Schönheit und Leistungsfähigkeit des männlichen Körpers aus, ein damals gern gewähltes Thema in der Diskussion um einen Vergleich von Männer- oder Frauenliebe – ein dabei gerne angeführtes Argument war das angebliche Fehlen gleichgeschlechtlicher Liebe im Tierreich: Im pseudolukianischen Dialog „Amores“ wird dem eine ebenfalls verbreitete Ansicht hinzugefügt, die Goethe in seinen „Venezianischen Epigrammen“ auf die griffige Formel bringt: „Knaben liebt’ ich wohl auch,/ doch lieber sind mir die Mädchen:/Hab’ ich als Mädchen sie satt,/ dient sie als Knabe mir noch.“[4]) Im Allgemeinen bleibt es meist bei einem Unentschieden beider Meinungen, bis schließlich christliche Kirchenväter der Frauenliebe zum Sieg verhelfen.

Zurück zu Platon: Seinem Knabenliebekonzept verdankt die Welt eine klassische Beschreibung sozusagen beflügelnder Liebesgefühle beim Manne:

> „Durchwärmt wird er, indem er durch die Augen den Ausfluss der Schönheit aufnimmt, durch welchen sein Gefieder gleichsam begos-

> sen wird. Ist er nun durchwärmt, so fließt um den Keim des Gefieders hinweg, was schon seit langem verhärtet sie umschloss und sie hinderte hervorzutreiben. Fließt aber Nahrung zu, so schwillt der Kiel des Gefieders und treibt, hervorzutreten aus der Wurzel überall an der Seele, denn sie war ehedem ganz befiedert. Hierbei also gärt alles an ihr und sprudelt auf und, was die Zahnenden an ihren Zähnen empfinden, wenn sie eben ausbrechen. Jucken und Reiz im Zahnfleisch, eben das empfindet auch die Seele dessen, dem das Gefieder hervorzubrechen anfängt: Es gärt in ihr und juckt und kitzelt sie, wenn das Gefieder heraustreibt."[5]

Diese Art von Liebe abstrahiert Platon im Laufe seiner Karriere zum klassischen und eher allgemeinen ‚Schön-Wahrem-Guten'. Ausgerechnet anhand der Situation eines Trinkgelages schildert er dies in einem besonders anschaulichen Beispiel. In der Schrift „Symposion oder Das Gastmahl" liefert sich Sokrates mit Freunden einen Wettstreit, wer die schönste Lobrede auf den Eros hält. Es wird gefragt: Was ist das Schöne, dem der Eros immer nachstellt? Jeder der Disputanten soll ein Loblied auf die Liebe singen (damals ein gängiger Gelage-Grundkurs), und dabei ereignet sich eine Anekdote, die später einmal Grundlage für die Formulierung von der „platonischen Liebe" wird: Denn die Erotik der Philosophie ist es, die in Platons „Gastmahl" die Figur des **Alkibiades** (451–404 v. Chr.) legendär machte: Der rauscht gegen Ende der Veranstaltung betrunken herein (konsequenterweise Rausch und unterste Formen der körperlichen Bereitschaft verkörpernd) und erzählt davon, wie er sich in eindeutiger Absicht neben Sokrates gelegt hatte, der aber nur philosophieren wollte – was wiederum Alkibiades sehr beeindruckte. Der vergleicht daraufhin den körperlich suboptimal ausgestatteten Sokrates mit einer Statuette, die in der Gestalt eines hässlichen Gnoms eine goldene Schönheit versteckt und die von Alkibiades geplanten Aktivitäten seinerseits höflich übersieht. So entsteht „platonische Liebe". Diese Formulierung stammt allerdings nicht von Platon, sondern seinem späteren Übersetzer Ficino.

Dass das Konzept der platonischen Liebe ausgerechnet anlässlich eines Gastmahls in die Welt tritt, ist eine ambivalente Angelegenheit. Nicht nur, dass das offene Gespräch über Sex damals so gängig war wie heutzutage der Diskurs über gutes Essen (abgesehen von Diskursen an S/M-Stammtischen). In der Antike beinhalteten Gastmähler durchaus auch alternative Unterhaltungsformen, an denen Tänzerinnen und Prostituierte beteiligt waren. Zahlreiche bemalte Weinschalen aus Terracotta geben davon Kenntnis – vor allem bei der Darstellung von Frauen – und ergänzen die ohnehin schon deftigen Göttergeschichten Griechenlands, die sich in ihrem Umgang mit Inzest, Vergewaltigung oder Sodomie deutlich vom Stil Grimmscher Märchen absetzen (Zeus liebt 63 Geliebte und tritt dabei unter anderem als Schwan, Stier und Adler auf). Solches Beisammensein wurde in den Schriften meist nicht explizit beschrieben und auch auf den Gemälden späterer Zeiten so umgangen, dass man meinen könnte, es hätte um diese Szenen urheberrechtliche Streitereien gegeben. Nun waren antike Gelage längst nicht so häufig wie lange Zeit angenommen und auch nicht unbedingt das, was die Pornofilmindustrie unserer Zeit in sie hineinprojiziert (legendär ist der Film Gore Vidals über den wirklich außergewöhnlich brutalen Caligula aus den 1970ern; der Film sorgte lange Zeit für Aufregung wegen einer authentic performed orgy). Trotzdem sind solche ausschweifenden Feste nicht gerade der Hintergrund, den man für den Ursprung der Idee von reiner Liebe vermuten würde.

Oder lag es an Sokrates, dass später niemand das Symposion verfilmen wollte? Nicht allein, dass er und Alkibiades nur diskutieren. Auch wird berichtet, dass Sokrates sich für ein Loblied auf Eros als nicht kompetent – weil unwissend – erklärt habe; tatsächlich entstammt alles, was Sokrates zu wissen angibt, Berichten aus zweiter Hand, nämlich den genetischen Erwägungen der Priesterin Diotima hinsichtlich des Eros als Hybrid zwischen Göttlichem und Irdischem. Egal: Spätere Philosophen werden die sokratisch-platonische Distanz gegenüber Sex zu einer wahren Liebes-Leibesfeindschaft hochstilisieren, z. B. und vor allem der Spät-Erkenntnisgetriebene Augustinus. Das ist schade angesichts einer anderen These aus dem Symposion:

Vom dort aufgeführten Dichter **Aristophanes** (450/444–um 380 v. Chr.) stammt der Mythos, dass die Menschen in Urzeiten Kugelmenschen gewesen seien. Dann – nach einer Teilung jeder Kugel in zwei Teile – beginnen sie mit einer unablässigen Suche nach ihrem jeweiligen Pendant, mit dem (und nur mit dem) Sex Sinn und Spaß macht. Der Erfolg ist dabei dann ganz unabhängig von technischen Künsten. Diese kurze Zusammenfassung ist heute noch weit verbreitet als Plädoyer für romantische Zweierbeziehungen in zahllosen Lebenshilfe-Ratgebern zu lesen. Im Original ist der Entwurf eigentlich eher als komische Einlage angedacht: Die zuerst achtgliedrigen Kugeln sind vorhanden in männlicher, weiblicher und androgyner Form. Nach der Strafteilung wird den Hälften zunächst das Gesicht nach vorne gedreht, damit sie ihre Schandtat – ihren Stolz, die klassische Hybris – Zeit ihres Lebens ansehen müssen. Erst nachdem ihnen auch die Geschlechtsteile nach vorne geschoben werden, können sie sich miteinander fortpflanzen und andere Dinge miteinander tun – der Entspannung wegen. Das geht am besten in den Kombinationen Mann/Mann (bei den Hälften aus männlichen Kugeln) oder Frau/Frau (bei weiblichen Kugeln). Von androgynen Kugeln abstammende suchen sich gegengeschlechtliche Partner.

Neben der Tonne: Diogenes

„Gehe in ein Bordell und lerne, dass zwischen teurem und billigem Vergnügen kein Unterschied ist.“[6]

Mindestens so lange wie man der Vergeistigung der Liebe eine große Bedeutung zugestanden hat, galt dies auch für Platons Vorstellung von den hinter den Ideen liegenden Erscheinungen. Noch heute differenziert mancher Philosoph zwischen Sein und Schein oder den Wesenhaftigkeiten der Dinge. Einer, der sich stets gegen derartige Abstraktionen verwahrt hat, ist der Philosoph **Diogenes von Sinope** (400/390–328/323 v. Chr.), der zur Legende wurde: Als Alexander der Große ihm die Erfüllung eines Wunsches anbot, bat Diogenes den Herrscher nur, ihm aus der Sonne zu gehen. Diogenes war Kyniker, also der Urahn der Grunge-People, die in der Ignoranz von Hygienevorschriften, gesellschaftlichen Normen und Sex ihr Seelenheil erhofften (das Wort *Kynos* bedeutet ‚der Hund‘ – Hunde machen was sie wollen). Als höchster Wert galt den Kynikern ihre persönliche Autonomie. Diogenes' Zeitgenossen meinten aber, dass Autonomie – auch die des Diogenes – nicht gewahrt bleiben könne, wenn es um die Regelung der Hormonproduktion ginge. Hierzu sei eben ein hilfsbereites Sexualobjekt notwendig. Was tat Diogenes angesichts dieses Arguments? Er ging auf den Marktplatz, onanierte und kommentierte: „Könnte man doch den Bauch ebenso reiben, um Hunger los zu werden.“[7]

In aller Ambivalenz ist dieses Verhalten eine stimmige Überleitung zum nächsten epochengeschichtlichen Abschnitt, dem alten Rom und dem dortigen Umgang mit Sex:

Von Dichtern und Denkern: Lukrez, Catull, Ovid und Plutarch

„Gleiche Wollust mit ihm genießet im Arme des Mannes
Auch das Weib; sie verlangt und heuchelt nicht immer die Liebe.
Willig gibt sie sich hin, sucht wechselseitige Freuden,
Suchet im süßen Verein der Liebe Ziel zu erreichen.“[8]

Als Pompeji ausgegraben wurde, stürzte die Unmenge aufgefundener Phalli die Menschen des 19. Jhdts. in tiefe Unsicherheit, hatte ihnen doch die Antike bis dato als hehres Vorbild gegolten. Fand sich ein Schaustück in auf der Straße eingepflasterten Mosaiken, wurden die meist kurzerhand zerstört. Zu dieser Zeit wusste man noch nicht, dass ein Phallus eigentlich als Unheil abwehrendes (apotropäisches) Glückssymbol gedacht war, daher eben auch im Straßenverkehr seinen Platz hatte. Und dabei waren die römischen Wegweiser des Priapus noch dezent im Vergleich zu griechischen Kolossalphalli. Objekte dieser Art wurden lange als Wegweiser zu Bordellen interpretiert, was zu beeindruckenden Statistiken über römische Prostitution und entsprechende Fachkräfte im Niedriglohnbereich (von der Entlohnung her vergleichbar mit heutigen 1 €-Jobs) führte.

Rom nähert sich im Laufe der Zeit mehr und mehr dem zuvor wegen seiner verdorbenen Sitten angeprangerten griechischen Osten: Der Favorit für wirklich lustvollen Sex ist der zwischen Männern, das Körperideal entspricht dem der griechischen Sportplätze beziehungsweise Statuen – und dem heutiger Lifestyle-Magazine. Für hormonelle Notfälle jenseits dieser favorisierten Möglichkeiten stehen immer noch Prostituierte oder Kurtisanen zur Verfügung. Ehefrauen in Liebe zugeneigt zu sein war zwar damals wie heute zwar kein Verbrechen, aber eben auch keineswegs die Regel. Denn auch in Rom waren wieder Ehefrauen für rationale Gefühle und Haushaltsführung inklusive Kinderbekommen zuständig und durften froh sein, wenn ihnen nach Erfüllung dieser Pflichten nicht gekündigt wurde.

Sex ist in jeder Form nur mit Hierarchiegefälle denkbar, als Interaktion eines penetrierenden aktiven und eines passiven Teils – entweder Mann/Frau oder mächtiger Mann/weniger mächtiger, weil jüngerer Mann. Immer gilt aktiv als männlich-vorbildlich, passiv als weiblich-ungehemmt-feige-leichtgläubig-sklavisch-zügellos, egal ob bei Mann oder Frau. Also befinden sich letztere beim Sex nicht nur im übertragenen Sinn unten. Ertappte Ehebrecher werden von oben herab bestraft; moderne Feindifferenzierungen zwischen Hetero- und Homosexualität gibt es mangels Nachfrage nicht. Interessant ist, dass die zahlreichen römischen Begriffe für beiderlei Geschlechtsteile stets grammatikalisch diametrale Geschlechter hatten: Das männliche Adjektiv *cunnus* stand für weibliche Geschlechtsorgane; *cauda* bzw. *mentuala* für das männliche Geschlechtsorgan, wenngleich weiblich in der Grammatik. Bei einer Abendveranstaltung im 18. Jhdt. sinniert ein englischer Gelehrter genau darüber und fragt in die Runde, welcher Grammatiker das erklären könne – und Casanova antwortet im stolzen Alter von vierzehn Jahren: „Weil der Sklave immer den Namen des Herrn trägt“[9]. Allgemein gilt in Rom: Die Abkürzung Sex. meint ausschließlich den Vornamen Sextus, die Werke der Venus waren auf derselben Hierarchieebene wie Essen und Trinken angesiedelt. Sex war ein alltägliches Thema, und man kannte mystische Restbestände Hesiodscher Demeter-Kulte rund um eine beeindruckend große Phallus-Figur. Dass Sex im römischen Alltag kein Tabu war, ist relativ sicher; nicht umsonst legten Römer beim Eid die Hand nicht auf ein Gesetzbuch oder das Herz, sondern eine Etage tiefer.

Der vergleichsweise offene Umgang mit Sex bietet genau den richtigen Hintergrund für einen weiteren Philosophen, nun wieder die sexuelle Enthaltsamkeit zu loben: **Lukrez** (97–55 v. Chr.) ist ein Dichterphilosoph, der in einem Schrecken und Gefahren vorführenden Lehrgedicht namens „De rerum natura“ (Die Natur der Dinge) – übrigens seinem einzigen Werk – die Grundsätze der epikureischen Thesen niederschrieb; und zwar per clara intervalla, in seinen klaren Momenten. Denn nach Einnahme eines Liebestranks verfiel er in geistige Umnachtung, die er nur durch Suizid zu beenden vermochte.

Die übrige Anhängerschaft der **Epikureer** (der Grieche Epikur lebte 341–270 v. Chr.) war als Bande von Lüstlingen verschrien, die dem Prinzip der Lust insofern frönte, als sie sie in Form von geistiger Erkenntnis oder Freundschaft suchte; Sex war nur insoweit von Bedeutung, als dass er diese Dinge nicht beeinträchtigte, denn (so das hedonistische Mantra) Sex sei zwar natürlich, aber nicht notwendig. Darin sind sich die Epikureer mit der zeitgleichen Schule der Stoa einig, die Sex zwar im menschlichen Reifungsprozess zulässt (für den notfalls auf Prostitution zurückzugreifen ist); man solle sich aber durch Lust nicht von seinen Pflichten ablenken lassen. Eine Anekdote von Cato dem Älteren erzählt, wie er einen einem Bordell enteilenden Jüngling lobt, dass dieser dort war. Als Cato denselben Jüngling einige Tage später wieder an der gleichen Stelle antrifft, weist er ihn darauf hin, dass er ihn gelobt hätte, weil er von dort herkam, nicht weil er dort wohne.

Gleichgültigkeit heißt die Devise, die bis zum 1. Jhdt. n. Chr gültig bleibt. Solange ist Sex kein problematisches Thema, auch wenn sich, trotz aller Freizügigkeit, ein echter Philosoph jeglicher erotischer Sprache zu enthalten hat – welchen Freuden er sich im Verborgenen hingab, stand laut dem Redner und Philosophen **Marcus Tullius Cicero** (106–43 v. Chr.) auf einem anderen Blatt. Wenn manche Römer das anders sahen, waren sie selten Philosophen, sondern häufig Kaiser oder Dichter. Was die Kaiser angeht: Wer hätte sie bestrafen sollen? Also waren manche maßlos in ihren entsprechenden Praktiken: z. B. sich von als Fischen verkleideten Jungen unter Wasser anknabbern zu lassen (Tiberius), die Schwester zum Sex zu zwingen, andere zu vergewaltigen und ihnen jeden anderweitigen Sex zu verbieten oder sie in Zwangsbordelle zu stecken (Caligula), mit der eigenen Mutter zu schlafen, bevor man sie erdolcht, Männer zu kastrieren, um bessere Frauen aus ihnen zu machen (Nero), einen Privatharem mit Hunderten kleiner Kinder zu halten, die nach Geschlechtsorganen benannt werden (Commodus) oder die Genitalien von Kindern für ein Opferfeuer abtrennen zu lassen, Chirurgen um Kastration und Einsetzung einer Vagina zu bitten (Elagabalus, der selbstreflexiv genug war, die Operation in letzter Minute abzusagen). Zwar formulierten auch die philosophierenden Dichter der Zeit, wie etwa Catull (der Erfinder der römischen Liebesliteratur, bereits mit 30 aufgrund ausschweifender Praktiken ausgezehrt und tot), Martial oder Ovid, wahrscheinlich überzogene Vorstellungen von sexuellem Treiben. Aber kaiserlicher Sex ist dann doch noch mal etwas anderes.

Eben diese Dichter besingen in hedonistischen Gedichten die Kunst und das Leben anhand der Themen Ehebruch oder auch des offenen Auslebens freier Beziehungen – eine ambivalente Angelegenheit für die alten

Römer, weil hier das Ideal vom fair-leben-aber-das-Leben-auch-genießen in das strenge Auge der Gesellschaft blickt. Auf der einen Seite finden sich gängige Praxis, offizielle Doktrin und der Redner-Philosoph Cicero: Jegliche Form von Sex ist schicklich, solange sie hinter verborgenen Türen bleibt. Schon darüber offen zu schreiben ist unschicklich, also auch die Gedichte Catulls. Stoiker und Kyniker dagegen behaupten, dass es in der Welt nichts Unschickliches gebe, also können auch die Gedichte Catulls nicht in diese Kategorie fallen. Cicero hält dagegen, dass Schicklichkeit ein Thema der Schönheit wäre, unschickliche Körperteile aber hässlich seien. Mutter Natur hielte letztere verborgen, weswegen sie auch nicht in der Lyrik vorkommen dürften – ein Affront gegen den liberaler aufgefassten Anspruch eines Catull.

Der sieht seine Lyrik nämlich als Erektionshilfe für lendenlahme Römer, quasi als nebenwirkungsfreies Viagra. Auch Martial hält obszöne Verse für absolut notwendig, denn diese „... Büchlein können, grade wie Männer ihren Frauen, nicht gefallen, wenn der Schwanz fehlt."[10] Anregungen für seine Lyrik findet Catull in einer Halbwelt aus Dichtern, Schauspielerinnen, (Edel-)Prostituierten und Frauen der römischen Oberschicht. Mit einer von ihnen, Clodia Metella, Frau eines Senators, verbindet ihn eine stürmische Liebesbeziehung so dass er ihr seine „Gedichte an Lesbia" widmet. Der Titel ist leider wenig schmeichelhaft, denn das griechische *lesbízein* umschreibt die unterste aller Sexualpraktiken und bedeutet soviel wie „es mit dem Mund machen". Sie bräche die Lenden jedes Oberschicht-Römers, nur eben nicht die des Dichters der Gedichte Catulls. Und damals hatten solche Gedichte einen anderen Stellenwert als heute: Heutzutage würden Literaturwissenschaftler sich dagegen verwehren, dass der Erzähler, das fiktive Ich, und der Dichter eines Gedichts ein und dieselbe Person sein könnten – sonst müsste der 1933 geborene Semiotiker Umberto Eco aufgrund einer Kurzgeschichte als gerontophil eingestuft werden. Aber zurück zu Catull: Der fürchtet in Ausübung seiner Kunst keinerlei Autoritäten. Vielmehr attackiert er Cicero, weil der seine (real existierende) Lesbia (ohne Rücksicht auf dichterische Fiktionalität) als *meretrix*, also Prostituierte, bezeichnet hatte. Er tituliert darüber hinaus Cäsar als „Tunte", wofür er sich entschuldigen muss. Kritikern, die Catull seiner gefühlsbetonten Liebeslyrik wegen als verweichlicht bezeichnen, droht er das Mundwerk zu stopfen, und zwar mit einem Körperteil, das beim freien römischen Mann nichts darin zu suchen hat – eine für seine Kritiker versöhnliche, weil konservative und im römischen Wertesystem verankerte Reaktion. Nichtsdestotrotz folgen Martial und Ovid dem derben Gestus Catulls und versuchen, ihren Meister an Obszönitäten im Kampf gegen das prüde Regime des Kaisers Augustus noch zu übertreffen.

Von **Ovid** (43 v. Chr.–17 n. Chr.) stammt ein Lehrgedicht mit dem Titel „ars amatoria" („Die Liebeskunst"), das sich nicht mit den berühmten Fragen der Philosophie Kants beschäftigt (Was kann ich wissen, Was soll ich tun?), sondern anhand vieler Kriegssujets mit der Frage: Wie kann ich die begehrte Frau am schnellsten ins Bett bekommen und sie möglichst dauerhaft darin festhalten? Mit dieser Fragestellung und wegen seiner Freude daran, eine Frau beim Liebesspiel zum Orgasmus zu bringen, verletzt Ovid das antike Schamgefühl. Das sei ihm als Dichter zugebilligt, auch wenn ihn der sittenstrenge Kaiser Augustus schließlich ans Schwarze Meer verbannt.

Das Ungeheuerliche für Ovids Zeitgenossen war weniger seine ungeschminkte erotische Darstellung, als dass der überzeugte Anti-Philosoph und Dichter mit seinem Lehrgedicht eine Sexphilosophie entwarf, die ein neues kulturelles Ideal verkündet, nämlich ein Plädoyer für die gleichberechtigte Lust der Frau, für die heitere Liebe. Auch die dem Eros dienenden Sinne bewertet er neu: Die Optik spielt nur noch zur Vorauswahl des Partners eine Rolle. Wenn man sich mit diesem dann auf dem Laken räkelt, sind visuelle Reize weitgehend zu vernachlässigen: „Laßt nicht ins Schlafgemach das Licht durch alle Fensterscheiben! / Recht viel an eurem Körper wird im Zwielicht schöner bleiben."[11] Optische Reize stellt er überspitzt sogar als Lust hemmend dar. Erst nach dem sexuellen Höhepunkt solle der Mann wieder in die Augen der Frau blicken. Diese optisch-haptische Interessenkonkurrenz entspringt der Mode römischer Frauen, sich den Intimbereich zu depilieren. Andererseits gab es andere, die einen behaarten Schambereich der Frau aus thermodynamischen Gesichtspunkten bevorzugten. Ovid war Haptiker: Guter Sex sei nur mit dem Tastsinn möglich, schon bei keuschen Berührungen der Geliebten in der Öffentlichkeit, später im Privaten „… wenn du die Stellen gefunden hast, deren Berührung der Freundin/Wohltun, laß nicht die Scham hindern, daß du sie berührst."[12] Mit der Erhebung des Tastens zum erotischen Leitsinn versuchte Ovid, die Grenze zwischen liebendem Subjekt und Liebesobjekt auch literarisch zu überwinden. Dies ist ein Gegenentwurf zum elitären Platon, der Erotik noch ganz im Reden oder in visuellen Reizen sah und eine künstliche Barriere zwischen Subjekt und Objekt errichtete. Ein weiterer Gegensatz: Platon lobte euphorisch die faltenlose Schönheit der Jugend (was die Moderne mit ihrem Jugendwahn bereitwillig aufsog). Anders Ovid: Er gesteht auch einer Frau mit ersten silbernen Haaren Schönheit zu. Das hat nichts mit Gerontophilie zu tun, sondern mit Würde und Achtung, aber auch mit Kalkül: Die ältere Frau sei grundsätzlich bewanderter in Liebesdingen, folglich Lust versprechender und begehrenswerter. Ovids favorisiert daher eine Frau, die älter ist als der Mann. Diese Verbindung ermögliche erst wahres sexuelles Glück. Selbst sog. körperliche Mängel, etwa Lispeln oder übergroße Zähne – bei Platon noch Schönheitsfehler, gelten als anmutig. Und für alle, die weniger Liebe als Liebesleid plagt, verfasst Ovid die „remedia amoris", wo es über Mittel zur „Entliebung" und Heilmittel gegen Verwundungen durch die Liebe im übertragenen Sinne geht (beide Themen werden damals allmählich zum literarischen Modethema und kündigen christliche Tendenzen an).

Die „Liebeskunst" gehörte noch im Mittelalter zum allgemeinen Bildungskanon, die auch ein Kleriker gelesen haben musste. Erst das 19. Jhdt. rügt die wenig philosophische Durchdringung der Materie: Für August von Platen etwa enthielt der Text nicht den geringsten Funken von Platonismus und galt darum lediglich als libertinärer Sex-Ratgeber, der die Moral der Jugend untergrub.

Der nächste schriftstellernde Denker, der Grieche **Plutarch** (um 45–um 125 n. Chr.), kann als Eheberater der römischen Kaiserzeit gelten. Mit seinen „Coniugalia praecepta" versucht er zu vermitteln, dass auch die Ehe Spaß machen kann; zumindest, wenn die Frau sich an bestimmte Verhaltensregeln hält: Sie soll schweigsam sein, nicht an orgiastischen Kulten teilnehmen, keine eigenen Freunde haben und unter der Anleitung ihres Mannes philosophische Schriften studieren. Denn der ist ihr „Philosoph und Lehrer des Schönen und Guten"[13] – auch beim Sexuellen. Dabei darf sie nicht unter den Schaffellen des Ehebetts verschmachten; vielmehr bedarf es der mäßigen, aber regelmäßigen Zuwendung des Ehemannes. Sex gehört dazu wie der Wein zum Symposium und bleibt wichtigstes Bindeglied zwischen den Ehegatten. Denn „Aphrodite ist die Kunstfertige, die Eintracht und Freundschaft zwischen Männern und Frauen stiftet, denn durch ihre Körper und vermöge ihrer Lust bindet und verschmilzt sie zugleich die Seelen."[14] Auch gegen Ehestreitigkeiten gäbe es nur ein probates Heilmittel: Sex. Die moderne Errungenschaft der getrennten Schlafzimmer ist ein absolutes No-go. Und auch wenn aller Anfang schwer ist: Gerade beim erste Mal könne man(n) viel falsch machen und die Ehefrau verschrecken. Doch gilt es nach Fehlversuchen nicht den Mut zu verlieren, sondern fleißig weiter zu üben. Ansonsten seien die Eheleute einem Bienenzüchter vergleichbar, der nach dem ersten Bienenstich auf die gesamte Honigernte verzichtet. Da heißt es durchhalten, ungeachtet aller möglichen Kollateralschäden beim Übergang vom homoerotisch geprägten Jünglingsdasein zur Rolle des Ehemanns. Dazu liefert Plutarch literarisches Material: In seinem Dialog „Amatorius" wird der begehrte Jüngling Baccon von der reichen, ein gutes Stück älteren Witwe Ismenodora umworben und entführt. Innerhalb der altbekannten Kontroverse zwischen Frauen- und Knabenliebhabern steht folgende These im Raum: „Kein bißchen Liebe vermag ins Frauengemach zu gelangen."[15] Plutarch hält dem entgegen, dass die Verbindung von Freundschaft, Liebe und Sex nur in der Ehe – nicht aber in der Knabenliebe – verwirklicht werden könne, dem „... Rausch ohne Wein, hervorgerufen von einem Trank aus Feigen und Gerste; das kann nur eine Unruhe ohne Frucht und ohne Fülle sein, die rasch in Ekel und Abscheu übergeht."[16] Daher seien die Liebesfreuden mit der (Ehe-)Frau das einzig Wahre und Schöne, zugleich „Teilhabe an großen Mysterien"[17] – eine Einschätzung, die die moderne Forschung stützt, wo man im Rahmen neurologischer Studien die einem Drogenrausch vergleichbare Reaktion des Mannes angesichts weiblicher Rundungen untersucht.[18]

Auch im „Amatorius" erweist sich die Frauenliebe als gewinnträchtig: Der Jüngling heiratet eine Witwe, zum Schrecken seines bisherigen, mehr oder weniger streng platonischen Liebhabers. Problematisch erscheint Plutarch an dieser Ehe nur, dass die Frau reicher ist als der Mann. Dadurch beschäme sie den Mann und halte ihn in Abhängigkeit. Aber grundsätzlich sei gegen die Ehe mit einer älteren Frau nichts einzuwenden, vielmehr entsprechen derartige Verbindungen den gesellschaftlichen Zielen: „... der Knabe wird dem Übungsleiter unterstellt, der Jüngling dem Liebhaber, der Erwachsene dem Gesetz und dem Feldherrn ... Ist es dann anstößig, wenn eine gescheite und schon reife Frau das Leben ihres jungen Mannes lenkt und sich darin zugleich nützlich dank ihrer überlegenen Erfahrung und angenehm dank ihrer Liebe und Zärtlichkeit erweist?"[19] Übrigens weiß man von Plutarch, wie das Küssen entstand: Er bezieht sich auf einen Text des Aristoteles, der seinerseits davon berichtet, wie die Trojanerinnen – ihrer langen Schiffsreise leid – auf Höhe von Rom die Schiffe verbrannten und ihre wütenden Männer mit diesem Mittel zu beschwichtigen wussten. Das sei der tatsächliche Ursprung des Kusses, nicht ältere Sagen, nach denen der Kuss aus einer Art Stichprobe auf verbotenen Alkoholkonsum entstanden sei.

Von Rufus bis Augustinus

„Aber schon als Jüngling war ich elend genug, um beim Erwachen der unreinen Jugendgelüste dich um die Gabe der Keuschheit und Zucht erst für eine spätere Zeit zu bitten; denn ich fürchtete, bald erhört und geheilt zu werden von der verzehrenden Sinnenglut, die ich lieber ganz erschöpfen, als erlöschen wollte."[20]

Erst im 1. bzw. 2. Jhdt. veränderte sich das Sexualverhalten langsam. Vorläufer der lustfeindlichen christlichen Sexualmoral waren Denker wie Philon von Alexandria oder Musonius Rufus:

Philon (15/10 v. Chr. – 40 n. Chr.), ein Vermittler zwischen Hellenismus und Judentum, sah die weibliche Seele als Ursache einer sexuellen Belästigung des Mannes an, da sie „... ihre Kraft wie eine Hand ausstreckt, um blindlings das erste beste zu betasten"[21], was mit Zeugung zu tun habe. Daher gelte es, die Hand der Frau nach erfolgtem Touchdown symbolisch abzuschlagen, eine relativ humane Auslegung des mosaischen Gesetzes, das derartige Strafen tatsächlich forderte.

Gaius Musonius Rufus (vor 30–101/102 n. Chr.) gehörte einem Patriziergeschlecht aus Volsinii an und ernannte sich selbst zum Philosophen der jüngeren Stoa. Er sah Sexualität als Sudelei an, bei der man sich nach Art der Schweine im eigenen Dreck suhlt. Er lehnt nicht nur jeden außerehelichen Geschlechtsverkehr der Frau ab, sondern auch den des verheirateten Mannes. Dies bedeutet ein absolutes Novum, womit dieser Verfechter der Gleichberechtigung in bester feministischer Manier schon vor knapp 2000 Jahren mit einer bis dahin fast 500jährigen Kontinuität römischen Geschlechtslebens brach. Seine Begründung: Der Frau könnte man bei der herrschenden asymmetrischen Treuepflicht zugute halten, sie könne sich besser beherrschen als der Mann, der jeglichem außerehelichen Trieb nachgeben darf. Das würde die moralische Überlegenheit des Mannes aufweichen, der nur keinen Spaß beim Sex mit der eigenen Frau haben solle. Bei den Frauen der römischen Oberschicht war der heilige Hieronymus mit ähnlichen Ansichten und seiner Bewertung von Sex aller Art als ekelerregend sehr erfolgreich. Vielleicht gerade deswegen.

Dann betritt am Ende der Antike im strahlenden Licht platonisch-idealisierender Tradition der Bischof und spätere Kirchenvater **Augustinus** (354–430 n. Chr.) mit seinen lange nachwirkenden Ansichten die Bühne; Überführer des Platonismus in das westliche Christentum, Erfinder der Erbsünden- und Prädestinationslehre (Gott bestimmt vorab, ob ein Mensch zum Heil oder Unheil geboren ist) – und ein der leiblichen Liebe nicht Unkundiger. Was ihn, eigenen Angaben zufolge, als vormaligen Schwerenöter auszeichnet, ist für die damalige Zeit eher unspektakulär: Er hatte eine Konkubine. Wegen ihres niederen Stands konnte sie auf Augustinus' Karriereweg abgesetzt werden, eine Verlobte trat in ihre Stelle. Den gemeinsamen Sohn taufte Augustinus Adeodatus, also „von Gott gegeben". Konsequenterweise ist der Name der Ehefrau nicht überliefert. Auch in der Theorie zeigt Augustinus Bindungsprobleme und leidet unter übermächtiger Leidenschaft, die Leiden schafft. Ihn, den Bischof, verfolgen nachts pollutive Bilder fleischlicher Lust aus seiner Vor-Bischofs-Zeit, und so heißt es in seinen „Bekenntnissen", dass in seinem Gedächtnis aus reiner Gewohnheit noch so manche Bilder lebten. Tauchten die im Wachzustand auf, sei das kein Problem. Doch im Schlafe treiben sie nicht nur bis zum Lustgefühl, sondern auch zu willentlichem Bejahen, und das sei schon fast Tat. Von diesem Problem berichtet er oft.

Bei Augustinus taugt Sex ausschließlich zur Fortpflanzung, die Libido zu überhaupt nichts. Darum ist der eheliche Akt schuldlos, der zur Sättigung der Begierde anhand der eignen Ehefrau eine verzeihliche Schuld, Ehebruch oder Hurerei dagegen tödliche Verschuldungen, am allerbesten ist eigentlich Enthaltsamkeit. Trotzdem hat, wie alles Schlechte, auch Sex sein Gutes, nämlich die eventuelle Kinderschar. Auch bei Ehebruch. Nur ist durch die Erbsünde Sex mit niederen Begierden vermischt. Vorher, im Paradies, war Sex noch in Ordnung, dann der Sündenfall: Die ersten Menschen wandten sich gegen Gott, wurden mitsamt ihren Begierden bestraft und werden es in jeder Generation wieder, weil jede nächste Generation eben nur durch gewisse Sünden entsteht. Dass es die Erbsünde gibt, beweist angeblich das Phänomen der Impotenz: Denn ohne die müsste man schließlich alle seine Glieder so bewegen können, wie man will. Nichtsdestotrotz gilt es, hier stetig weiterzukämpfen, denn es obliegt den Menschen, ihre Anzahl auf die zum ewigen Heil vorherbestimmte Menge zu bringen. Die entspricht der Zahl der gefallenen Engel, liegt also bei einigen Hunderttausend. Das ist leider auch ein Resultat des Sündenfalls: Wären dabei nicht so viele gefallen, hätten sich Adam und Eva auf die Mindestanforderung an Nachkommenschaft beschränken können (noch heute kämpfen die Zeugen Jehovas mit dem Problem ihrer Mitgliederzahl, die nun mittlerweile größer ist als die Zahl besagter Engel).

Nach Platon: Plotin

„Freilich, den Menschen die von diesseitigem Eros bewegt sind, genügt es, das diesseitige Schöne, welches hier zugegen ist in Abbildern und Leibern, zu besitzen, da das Urbild ihnen hier nicht zugegen ist, welches die Ursache ist, daß sie das diesseitige Schöne überhaupt lieben."[22]

In vielen spätantiken Philosophien wandert der Eros nach und nach in Richtung der (griechischen) *agape* bzw. (lateinischen) *caritas* (Liebe zu Gott und zum Nächsten). Es werden neuplatonische Thesen formuliert, in denen immer das Eine gesucht wird. Wir erinnern uns an Platon: Es gibt Ideen und Erscheinungen. Kommen beide zusammen, entsteht das Gefühl von Schönheit. Das kann bis zu visionären Zuständen gehen, in denen man glaubt, vogelähnlich in göttlichen Höhen zu schweben. Vor allem der Platon-Verehrer **Plotin** (um 205–270 n. Chr.) bereichert dessen Thesen um mystische Begründungen solcher extremen Erfahrungen. Er ist es, der dem platonischen Dualsystem von Erscheinungen und Ideen noch eine dritte, höhere Ebene hinzufügt, eben das Eine, erkennbar an Betroffenheit, süßer Erschütterung, Verlangen, Liebe und lustvollem Beben. Alles, was schön wirkt, tut dies durch das Durchscheinen des Einen. Dionysios tauft später Plotins höchsten Wert *unio mystica*, und manch ein Mystiker späterer Zeit wird diesen Begriff auf konkrete Personalunion zweier oder mehrerer Menschen anwenden. Plotin tat dies nicht. Obwohl selber kein Christ, gibt er die Vorstellung erleuchtender *unio mystica* für das nachfolgende Mittelalter vor.

Plotin nennt den Bereich seiner mystischen Erfahrung auch einen „Tempel reiner Liebe". Von hier kommt alles. Also wird in diesem Extrembereich alles eine Einheit, das sog. Eine, ohne kognitive Unterschiede und ohne ein rationales Bewusstsein, das sich nur zu gerne in Gegensätzen denkt. Natürlich liegt der Vergleich zu sexuellen Erfahrungen nahe, wird aber nicht wirklich gezogen. Welch' ein Verrat wäre das an Plotins Mitschüler Origines, der sich angeblich selbst kastrierte, um sich ganz auf sein geistliches Amt konzentrieren zu können. Auf das Eine im Sex werden nicht die Neuplatoniker in der Nachfolge Plotins kommen, sondern andere Wegbereiter für die mittelalterliche Mystik (egal ob christlich oder jüdisch). Mit diesen ambivalenten Ansichten, aber einem einheitlichen Vokabular, ist die Welt nun bereit für das Mittelalter.

2 Je dunkler die Zeit, desto heller die Visionen: Mittelalter und Renaissance

Das Mittelalter ersetzt das Römische Reich nicht nur durch neue politische, sondern auch soziale Systeme. In einer Zeit vieler Umbrüche ist das Thema Sex zwar nicht unbedingt eines der vorrangigen, seit dem 2. Jhdt. wird jedoch die Frage der Jungfernschaft Marias immer wieder erörtert. Im Zuge einer gesteigerten Ablehnung jeglicher Sexualität wurde Maria zunehmend idealisiert und damit die These ihrer Jungfräulichkeit zum Kuriosum für alle Ungläubigen – die munkelten, die unbefleckte Empfängnis sei nur dazu gedacht gewesen, Folgen römischer Okkupation oder einen Inzest zu vertuschen. Es setzt sich mit der allgemeinen Christianisierung das augustinische Prinzip der Ökonomisierung von Sex durch, der nunmehr ausschließlich der Kinderzeugung zu dienen habe. Zumindest offiziell. Inoffiziell wird so viel gezeugt, dass auch andere Beweggründe anzunehmen sind, nicht nur mancher später in Klöstern gefundener Sex-Spielzeuge aus Holz wegen.

Auch gab es trotz solcher Objekte eine nicht unerhebliche Steigerungsrate der mittelalterlichen Bevölkerung, obgleich schon damals Kinder erbrechtlich gesehen des Vaters Feind waren. Viele Adelige produzierten zahlreiche, zumal wenn außerhalb der Ehe gezeugte, überschüssige Adelssöhne. Schon der biblische David war nicht immer treu. Solchen Eskapaden entstammt nicht nur König Salomo, sondern auch manch ein Mönch. Die kopieren dann die Werke des Augustinus und roden die Wälder für neues Ackerland, mit dem eine Vielzahl neuer Menschen versorgt werden kann. Die zeugen dann wiederum Nachkommen, und so weiter. Es entsteht der mittelalterliche Kreislauf von Sex, Kindern und Mönchtum.

Von der Liebe: Abaelard

„Meine Hand hatte oft mehr an ihrem Busen zu suchen als im Buch, und statt in den wissenschaftlichen Textbüchern zu lesen, lasen wir sehnsuchtsvoll eins in des anderen Auge.“[1]

Dann bricht einer aus und es passiert die prominenteste Liebesgeschichte des Mittelalters, die des Abaelardus. Berühmt wird er für seinen schmerzhaften Werdegang zum Philosophen: **Petrus Abaelardus** (1079–1142) ist der Erstgeborene einer französischen Ritterfamilie und daher eigentlich gerade nicht für den Mönchsstand vorgesehen. Ihn packt aber schon in früher Jugend die Leidenschaft für die Philosophie, eine Modeerscheinung an den damals entstehenden Kathedralschulen. Abaelard wird Kleriker, der den Streit mit Argumenten genauso heftig ausficht wie seine Altersgenossen ihre Kämpfe auf den Turnierplätzen. Er hat ein unfehlbares Talent dafür, Recht zu behalten und sich dadurch Feinde zu machen. Trotzdem schafft er es, zum Lehrer an einer berühmten Pariser Kathedralschule aufzusteigen.

Als solcher gibt er einer Tochter aus gutem Hause, einer gewissen Heloise, Privatunterricht. Dabei entdecken die beiden zusammen eine neue Leidenschaft: Sex. Dem kommt entgegen, dass auf dem Latein-Stundenplan jener Zeit unter anderem einschlägige Gedichte von Horaz und Ovid stehen. Abaelard und seine Schülerin erweitern diesen Unterricht um ein Praxismodul, bei dem Heloise nach Aussage ihres Lehrers Leistungen zeigt, die über den Anforderungen liegen. Abaelard nutzt seinerseits die von einem Lehrer erwarteten, nicht näher bezeichneten Möglichkeiten körperlicher Züchtigungen seines Zöglings. Dieser Austausch pädagogischer Mittel und Inhalte führt zu einer Schwangerschaft. Abaelard und Heloise wollen daraufhin ihren Eintritt in ein Kloster fingieren, um in Wirklichkeit heimlich zu heiraten. Heloises Vormund vermutet jedoch, Abaelard wolle sein Mündel auf diese Weise abschieben und vollzieht an ihm daher die damals geläufige Talionsrache, nämlich die Entfernung des Gliedes, mit dem Abaelard gesündigt hat.

Damit ist zugleich Abaelards Karriere als Kleriker beendet, denn Impotenz galt damals wie heute als Hinderungsgrund für die Übernahme eines katholischen Priesteramts; nach dem Motto: Um nicht können zu dürfen, muss man erst einmal können können. Aus dem vermeintlichen Klostereintritt des berühmten Liebespaares wird ein wirklicher. Als

Mönch bleibt Abaelard seiner „Schwester in Christus" verbunden, stiftet für sie ein Kloster und verfasst dessen Regeln. Darüber gibt es einen Briefwechsel – ob fiktiv oder echt, ist umstritten. In diesen Briefen ist es Heloise, die klagt, nach wie vor sexuelles Verlangen nach ihrem ehemaligen Liebhaber zu empfinden. Dieser ist davon entweder durch den chirurgischen Eingriff befreit und/oder kompensiert es mittels theologischer Auseinandersetzungen, die er nun verschärft angeht. Darin betont er immer wieder, Gott sei die Liebe und der einzelne Mensch habe gerade deshalb ein Recht auf Selbstbestimmung. Man dürfe Menschen nicht aufgrund ihrer Taten – auch nicht ihrer sexuellen – verurteilen, was allein zähle, sei die Gesinnung. Dabei beruft er sich ausgerechnet und immer wieder auf Augustinus, insbesondere auf dessen Maxime „Dilige et quod vis fac", häufig wiedergegeben als „Ama et fac quod vis"[2], was sich in der Übersetzung mit „Liebe und tu, was du willst" viel unanstößiger anhört als im lateinischen Original. An seiner Affäre mit Heloise bedauert Abaelard letztlich nur, dass sie ihn seinen Lehrstuhl gekostet hat. Er freut sich aber darüber, dass er so – wie er meint, dank göttlicher Vorsehung – zu einem umso berühmteren Denker avanciert. Abaelard wird irgendwann wegen seiner diversen Streitereien verbannt und stirbt auswärts in einer Art milder Klosterhaft. Heloise folgt ihm erst viele Jahre später nach, und dann werden zumindest die Gebeine beider auf einem Friedhof in Paris zusammen bestattet. Vom gemeinsamen Sohn ist lediglich bekannt, dass er Astrolabius hieß (nach einem astronomischen Gerät in Form eines langen Stabes, gedacht zur Bestimmung der Sternposition, ähnlich dem Sextanten), und dass er es – im Gegensatz zum Vater – schaffte, Kleriker zu bleiben.

Vom Sex: Hildegard und Hrotsvith

„Gleichwohl spürt auch jetzt noch der Mann jenen starken süßen Drang in sich, und wie sich der Hirsch nach der frischen Quelle sehnt, so eilt auch heute noch hurtig der Mann zum Weibe hin."[3]

Die zweite prominente Stimme des Mittelalters zum Thema Sex war die der **Hildegard von Bingen** (1098–1179) – ausgerechnet die Stimme einer Frau. In der damaligen Patrimonialgesellschaft hatten Frauen nur eine einzige Chance, Gehör zu finden: heiliger als die Heiligen und männlicher zu sein als die Männer (wie z. B. die Päpstin Johanna, die es nie gab und die auch nicht auf den Stufen des Petersdoms niederkam und sich so als Frau outete). Im Mittelalter lohnt die weibliche Hingabe an den Glauben, in vielen Fällen verbunden mit Visionen von Jesus als Bräutigam, oft ausgelöst durch Hunger bzw. die heute noch existente Krankheit der Magersucht. Die offizielle Doktrin hatte den Sex aus dem Kirchenportal gescheucht, doch kam er auf psychosomatischem Wege zur Sakristeitür wieder herein.

Hildegard ist von daher mit ihrer Leidenschaft für Visionen höherer Sphären keine Außenseiterin, wohl aber wegen ihrer literarischen Qualität. Ihr Werk besticht durch eine Vielzahl lichterfüllter Visionen und durch naturkundliche Archivarstätigkeit über Pflanzenheilkunde, die Theorie der Körpersäfte oder Sex. Für einen Menschen, der seine intellektuelle Grundausbildung einer Klausnerin verdankt (einer Frau, die für die Hinwendung zu Gott ihre Klause zeitlebens nicht verließ – manchmal wurden Klausner nach ihrer letzten Ölung lange ante mortem eingemauert), zeigt Hildegard eine erstaunliche Offenheit für die Theorie der praktischen Liebe und diktiert die erste Darstellung eines Orgasmus' aus weiblicher Sicht.

> „Ist die Frau mit einem Mann vereint, dann kündigt ein lustvolles Hitzegefühl in ihrem Gehirn den Genuß dieser Lust und den Samenerguß bei dieser Vereinigung an. Ist der Samen an die richtige Stelle gefallen, dann zieht ihn die erwähnte sehr starke Hitze im Gehirn an sich und hält ihn fest. Dann ziehen sich auch die Lenden dieser Frau zusammen, und alle Glieder, die zur Zeit der Menstruation bereit sind, sich zu öffnen, schließen sich alsbald so fest, wie wenn ein starker Mann etwas in seine Hand schließt."[4]

Woher Hildegard ihr know-how nimmt, bleibt ungeklärt. Aus heutiger Sicht scheint diese Deskription gewagt, aus damaliger Sicht sicher interessant, aber nicht unchristlich, weil in naturwissenschaftliche Gewandung, christlich-mystische Visionen und entsprechende Wertungen gehüllt. Denn nur Sex in Liebe ist erwünscht und zeitigt an Leib und Seele gesunde Nachkommen. Der Rest ist der direkte Weg in die Hölle.

Andere Thesen über die Geschlechtswahrscheinlichkeit von Kindern entsprechen der zeitgenössischen, maßgeblich auf Aristoteles und andere Griechen zurückgehenden Theorie. Solche Zeugungs- und Vererbungslehren gab es in Massen, angefangen von Intersex bis zu Konstitution oder Vererbung erworbener Eigenschaften. Neu ist bei Hildegard der Aspekt der Liebe. Es gilt: Die Stärke des Samens bestimmt das Geschlecht des Kindes, die Liebe die spätere Psyche. Kräftig und liebend wird ein Junge bei gegenseitiger Liebe, bei einseitiger Liebe des kräftigen Mannes entsteht ein schwächlicher und untüchtiger Sohn. Schwacher Samen und Liebe verhilft zu einer tugendreichen Tochter. Liebt nur die Frau und der Mann ist schwach, kommt es zu verbittertem weiblichem Nachwuchs.

Hildegard vergleicht Sex mit dem ewig innerhalb der göttlichen Dreifaltigkeit stattfindenden Gespräch, ausgelöst durch die Kraft der Ewigkeit und nicht durch einen lüsternen Satan. Der suche sich an Opfern lieber radikal sexfeindliche Gruppierungen, die aber kaum weniger wollüstig seien als andere Leute. Der Mensch ist beim Sex samt all seiner Geschlechtlichkeit und schöpferischen Kraft Abbild des dreifaltigen Gottes, egal ob Mann oder Frau. Schließlich seien Geschlechtsorgane und Gehirn mit Vernunft begabt. Hildegard beschreibt den Ursprung der Sexualität anhand einer vorbildlichen Geschichte von Liebe auf den ersten Blick, der Liebe zwischen Adam und Eva. So soll es erstens leidenschaftlich sein:

> „Erhebt sich beim Manne der Sturm der Leidenschaft, so wälzt er sich in ihm wie ein Mühlrad herum, weil seine Lenden einer Werkstatt vergleichbar sind, in die das Mark sein Feuer entsendet. Dann befördert diese Werkstatt das Feuer zu den männlichen Geschlechtsteilen und lässt es heftig brennen. Geht dagegen der Wind der Lust aus dem Marke des Weibes hervor, so versinkt er in der Gebärmutter, die am Nabel hängt, und erregt das Blut des Weibes zur Lust.“[5]

Für die konkrete Leidenschaftsverteilung gilt: Die Liebe des Mannes sei im Brand der Leidenschaft wie das Feuer brennender Berge: Kaum einzudämmen. Die Liebe der Frau hingegen sei wie die ausgeglichene Wärme der Sonnenglut: Fruchtbringend, vor allem im Vergleich zum männlich lodernden Walde. Daraus ergibt sich zweitens, dass diese Leidenschaft nur zwischengeschlechtlich stattfindet. Homosexuelles vergleicht sie mit dem Verhalten eines verschwenderischen Kochs, der die Speise vom Ofen direkt in den Schmutz kippt. Natürlich entspricht das der gängigen Meinung, die bei solchen Vergleichen immer nur zwei

Männer vor Augen hat. Von Frauen gibt es kaum entsprechende Anekdoten und wenn, dann zeigen sie nur, dass Frauen weitaus schärfer bestraft wurden als Männer.

Hildegard ist als Patronin aller Heilpraktiker berühmt geworden. Dadurch geriet in Vergessenheit, dass eine andere Frau ebenfalls deutlich Frauenfreundliches mit Schwerpunkt Liebe verlauten hatte verlauten lassen:

Das Pendant zu Hildegard von Bingen stellt die niedersächsische Kanonissin **Roswitha von Gandersheim** (930–973) dar, im Volksmund die „Nonne Hrotsvith". Auch sie ist am Sex interessiert, allerdings weniger aus naturwissenschaftlichem Interesse als aus anthropo-theologischen Gründen: Es geht um die Gefahr. Denn Sex kann tödlich sein, zumindest wenn man ihn ohne Liebe praktiziert und damit göttliche Bestrafung herausfordert. In der Legende des Heiligen Gongolf beschreibt Roswitha das tragische Schicksal eines Klerikers, dem es die schöne Ehefrau des Gongolf angetan hat. Die darbt in ihrer Ehe sexuell vernachlässigt vor sich hin, weil er sittenreinsten Lebenswandel anstrebt. Der Kleriker und die Ehefrau verfallen der Sexsucht, so dass der Ehemann zunehmend stört und schließlich kaltblütig ermordet wird. Doch dann erleidet der Kleriker einen ungewöhnlichen Lusttod: Während er mit seiner Gespielin auf den sexuellen Höhepunkt zusteuert, explodiert ihm sein Werkzeug: „... da barsten schon die Eingeweide, mit denen lustvoll er gesündigt, er sank dahin plötzlich getroffen, das Leben und die Buhlin lassend."[6] Die Frau verarbeitet diesen Unfall ohne bleibende Traumatisierung und frönt weiter der Promiskuität, indem sie diese berufsmäßig ausübt, also Prostituierte wird. Allerdings wird auch die Missetäterin schließlich durch Gottes Strafe berufsunfähig gemacht. Der Grund dafür ist allerdings nicht sündiger Sex, sondern dass sie sich über die Wundertaten des verblichenen Gongolf lustig macht und diese mit den Geräuschen, die sie mit ihrem Hintern produzieren könne, vergleicht. Zur Strafe entfährt ihr fortan bei jedem Wort ein „Wunder" aus dem Allerwertesten. Woraus man schließen darf, dass die Askese mittelalterlichen Klosterlebens weder der sexuellen Phantasie noch dem derben Humor abträglich gewesen zu sein scheint. Und prä-feministischen Gottesvorstellungen: Denn die Todesstrafe für sündigen Sex trifft hier nur den Mann, die Frau sündigt zwar auch durch ihre Fleischeslust, sie tut es aber primär aus Liebe, was offenbar strafmildernd wirkt.

Doch der Grundtenor des Mittelalters ist und bleibt: Sex ist Sünde, zumindest sehr wahrscheinlich. Nicht umsonst werden Ketzer dafür zu Tode gequält, dass sie das anders sehen (wie z. B. manche Franzosen, die die kirchlichen Richtlinien auf das Sakrament der Liebe bzw. auf das Argument Was-gefällt-gefällt-auch-Gott zugespitzt hatten). Zur Vermeidung verdächtig lusterzeugender Reizung durch Hautkontakt im heimischen Ehebett gab es sogar (quasi reziproke Vorformen bestimmter Sex-Shop-Bekleidungen der Gegenwart) Nachthemden mit entsprechenden Öffnungen.

In dieser ambivalenten Spannung zwischen erwünschtem Sozialverhalten und pragmatischer Hormonregulation entsteht eine Literaturform der Liebe: Als im 12. Jhdt. die Araber von den Spaniern aus Spanien vertrieben werden, driften ins restliche Europa orientalische Lieder: Immer umwirbt darin ein Mann eine absolut unerreichbare, weil definitiv verheiratete Frau. Diese Hohe Minne passt in das zeitgenössische Feudalsystem, denn die Gunst, die der Minnesänger durch ansprechende Minnelieder von seiner Herrin erwerben kann, motiviert zu entsprechenden Arbeitsdiensten. So entsteht das Bild des ehrenhaften mittelalterlichen Minnesängers und/oder Ritters in der Literatur des schmalen Segments der adligen Führungsriege. Menschengruppen am unteren Rand der Gesellschaftshierarchie taugen allenfalls für Spottlieder oder die niedere Minne. Hohe und niedere Minne sind unvereinbar. Letztere kennt durchaus unritterliche Kommunikationsformen wie z. B. den *griff*, mit dem ein Bauer noch angekleideten Frauen zwischen die Beine greift, oder den tatsächlichen Einsatz des sog. *minnedorns.* Philosophien sind dabei meist nur zwischen den Zeilen abzulesen oder poetischer Art, im Mittelalter sind Belege zum Thema Erotik generell rar.

Eine randständige Ausnahme bildet die jüdische Mystik, die sich unter der Bezeichnung Kabbala („Empfang") zu jener Zeit in Europa – und vor allem in Spanien – formiert. Wie ihre neuplatonischen Vorbilder, trachten auch die Kabbalisten nur nach dem Einen, das sie als eine alle Gegensätze überbrückende – und daher androgyne – Gottheit jenseits von Raum und Zeit begreifen. Diese Gottheit hat durch eine metaphysische Totalergießung ihrer selbst die Welt entstehen lassen. Die Geschichte der Welt besteht darin, dass die versprengten Gottesfunken wieder zueinander finden, sich miteinander vereinigen (einander „empfangen") – und dies durchaus auch auf physische Weise. Sex, der sich mit Liebe und mystischem Bewusstsein verbindet, leistet einen wesentlichen Beitrag. Das wechselseitige Ineinander-Eindringen wird in der Kabbala zum physischen Vorbild der *unio mystica* mit Gott. Wie im christlichen Bereich, so sind es auch und gerade im Judentum die Mystiker, die das alttestamentarische „Hohelied Salomons“ (eigentlich „Das Lied der Lieder“, meist tituliert als „Hohelied der Liebe“) erst richtig entdecken und mitsamt seinen erotisch expliziten Passagen in das Zentrum ihrer Bibelstudien rücken. Zum Inhalt: Ein Mann sucht und preist eine Frau, die Frau sucht, vor Liebe krank, dann ihn, dann wieder er sie, und das alles unter Nennung von Küssen und blumigen Attributen: Die Augen des jeweils anderen seien wie Taubenaugen, die Brüste der Frau wie Trauben oder Gazellen, die Zähne beider wie eine Herde Schafe mit fruchtbaren Zwillingen, die Haare der Frau wie eine Herde Ziegen. Es ist eine Beziehung, die Augustinus als die zwischen Kirche und Gott interpretiert hatte.

> „4,11 Von Deinen Lippen, meine Braut, träufelt Honigseim. Honig und Milch sind unter Deiner Zunge und der Duft deiner Kleider ist wie der Duft des Libanon … 5,4 Mein Freund steckte seine Hand durchs Riegelloch, und mein Innerstes wallte ihm entgegen. 5,5 Da stand ich auf, dass ich meinem Freund auftäte, meine Hände troffen von Myrrhe und meine Finger von fließender Myrrhe am Griff des Riegels.“

Von der Philosophie: Thomas

„Und wie nun die Nahrungsaufnahme ohne Sünde sein kann, wenn sie auf die rechte Weise und in rechter Ordnung geschieht, d. h. zur Förderung der Gesundheit, so kann auch die geschlechtliche Betätigung ohne jede Sünde sein, falls sie die rechte Weise und Ordnung wahrt, indem sie dem Zweck der Zeugung dient.“[7]

Im mainstream des Mittelalters taucht das Thema Sex selten auf, teilweise als Aristoteles-Rezeption über den Zeugungsakt im naturwissenschaftlichen Sinne, so wie bei Albertus Magnus (um 1200–1280): Der warnt vor zuviel Verkehr, da man sich wegen des vielen verdorbenen Samens einem Kadaver anzunähern drohe. Zweiter wichtiger mittelalterlicher Vertreter dieser Tradition war der Albertus-Schüler **Thomas von Aquin** (1225–1274). Dieser Scholastiker bringt den 100 Jahre zuvor wieder ausgegrabenen Aristoteles in christliche Formen, überbietet ihn aber, indem er über dessen Prinzipien von Form und Stoff Gott stellt, und ist im übertragenen wie auch im wörtlichen Sinne der gewichtigste Denker der mittelalterlichen Philosophie (der Legende nach war er so beleibt, dass sein Schreibtisch rund angeschnitten werden musste, um den Zugang zur Arbeitsfläche zu ermöglichen).

Thomas präsentiert sich nicht so lustfeindlich wie erwartet, sondern wählt einen Mittelweg zwischen Askese und Lust. Zwar sei es gut, sich manchmal aus gesundheitlichen Gründen der Ess- oder der sexuellen Lust zu enthalten, aber in Maßen genossen sei Sex eine gute Sache. Sogar in Verbindung mit Lustempfinden, denn das sei theoretisch und praktisch notwendig, um sich fortzupflanzen. Lustlosigkeit würde dies verhindern und wird folglich zum Laster erklärt; ebenso wie Selbstbefriedigung. Darunter fällt natürlich auch die Homosexualität (oder im Sprachgebrauch des Mittelalters „Sodomie“). Sie ist verpönt, weil Gottes Natur für das menschliche Handeln Richtschnur sei und das Tierreich eben keine gleichgeschlechtliche Liebe kenne. Nichtsdestotrotz meinten die Zeitgenossen Thomas', dass Hasen und Wiesel latent homosexuell seien, was sich im Laufe der Zeit als unhaltbare Unterstellung erwies.

Anders als manche Kirchenväter, wie Gregor von Nyssa, hält Thomas die These, dass sich die Menschen im Paradies ohne Sex fortgepflanzt hätten, für Unsinn. In diesem Punkt folgt er dem Kirchenvater Augustinus mit dem Argument, die Menschen hätten im Paradies größte sexuelle Lust empfunden. Denn „... umso reiner die Natur, desto sensibler sei der Körper und desto größer das Vergnügen“[8]. Jede Handlung war in diesem unschuldigen Zustand rein und gut, was eine gute, also ausgiebige sexuelle Befriedigung zuließ, anders als im Stand der Erbsünde. „Hier wird der Mensch ... zum Tier, wenn er die sexuelle Lust und das Feuer der Leidenschaft nicht durch die Vernunft zügeln kann.“[9] Im für ihn typischen, trockenen Stil zeigt sich Thomas relativ aufgeschlossen, auch was andere Themen angeht: Alle der Fleischeslust entspringenden Sünden seien weniger gravierend, sofern die sexuellen Handlungen nicht Würde und Gesundheit eines Dritten beeinträchtigten, folglich nicht gegen Gott gerichtet seien. Die zahlreichen städtischen Badehäuser und Bordelle wären ein gesellschaftlich notwendiges Übel, vergleichbar mit den Toiletten eines Palastes, ohne die der ganze Palast stinken würde. Den Ehebruch, im Mittelalter ein gewichtiges Vergehen, bezeichnet er als nicht die schlimmste, aber zumindest klebrigste aller Sünden. Denn Bigamie verstoße zwar gegen das geschriebene Recht, nicht aber das Naturrecht, dem immer der Vorrang zu gewähren sei; worauf sich später auch Luther beruft.

Solche Thesen kommen der damaligen Praxis entgegen, die man allerdings stets im Zaum zu halten sucht, auch in – sehr nachgefragten – Strafkatalogen über Sexpraktiken: Bereits um das Jahr 1000 entsteht ein Handbuch für Beichtväter. Dem Bußbuch des Burchard von Worms verdankt die Welt die älteste Beschreibung eines Dildos, ausgerechnet aus der Hand eines Bischofs. 1215 verurteilt der Kleriker Johannes Teutonicus alle Stimulationen oder Stellungen außer der „natürlichen Stellung“ (seit den 1960ern bekannt als Missionarsstellung). Alles andere sei Todsünde. Bußen begründet man mit Gottes System von Natur und Vernunft. Die Vorstellungen hierüber sind zwar uneinheitlich, die Strafen des sich durchsetzenden Kirchenrechts werden jedoch zunehmend schärfer. Teutonicus veranschlagt eine Brot-und-Wasser-Diät für die Rückenlage des Mannes (drei Jahre), Sex in Seitenlage, Stehen oder Sitzen (40 Tage), *coitus retro* (40 Tage), gegenseitige Masturbation (30 Tage), Eindringen und Ejakulation zwischen den Schenkeln (40 Tage), Analsex mit einem Erwachsenen (drei Jahre), mit einem Knaben (zwei Jahre) oder mit einem Kirchenmann (zehn Jahre). Über andere Delikte wie *coitus interruptus* oder Erguss in den Mund, waren die Meinungen über das Strafmaß geteilt (drei bis fünfzehn Jahre). Eine Vergewaltigung wird im Sachsenspiegel noch mit dem Tod geahndet (zerrt ein Mann eine Frau hierfür in ein Haus, wird sogar alles getötet, was sich an Lebendigem zu diesem Zeitpunkt im Haus befindet).

Das Zeitfenster für legalen Sex war denkbar knapp bemessen: Positiv formuliert, war Sex zumindest am Montag, Dienstag und Donnerstag erlaubt, aber nur, sofern die Frau nicht gerade stillte, schwanger (gewesen) war, ihre Periode oder vaginale Frauenprobleme hatte bzw. sich jenseits der Wechseljahre befand. Und nicht gerade ein kirchlicher Feiertag oder Fastenzeit war. Es gab aber genauso Strafen für Nicht-Sex. Der Vollzug der Ehe war ein rechtlicher Akt und wurde neben dem Hochzeits- bzw. Ehebett kontrolliert. Zum Materialtest wurden Huren als Sachverständige seitens der Kirche hinzugezogen. Die sich später daraus entwickelnden Impotenzprozesse waren bis ins 17. Jhdt. hinein gefürchtet und kosteten so manchen seine gesellschaftliche und finanzielle Existenz.

Außerhalb solcher Standards bewegten sich einige Päpste, denen Dinge nachgesagt wurden, die dann seit der Renaissance als Allgemeinwissen gelten: Nämlich das päpstliche Verführen von Nonnen (Sixtus III.), Sex mit den eigenen Schwestern (Johannes XII., der von einem eifersüchtigen Ehemann mit dessen Ehefrau im Bett überrascht wurde und dafür einen Hammer auf den Schädel bekam), Sex mit einer verheirateten Frau samt Tochter, Pädophilie (Bonifaz VIII., ihm setzte Dante ein literarisches Denkmal in seiner Hölle) oder ein Wettkampf der Huren – also ein Wettkampf der Besucher (Alexander VI.). Julius II. konnte am Karfreitag von Gläubigen nicht seine Füße küssen lassen, weil die so syphilitisch waren.

So oszilliert das Mittelalter, lange Zeit als „dunkel" bezeichnet, zwischen Anspruch und Wirklichkeit. Aber welche Epoche tut das nicht und welche Epochengrenze verläuft nicht unscharf. Zumindest ändern sich im Laufe der Zeit Dinge wie z. B. die Herrenmode. Die neuerliche Verwendung von Schamkapseln, deutlich erkennbare Ausbuchtungen der Hosen, lässt erkennen, dass das Thema Virilität öffentlicher wird, während zeitgleich die Frauen immer seltener der Anorexie, dieser Mischung aus Selbsthass und Magersucht, zum Opfer fallen. Die nun folgenden Änderungen werden als Renaissance bezeichnet, als Wiedergeburt der Antike.

Vom Schönen: Ficino

„Die Liebe entspringt also aus der Schönheit und endet bei dem Genuss."[10]

Ein Stellvertreter dieses Umbruchs hin zur Frühen Neuzeit ist der Philosoph **Marsilio Ficino** (1433–1499), der der Renaissance zuzurechnen ist, weil er nicht nur – wie seine Philosophiekollegen – Versatzstücke aus der Antike für eine kirchenkompatible Theorie verwendet, sondern sich einem lustvollen antiken Text widmet, einer Übersetzung und Überarbeitung von Platons „Gastmahl". Ficino war Humanist, Philosoph, Arzt der Florentiner Medici und katholischer Priester zugleich. Seine Verdienste für die Geschichte vom Sex bestehen in einer Übersetzung Platons und einiger Neuplatoniker, von deren Texten fast nur Bruchstücke kursierten. Neu an Ficino ist auch, dass er mit Freunden zusammen über das Eine einerseits und die Mystik der Kabbala andererseits philosophiert. Insbesondere seine Übersetzung des „Symposions" hätte alles Potential gehabt, zu einem anrüchigen Text zu werden, aber es kommt anders. Denn Ficinos Fassung entspricht einem Walt-Disney-Remake: Die Umgangsformen beim „Gastmahl" entbehren jeglicher antiken Praxis, die ursprünglichen Protagonisten werden durch Häupter aus besagtem Freundeskreis ersetzt, also durch zeitgenössische Italiener. Die reden unter anderem über zwei Eroten, von denen einer gut und himmlisch, der andere weniger gut, dafür umso irdischer ist. Es geht nicht mehr primär um den Eros, vielmehr um Freundschaft und da auch nicht um die griechische Freundschaft mit Extras, sondern um ein Prinzip, das Ficino „platonische Liebe" oder „Magie" tauft. Zur Erinnerung: Bei Platon repräsentierte Alkibiades tierisches Verlangen, das er aber in idealistische Bewunderung für innere Größe sublimierte. So auch hier: Kraft platonischer Liebe kann die Seele aus ihrer Stellung zwischen Welt und Gott in höhere Sphären jenseits des zeitgenössischen Strafvollzugs aufsteigen.

Eigentlich entspricht Ficinos Eros vielmehr Formen von Liebe, die bereits seit der Antike in eigenen Denkschubladen liegen, wie z. B. die nichtleibliche Liebe oder die schon erwähnte christliche Nächstenliebe. Für Ficino gilt die Gleichung „Eros = Magie", und zwar uneingeschränkt in beide möglichen Leserichtungen. Eros ist die Kraft, die alle Glieder (!) der Weltordnung untereinander und mit Gott zusammenhält, wodurch ein allumfassendes Netzwerk sympathischer Wechselbeziehungen entsteht. Diese Kraft entstammt dem göttlichen Einen. Der Magier, oder mit heutigen Worten gesprochen: der esoterisch angehauchte Philosoph, macht sich das dadurch aufgespannte, vernetzte Kraftfeld zunutze, um andere nach seinem Willen zu beeinflussen, vorerst noch im christlich-moralisch gezähmten Sinne.

Von der Geilheit: Aretino und Vignali

„Aber, genug: Steck ihn hinein bis zum Herz,
Meine Seele vergeht nach ihm in der Sucht,
Wie er sie tötet und weckt in süßem Schmerz."[11]

Pietro Aretino (1492–1556) ist eine typische schillernde Renaissancegestalt, nimmt einerseits Menschen uneigennützig bei sich auf, andererseits andere durchaus eigennützig, sofern es sich um Frauen handelt. Er schreibt einerseits Heiligenviten, wird andererseits zum Wegbereiter des modernen Enthüllungsjournalismus, indem er das Intimleben kirchlicher Würdenträger oder Künstler, deren Sexualpraktiken bzw. Bordellbesuche in Gedichte umsetzt und sie so der Öffentlichkeit preisgibt (nach vergeblichem Buhlen um Michelangelos Freundschaft brandmarkt er ihn als Homosexuellen). Aretino muss wegen solcher Offenheit mehrmals aus Rom flüchten. Einmal bezeichnete er Papst Hadrian VI. als trunksüchtigen Barbaren, der ihn daraufhin in den Tiber werfen lassen wollte. Einen anderen Mordanschlag überlebte er nur knapp, als er im Jahr 1525 seine „Sonnetti lussuriosi", die „Wollüstigen Sonette" (eine Sammlung pornografischer und aus orthopädischer Sicht bedenklich illustrierter Gedichte), veröffentlichte, die schließlich verboten und verbrannt wurden. Darin beschreibt er unter anderem das primär körperliche, kaum intellektuelle Ringen um Erkenntnis in einem Kloster Venedigs – wo es tatsächlich Klöster gab, die, gleichsam als Auffanglager für überzählige Töchter, zu wahren Edelkurtisanenetablissements wurden. Aus designtheoretischer Sicht sind Aretinos Sonette aufgrund der Nennung einer *pastinaca muranense* interessant, zu übersetzen als „Kristallrübe": Ein Luxusdildo aus Muranoglas, der mit warmem Wasser gefüllt werden konnte – ein zu der Zeit sehr verruchtes und unter Strafe gestellte Produkt der glasverarbeitenden Industrie. Teilweise stand schon alleine der Besitz solch zerbrechlicher Geschlechtsteile unter Todesstrafe. Spätestens damit wirkt Aretino wegweisend für die Entwicklung moderner Pornografie.

Das Wort Pornografie geht zurück auf das griechische Wort *pornai* als Bezeichnung für die billigsten aller Prostituierten (Preis: ein halber Liter Olivenöl). Dabei ist zu fragen, ob wirklich alles vor der Grenze zur Neuzeit aufgrund völlig anderer Kultur und Medialisierung „Porno" ist oder nicht und warum der Komödiendichter Aristophanes 75 verschiedene Wörter für das männliche Glied, 66 für die weibliche Entsprechung, für den Akt um die 100 braucht. Natürlich ist Aretinos Werk ein Meilenstein dieses Genres, weil alles seither dann als pornografisch, weil als Erregung durch Tabubruch, verstanden wird, während vieles vorher wahrscheinlich eher illustrativ oder ironisch gemeint war. Die Kultivierung literarischer Pornografie strebt im 18. Jhdt. ihrem Höhepunkt zu, versteckt sich dann aber schamhaft hinter der Philosophie, was bei Aretino definitiv nicht der Fall ist. Er versteht sein Werk vielmehr als Kampfschrift gegen alle ätherischen Denker. Aretinos aus heutiger Sicht ungemein derbe, aber dem damaligen Duktus entsprechende Darstellungen sind in einer geradezu philosophischen Weise antiphilosophisch, da „... zwei stramme Popobacken mehr vermögen als alle Philosophen ... die je auf der Welt waren."[12] Noch dazu widmet er die „Kurtisanengespräche" seinem Affen, den er als ebenso großen Herrn einstuft, wie Sokrates einer gewesen sei. Mit diesen beiden philosophischen Anspielungen sind die zitierfähigen Phrasen bei Aretino bereits erschöpft. Euphemistisch umschrieben philosophiert Aretino in seinem übrigen Werk darüber, dass die Geschlechtsorgane der Spiegel der Seele, Sex die einzige für ihn existierende Transzendenz sei. Und wichtig noch überdies. Denn dazu sei der Mensch schließlich geboren. Allerdings teilt in Rom nicht jeder diese Meinung, so flüchtet Aretino ins liberale Venedig. Dort, am Schauplatz seiner „Kurtisanengespräche", schart er einen Kreis von Künstlern, Lebemännern und natürlich Kurtisanen um sich. Er wird als Fürst gefeiert, von Tizian mehrfach gemalt und mit obszönen Witzen so gut unterhalten, dass ihn ein Lachanfall bei einem Saufgelage auf den harten Boden mit venezianischen Fliesen wirft. Er bricht sich den Hals und stirbt einen völlig anderen Tod als der andere große Theoretiker des Eros in der Tradition Ficinos, nämlich Bruno.

Zuvor aber noch zu **Antonio Vignali** (1501–1559): Aretino war keine Einzelerscheinung des 16. Jhdts. Ein weiteres bizarres Exemplar stellt der Privatgelehrte und studierte Jurist Vignali dar, der im Jahr 1525 in seiner Heimatstadt Siena eine pseudo-platonische „Akademie der Dummköpfe" ins Leben rief. Als Handbuch dieser Vereinigung entwarf er die philosophische Satire „La Cazzaria" („Von den Schwänzen"). Ein Mitglied des Kreises ließ das Manuskript verbreiten und verursachte prompt einen Skandal. Vignali ging 1530 nolens volens ins Exil, wurde Sekretär am Hofe Philipps II., schrieb fortan keine einzige vermeintlich philosophische Zeile mehr, so dass nur „La Cazzaria" als Quelle seiner Weisheit verbleibt: Darin erläutert er, dass der Begriff Penis, neben den Wörtern Vagina und Anus, ein zentraler philosophischer Grundbegriff sei. Der Mensch könne ohne diese nicht leben. Denn Körperteile, die tagtäglich im Gebrauch seien, bedürften schlichtweg der philosophischen Reflexion, zumal wenn es sich um so „... erhabene ..., hehre ... Dinge"[13] handele. Der Penis ist für Vignali (mehr als 400 Jahre vor Lacan) das Ding an sich, so vollkommen, dass die Philosophen es niemals haben ausklügeln können, aus welcher Materie er überhaupt besteht. Gelehrte, die sich mit derartigen philosophischen Fragen beschäftigten, seien auch die besseren Liebhaber, denn sie „... kennen tausend gute Streiche und tausend süße Arten, die in ihren Büchern geschrieben stehen, und da sie zu denen gehören, die wissen, wie die Scheide von innen beschaffen ist, können sie all die freudenspendenden und geheimen Wege wiederfinden."[14] Nichtphilosophen würden sich im Gegensatz dazu nur auf „das kurze Spiel des Fickens"[15] verstehen, nicht aber auf die hohe Liebeskunst. Ein genderspezifisches Problem: Die sexuelle Liebe zur Frau rufe nur unzureichende Lust hervor, die Vagina der Frau sei zu weiträumig, für andere Spielarten der Liebe sei sie wiederum zu klein. Schließlich sei aus der lustorientierten Sicht des Mannes besser, wenn Penis und Hoden gemeinsam die Innenwelt der Frau erkunden könnten (in diesem Punkt geht Vignali mit Aretino konform). Die Vagina ist für Vignali daher eine anatomische Fehlkonstruktion. So bleibe denn dem Genießer nur der Sex mit Männern, für Vignali eine süßere Wonne als Nektar und Ambrosia des Paradieses.

Nun mag diese Genital-Fokussierung der genannten Denker aus heutiger Sicht befremden – für die damalige Zeit ist sie relativ typisch, zumindest was die geschriebenen Kulturzeugnisse angeht. Die bildenden Künstler der Renaissance spezialisierten sich eher (ähnlich wie die heutigen Medien) auf weibliche Oberweiten. Das ist symptomatisch für eine bis dato ungekannte Stilisierung der weiblichen Brust als Ziel männlicher Eroberungsversuche, wohlgemerkt unter dem Deckmantel einer sexuellen Befreiung, also der Freiheit des Mannes, sich Anzüglichkeiten herauszunehmen (wie Amor bei der Venus auf Agnolo Bronzinos Bild „Allegorie der Liebe"). Dieser Trend erwuchs aus einem neuen Schönheitsideal, das die Brüste als Teil des Gesichts interpretierte. Nun tauchen erstmals Trinkgefässe auf, die nach diesem erweiterten Gesichtsbegriff geformt waren: So ließ sich der französische König Heinrich II. (1519–1559) sein persönliches Trinkgefäß nach der Brust seiner Mätresse Diane de Poitiers modellieren.

Von den Frauen: Bruno, Montaigne und die frühen Feministinnen

„Die Liebe bildet die Grundlage aller Affekte. Wer nämlich nichts liebt, hat keinen Grund, sich zu fürchten, zu hoffen, zu rühmen, zu überheben, zu wagen, zu verachten, anzuklagen, zu entschuldigen, sich zu erniedrigen, nachzuahmen, in Zorn zu geraten und von allen übrigen Modi dieser Art affiziert zu werden."[16]

Anders als Aretino äußert sich der entlaufene Dominikanermönch, Schriftsteller und Arbeit suchende Philosoph **Giordano Bruno** (1548–1600). Er predigt ein unendliches, göttliches Universum, woraufhin sein Leben im Jahr 1600 durch den Tod auf dem Scheiterhaufen ein jähes Ende nimmt. Eher konventionell ist sein auf literarischer Ebene ausgetragener Frauenhass, der sich mit in ihrer Verächtlichkeit eskalierenden Synonymen für Frauen entlädt:

> „All dies (Leiden und Liebesbriefe, Anm. d. V.) für jene Augen, jene Wangen, jenen Busen, jenes Weiß, jenes Rot, jene Zunge, jene Zähne, jene Lippen, jene Locke, jenes Gewand, jenes Tuch, jenen Handschuh, jenes Schühchen, jenen Pantoffel, jene Sittsamkeit, jenes Lächeln, jenen Schmollmund, jenes verwaiste Fenster, jene verfinsterte Sonne, jene Beklommenheit, jenen Ekel, jenen Gestank, jenen Abort, jene Monatsblutung, jenes Aas, jenes Sumpffiber, jenen gewaltigen Betrug der Natur, die uns mit einer reinen Äußerlichkeit, einem Schatten, einem Phantasma, einem Traum, einer nur der Fortpflanzung dienenden Circeischen Zauberkunst durch die Erscheinung der Schönheit verführt."[17]

Dem steht in der Realität eine rege Auseinandersetzung mit dem weiblichen Geschlecht gegenüber. Von verbotenen Früchten habe er reichlich gegessen, ohne jemals satt geworden zu sein. Nicht einmal der Schnee des Kaukasus reiche aus, die Glut in seinen Adern zu kühlen. Sex darf nach Bruno also sein, aber der Philosoph soll sich vom Sinnlichen nicht beherrschen lassen, sondern in ihm und über ihm seine Geistesgegenwärtigkeit bewahren (genau das nicht geschafft zu haben, macht Bruno Petrarca zum Vorwurf). Brunos Ideal – dem er selbst offenbar mit nur mäßiger Konsequenz gefolgt ist, lautet: Sex soll ausschließlich im Kopf des Philosophen stattfinden und dort durch möglichst drastische Vorstellungsbilder, wie er schreibt, heroische Leidenschaften auslösen. Diese Leidenschaften aber sollen sich nicht in körperlichen Aktionen entladen, sondern als geistige Energien aufgespeichert werden, die dann für beliebige magische, sprich esoterische, Praktiken zur Verfügung stehen. Er dichtet:

> „Obgleich du mir so viele Qualen auferlegst/ dank ich dir doch und schulde dir sehr viel, Amor,/ der du mit so edler Wunde mir die Brust geöffnet hast/ dass es wahrhaftig nun ein göttliches, lebendiges Objekt,/ Gottes schönstes Bild auf Erden, verehren wird;/ denke, wer wolle, dass mein Schicksal grausam sei,/ das im Hoffen tötet und in Sehnsucht leben macht./ Ich weide mich an einem edlen Unterfangen,/ selbst wenn ich nicht erreiche das ersehnte Ziel/ und bei großen Mühen die Seele sich zerfleischt: Es genügt, dass sie so edel brennt,/ es genügt, dass ich mich in die Höhe hob/ und aus der feigen Vielzahl löste."[18]

Brunos Forderung nach Zurückhaltung der Erregung wurde mit tantrischen oder yogischen Praktiken verglichen, die sich von einer Vermeidung der Ejakulation körperliche bis spirituelle Vorteile erhoffen. Doch der Vergleich hinkt. Und Bruno ist nicht Aretino, trotz aller Ähnlichkeit auch nicht Ficino. Bei dem ist der Eros eine Art universales Internet, bei Bruno eine Fessel. Auch Bruno will nur das Eine, aber das Eine ist für ihn nicht Erleuchtung, Liebe oder Sex, sondern – Macht. Und seine Macht erlischt 1600.

Unter die Skeptiker reiht sich auch **Michel Eyquem de Montaigne** (1533–1592), bekannt für seinen heiteren Skeptizismus gegenüber allem: Religion, Gesellschaft, Kindererziehung, Körpergerüche oder unterschiedliche Wertigkeit von Tieren und Menschen. Montaigne wurde als Sohn eines adligen Richters und Kaufmanns im Périgord geboren. Sein Urgroßvater war noch bürgerlicher Wein- und Fischhändler. Zu Montaignes Zeit war die Familie schon Teil des jüngeren Amtsadels. Er erhielt eine humanistische Ausbildung, studierte Rechtswissenschaften, schlug dann eine Verwaltungslaufbahn als Ratsherr, später als Parlamentsrat in Bordeaux ein. Doch dann widmet er sich einem rein philosophischen Leben und verkauft das Amt. An seinem 38. Geburtstag zieht er sich, wie es eine lateinische Inschrift in seiner Bibliothek berichtet, in voller Manneskraft in den Schoß der gelehrten Jungfrauen zurück, verlässt in den folgenden Jahren den Turm seines Schlosses nur noch selten. Resultat dieses Eremitendaseins sind seine berühmten „Essais" über die wichtigen Dinge des Lebens, und das sind neben den bereits genannten Dingen auch noch Frauen, Sex, Trunksucht, Bücher und Freundschaft.

Die auf Erotik gegründete Freundschaft zu einer Frau hält bei ihm dem Vergleich zur echten Männerfreundschaft nicht stand. Denn das Feuer solcher Beziehung sei „... zwar heftiger, beißender und verzehrender, aber es flackert nur flüchtig auf, in ständigem Wechsel hin und her wabernd: eine Fieberhitze, die bald steigt, bald fällt und bloß einen Zipfel von uns ergreift"[19]. Doch – typisch für ihn – sieht Montaigne jegliche Folgeprobleme gelassen. Er dämonisiert nicht, sondern fordert einen maßvollen Gebrauch der Lüste. Zumindest in der Ehe. Nicht ohne Ironie rät er den Ehemännern, falls es deren noch engagierte geben sollte, im Sinne der Wissenschaften Philosophie und Theologie, dass selbst das Vergnügen, das ihnen der Beischlaf mit ihren Frauen bereitet, tadelnswert ist, wenn sie dabei kein Maß halten; schließlich drohe genauso die Zügellosigkeit und Ausschweifung wie beim außerehelichen Verkehr. Das Wort Ehe bedeute Ehre und Würde, nicht aber zügellose Lüsternheit. Im Grunde genommen sei der Verzicht auf ehelichen Sex sittsamer, wenn wegen des zu hohen Alters der Frau oder einer bereits eingetretenen Schwangerschaft keine Empfängnis erwartet werden kann. Da aber nicht nur zuviel Sex ungesund ist, sondern auch ein Übermaß an Philosophie versklavt, wählt Montaigne im eigenen Leben einen goldenen Mittelweg: Er heiratet und zeugt sechs Kinder.

Wichtiger als Sex mit Frauen ist für Montaigne die platonische Liebe unter Männern, Homosexualität sei demgegenüber abscheulich. Freundesliebe wäre etwas ungleich mehr Verfeinertes. Denn während sich die sexuelle Liebe in ihrem Vollzug erschöpfe, gingen bei der Freundschaft Begehren und Genuss derart Hand in Hand, dass sie durch ihren Vollzug wüchsen, so wie sie die entsprechenden Seelen immer mehr verfeinerten. Zwar könnten auch Mann und Frau Freunde sein; so wie ihm die frühe „Frauenrechtlerin" Marie de Gournay (1565–1645). Im Allgemeinen sei die Frau aber durch ihr eingeschränktes geistiges Vermögen den Anforderungen eines engen Austausches nicht gewachsen, aus denen der heilige Bund der Freundschaft hervorgeht. In der Ehe habe Freundschaft sowieso nichts zu suchen. Diese sei in erster Linie ein Handel, der gewöhnlich Zwecken dient, die mit Freundschaft nichts zu tun haben; ein

Geschäft auf Zeit, dessen Beendigung einer höheren Instanz vorbehalten bleibt.

1580 verlässt Montaigne den Gelehrtenturm seines Schlosses mitsamt dem vom Bürgerkrieg geplagten Frankreich und begibt sich zur Erfüllung eines Gelübdes auf Italienreise. Der Heiligen Mutter Gottes von Loreto bei Ancona wollte er ein Votivbild stiften, als Dank dafür, dass seine Tochter Leonore das kritische Säuglingsalter überstanden hatte (fünf andere Töchter waren alle direkt nach der Geburt gestorben). Aufgrund chronischer Nierenkoliken lag ein Abstecher in die Bäder von Lucca nahe, und – wo er schon einmal da war – auch eine Besichtigung der „Hauptstadt der Welt". Während seines mehrmonatigen Aufenthalts in Rom wird Montaigne immerhin eine Papstaudienz mit Fußkuss gewährt, die anderen touristischen Attraktionen sind eindeutig weltlicher. Doch sieht Montaigne seine regen Besuche bei den seinerzeit für ihre Techniken berühmten römischen Prostituierten nicht in fleischlicher Begierde, sondern vielmehr philosophischem Wissensdurst begründet:

> „Ich hörte mir ... an ... was mir irgendeine der öffentlichen Damen zu erzählen wusste, wobei ich es recht misslich fand, dass sie eine simple Unterhaltung (denn nur die suchte ich, um sie plaudern zu hören und auf diese Weise etwas von ihren raffinierten Praktiken zu erfahren) genauso teuer verkaufen und genauso knausrig damit umgehen wie mit dem ganzen Geschäft."[20]

Doch muss er zumindest Zeuge konkreter Vollzüge gewesen sein, denn er berichtet in seinem Tagebuch (unter Pseudonym) von einem, der Stadt des Statthalters Petri würdigen *coitus interruptus*: „Während ein Herr Jedermann grade die Künste einer jungen Dirne in vollen Zügen genoß, begann gegen vierundzwanzig Uhr das Ave Maria zu läuten. Da sprang sie mitten im Geschäft hoch, hüpfte aus dem Bett und kniete auf dem Boden nieder, um dort ihr Gebet zu verrichten."[21] Ausgedehnte Spaziergänge durch einschlägig bekannte Stadtviertel inspirieren Montaigne in seinem Reisetagebuch zu Milieustudien über die körperlichen Reize sich anbietender Damen, die an gewollt einsehbaren Fenstern posieren. Andere Frauen beschreibt er kaum. Montaigne kehrt 1581 nach Bordeaux zurück. Er war in seiner Abwesenheit zum Bürgermeister gewählt worden, ein Amt, das er bis 1585 bekleidete, um dann in aller Zurückgezogenheit in deutlich reiferem Stil an seinen „Essais" weiter zu schreiben. Die darin verewigten Erkenntnisse über die Sexualität im Allgemeinen zeugen ebenfalls von seiner italienischen Lebenserfahrung: „Die Bewegung der ganzen Welt läuft auf die Paarung hinaus. Alles ist von der Begierde danach durchdrungen, sie ist der Mittelpunkt, nach dem sich alles richtet.“[22] Deswegen ist es nur konsequent, dass Montaigne sich darum bemüht, der Nachwelt z. B. einschlägige antike Aphorismen zu bewahren – etwa, wie Zenon in seinen Gesetzen sogar die Öffnungs- und Stoßarten bei der Entjungferung regelte. Oder antike Vergleiche des Geschlechtsakts mit einer Raubtierfütterung:

> „Die Götter, sagt Platon, haben uns Männer mit einem aufsässigen und tyrannischen Glied ausgestattet, das wie ein reißendes Tier sich durch die Gewalt seiner Begierde alles zu unterwerfen trachtet, und die Frauen ihrerseits mit einem gefräßigen, unersättlichen Tier, das keinerlei Aufschub der Fütterung duldet und, und falls es diese nicht rechtzeitig erhält, außer sich gerät; der Brodem seiner Wut durchdringt dann ihren ganzen Körper, verstopft die Gänge, benimmt ihnen den Atem und verursacht tausenderlei Krankheiten, die solange anhalten, bis das Tier den Erguß, der unsern gemeinsamen Trieb befriedigt, eingesogen und die Tiefe ihres Schoßes damit reichlich getränkt und besamt hat.“[23]

Auch die Enthüllung der Geschlechtsorgane ist Montaigne philosophische Betrachtungen wert. Er propagiert eine Renaissance der antiken Freikörperkultur, aber bitte gemischtgeschlechtlich, nicht des Voyeurismus' wegen, sondern zur sexuellen Disziplinierung der Frau. Denn er meint:

> „... daß es vielleicht ein züchtigeres und erfolgreicheres Verfahren wäre, die Frauen beizeiten mit dem wahren Wesen der Sache bekannt zu machen, statt sie es nach Maßgabe ihrer schweifenden und erhitzten Phantasie erraten zu lassen; denn so werden sie von ihrer Begierde und Hoffnung nur dazu verführt, unsre Geschlechtsteile sich dreimal größer vorzustellen, als sie tatsächlich sind. Ein Mann aus meiner Bekanntschaft hatte verlornes Spiel, weil er die seinen sehen ließ, ehe sie für ihre wichtigste Verwendung gerüstet waren.“[24]

Also besser von Anfang an ehrlich sein. Die Offenbarung kommt früh genug, und im Fall von Montaigne berichten seine freimütigen „Essais" von Problemen zu frühen Gebens – doch stehen solche Umschreibungen weit hinter der Deutlichkeit der Originaltexte zurück. Dort heißt es an einer Stelle (weit entfernt von der Vorstellung eines fiktiven Ichs): „Denn ist mein allerbestes Stück/ nicht lang genug und stramm und dick/ und zuckt der Damen kundger Blick/ vor solchem Schwanz geschockt zurück."[25] Das Leben und Montaigne lehren den Mann beim Umgang mit der Frau: „Mit allen Mitteln ködern wir sie und machen sie scharf; wir reizen und erhitzen ihre Phantasie ohne Unterlaß – und dann schreien wir Zeter und Mordio."[26] So entsteht das Bild eines Philosophen, der das Leben kennengelernt hat, einschließlich einer kurzen Geschlechtserkrankung. Doch wird er am Ende sagen, dass er – ansonsten frei von schwerem Kummer – als einziges ihm Zeit seines Lebens widerfahrenes Übel den Tod seines Freundes Étienne de La Boétie (1530–1563) zu beklagen hatte.

Auch die feministische Philosophie dieser Zeit hat ihren Beitrag zu Sexualität und Geschlechtlichkeit aus ihrer Perspektive geleistet. In Venedig lebten mit **Moderata Fonte** (1555–1592) und **Lucretia Marinella** (1571–1653) zwei Philosophinnen, welche die Frau zum Meisterwerk der Schöpfung stilisierten. Für Moderata hatte die Frau wesentlich mehr Würde als der Mann, da ein Ehebruch des Mannes die Frau nicht im Geringsten tangieren könne, wenn die Frau hingegen außerehelichen Sex habe, „... bringt das dem Ehemann sofort tiefste Schmach und Schande."[27] Das grundsätzlich fehlende (sexuelle) Einfühlungsvermögen des Mannes in die Frau erklärt sie mit der Schöpfungsgeschichte. Demnach sind Männer aus unbeseelter Erde entstanden, während Frauen aus lebendigem Fleisch hervorgingen. Moderata unterliegt, wie es Feministinnen ausdrücken würden, dem Dilemma zwischen schriftstellerischer Freiheit und ehelichem Sex, denn sie stirbt einen Tag nach Fertigstellung ihres Manuskripts über „Die Verdienste der Frauen" bei der Entbindung ihres vierten Kindes. Für Lucretia, selbst Tochter eines Philosophen, macht erst die Frau aus dem hormongesteuerten Neandertaler, auch Mann genannt, einen brauchbaren, von der Frau gesteuerten Allzweckroboter: „... so könnte man sagen, dass die Frau ... ihm Seele und Leben gibt, ihn mit dem Glanz des göttlichen Lichtes erleuchtet ... ihn im Unterschied zu den wilden Tieren ansprechbar und höflich macht und schließlich über ihn mit sanftem, keineswegs tyrannischem Befehl herrscht."[28] Lucretia Marinella war bis zu ihrem 50. Lebensjahr unverheiratet und ernährte sich als freie Schriftstellerin, indem sie Heiligenviten verfasste.[29]

Außer den beiden Venezianerinnen sei die Römerin **Tullia d'Aragona** (1508/10–1556) genannt, die von Beruf Kurtisane war. Der Begriff Kurtisane leitet sich von *Cortigiana* („Hofdame") ab und bezeichnete eine *meretrix honesta* („ehrenwerte Hure"), die ein Mindestmaß an Bildung und Etikette beherrschte und die im Vatikan fehlenden Hofdamen ersetzte. Tullia veröffentlicht neben einem Gedichtband auch einen „Dialog über die Unendlichkeit der Liebe" und wurde als weiblicher Cicero gehandelt, in deren Haus die römischen Intellektuellen verkehrten. Der „Dialog" entwickelt einen eher sinnenfeindlichen Liebesbegriff. Darin unterscheidet die Autorin zwischen der anzustrebenden unendlichen Liebe, die sich in der ungestillten und sublimierten Sehnsucht der Liebenden manifestiert, und der zu verdammenden zweckorientierten Liebe, die eher dem Paarungsverhalten wilder Tiere gleiche. Darüber hinaus kritisiert Tullia vor allem Platons Schönheitsbegriff, der das Weibliche ausklammere und sich damit dem Vorwurf der Homosexualität aussetze:

> „Denn die Platoniker lieben die Schönsten und halten sie zugleich für die Besten und Edelsten dem Geiste nach, nicht allein genug damit, dass die Schönheit als solche sie beeindrucken mag ... So bleibt noch die Frage übrig, warum sie ihre Liebe dann auf junge Männer wenden und nicht auf Mädchen. Denn wer es nicht besser weiß, könnte allein daraus leicht Verdacht schöpfen, und das vielleicht nicht ganz ohne Grund."[30]

Nichtphilosophische Zeugnisse der Zeit sind die (nicht mittelalterlichen) Keuschheitsgürtel, Bilder antiker, also nackter, Gottheiten, oder Leonardo da Vincis detailgetreue anatomische Querschnittsstudie eines Geschlechtsaktes. Auch die Medizin entdeckt das Thema und die Klitoris (wobei es sich eigentlich um eine Neuauflage der Medizin von Galens aus dem 2. Jhdt. handelt). Darum entbrennt 1559 ein Gelehrtenstreit um die Urheberrechte an der Universität Padua – nicht weit entfernt von Florenz, wo zeitgleich ein eigenes Sondergericht für das sprichwörtliche „Florenzen", für Homosexualität unter Männern, eingerichtet wird. Die Medizin der Zeit geht davon aus, dass der Geruch von Körpern, vor allem der Körper von Jungfrauen, heilende Wirkung habe. Der Philosoph Francis Bacon (1561–1626) war Anhänger dieser medizinischen Methode.

3 Gemeisterte Vergänglichkeit und meisterliche Vernunft als nahe Verwandte: Barock und Aufklärung

Zu Beginn der Neuzeit wird manches anders, doch manches bleibt auch gleich. Kaum merklich naht die große Zeit philosophischer Sex-Theorien. Ein vereinzeltes statement von Descartes kündigt eine neue Herangehensweise an das Thema Denken und somit auch an das Thema Sex an. Dann holt die Philosophie Luft und schließlich setzt eine wahre Flut an Sex-Theorien ein. Was sich ändert, ist nicht nur die Quantität, sondern insbesondere die zunehmend subjektiv geprägte Herangehensweise. Das lange Zeit als Norm anerkannte System der Religion wird langsam abgetragen und so manches wird eher wissenschaftlich neutral untersucht, so neutral und so wissenschaftlich wie damals eben möglich. Leidenschaften müssen nun nicht mehr nur auf Gott zurückgeführt werden. An Wertungen gibt es, was es immer gab: Leute, denen Sex unheimlich ist und Leute, die unheimlich Sex haben. Manche analysieren die Sache naturwissenschaftlich, andere lieben die experimentelle Provokation. Beide Arten und sämtliche Mischformen stehen im Zeichen der einsetzenden Aufklärung: Nun soll, wie Kant es preisträchtig ausdrückte, der Mensch es wagen, sich seiner eigenen Vernunft zu bedienen; und die Vernunft kommt auf erstaunlich viele Ideen:

Zunächst bleibt das Thema Sex mehr oder weniger subtil verborgen in den latent nachgefragten Götterbildern und der Literatur. Überall changiert die Lust zwischen der Lust am Leben und der Lust am Welken. Sex existiert dabei nach wie vor nur im Ideal, das bis auf die Mutter Gottes jede andere schwangere Frau außer Acht zu lassen scheint, so wie fast bis in unsere Zeit. Dass sich die Welt ändert, zeigt sich in den Künsten an einer zunehmenden Vermengung von Göttern mit realen Menschen, wie sie vorher undenkbar gewesen wäre: So manche Frau wird sich mit nacktem Busen als Jagdgöttin verewigen lassen, vom Sonnenkönig ganz zu schweigen.

In der Literatur wird Laszives besungen, typischerweise als Teil des Liedes von der Vergänglichkeit (*vanitas*) und von Amor, als Lied der Notwendigkeit, alle nur denkbaren Lustmöglichkeiten auszuschöpfen, möglichst noch vor Eintritt der besagten Vergängnis. Das dazu passende Motiv der Gelegenheit wird allegorisiert in Gestalt einer schönen, langmähnigen Frau, die aber leider am Hinterkopf keine Haare hat, an denen man sie auch nach einem Moment Bedenkzeit noch fassen könnte. In der zeitgenössischen Lyrik gibt es eine eigene Litanei sehr detaillierter Lobeshymnen auf den weiblichen Körper. In langen Listen immer wiederkehrender Motive werden in zunehmender Auflösung die Einzelbestandteile der umworbenen Frau besungen, vor allem in der französischen Lyrik. Doch auch der Deutsche Christian Hoffmann von Hoffmannswaldau (1616–1679) dichtet in Einzelteilen und lobt besonders den Philosophen Epikur, denn:

> „Wer Epikur nicht für seinen Lehrer hält,/Der hat den Weltgeschmack und allen Witz verloren,/Es hat ihn die Natur als Stiefsohn ihn erkoren,/Er muß ein Unmensch sein und Scheusal dieser Welt./Der meisten Lehrer Wahn erregte Zwang und Schmerzen:/Was Epikur gelehrt, das kitzelt noch die Herzen.“[1]

Er reiht in der „Beschreibung vollkommener Schönheit“ auch – für ihn relativ gesittet – Haar, Mund, Zünglein, zwei Brüste, auf denen Rubin durch Alabaster bricht, den Schwanenhals, Wangen, einen blitzenden und Männer niederwerfenden Blick, Löwen bezwingende Arme, ein Verderben bringendes Herz und Hände, die um Witz und Freiheit bringen, aneinander. Hoffmannswaldau ist der deutsche Meister der Allegorien auf Körperteile, und nennt Lippen „Corallinen-Klippen“[2] (die dafür sorgen, dass „Mein Mast nur darum laufen ein,/Daß er anstatt dem süßen Lande/Auf deinem schönen Munde strande?“), das „sternend Licht“ der Augen schönes „Irrlicht“ (das dem „morschen Nachen“ einen Schiffbruch einhandelt; der jedoch wird „versüßet,/Weil deines Liebes Marmelmeer/Der müde Mast entzückend grüßet/Und fährt auf diesem hin und her,/Bis endlich in dem Zuckerschlunde/Die Geister selbsten gehen zugrunde“; viel Schwimmen und massiver Rudereinsatz bringen diesen plot zu einem guten Ende).

Die auch bei anderen Autoren zu indizierende Aneinanderreihung von Komponenten ist genau das Gegenteil des Prinzips der griechischen Antike. Dort war man gerade zu dem Zeitpunkt, als die Reflexion der Natur zu ersten realistischen Kunstwerken führte, soweit, dass innerhalb des philosophischen Diskurses z. B. Land, See und Himmel nicht mehr als Einzelteile, sondern als die Welt und einzelne Körperteile als der Körper besprochen wurden – von der Entdeckung einer Seele ganz zu schweigen, gefolgt von einer allgemeinen Tendenz zum Monotheismus. Und nun deutet sich in der Lyrik des 18. Jhdts. eine Gegenentwicklung an. Einerseits wirken die hier auftretenden numerischen Schilderungen emotional, andererseits können sie funktionalisiert werden für einen kälteren Blick auf den Menschen und für ein Verständnis von Sex als Gesellschaftsspiel und der Verlustierung an Einzelheiten (wie z. B. den Schönheitsflecken, die nicht nur im Gesicht zu finden waren, von wo aus sie zu anderweitigen Fleckchen Farbe einluden). Hier entstehen die modernen Kategorien von Stil und Fetisch – zumindest für alle, die am gesellschaftlichen Leben teilhaben.

Vom Denken und Wünschen: Descartes

„Und selbst wenn man mehrere Personen dieses anderen Geschlechts sieht, wünscht man sich dennoch nicht zugleich mehrere, weil die Natur bewirkt, dass man nur einer weiteren Hälfte bedarf.“[3]

Wer damit nicht viel zu tun haben wollte, war **René Descartes** (1596–1650). Darum tritt er, wie oben zitiert, nur quasi maskiert auf. Der Mathematiker und Still-vor-sich-hin-Lebemann ist in der glücklichen Lage, sich zugunsten seiner philosophischen Erörterungen auf einen Landsitz zurückziehen zu können. Dort legt er den Grundstein für die moderne Philosophie und initiiert – was die Philosophie angeht – die Neuzeit mit dem Satz „Ich denke, also bin ich“. Denn alles kann bezweifelt werden, nur nicht das Zweifeln selbst. Daraus folgert Descartes, dass er zweifellos ein ganz besonderes Ding ist, nämlich ein „denkendes Ding“. Das wiederum unterscheidet er scharf von seinem Körper als einem „ausgedehnten Ding“, dessen Existenz und Eigenschaften nach wie vor zweifelhaft bleiben. Wer aber daran zweifelt, dass er einen Körper hat, dessen Verhältnis zur Sexualität muss notgedrungen gebrochen sein.

Vom eigenen Denken zur Körperwelt kommt Descartes, indem er Gott ins Spiel bringt. An dem ist nicht zu zweifeln, denn die Idee Gottes als eines unendlichen Wesens kann nur von einem unendlichen Wesen selbst stammen. Wenn es aber Gott gibt, dann wird Er als oberste erkenntnistheoretische Instanz es nicht zulassen, dass die Menschen sich bei ihren tiefsten Überzeugungen täuschen, nämlich den Überzeugungen mathematischer Art. Körper auf mathematische Weise erfassen zu wollen, führt geradewegs zur modernen Naturwissenschaft. Die Frage. „Ich habe Sex, also ist was?" kann Descartes also nur naturwissenschaftlich beantworten, wie er es in seiner Schrift „Über die Leidenschaften der Seele" von 1649 tut. Gegenüber Bruno hat sich darin die Einstellung zum Sex merklich abgekühlt und entstammt nicht mehr erregt-erregender Magie, sondern analytisch sezierender Rationalität: Fast prä-darwinistisch gedacht, sorgt die Natur bei Mensch wie Tier als ein sich selbst erhaltender mechanischer Gesamtzusammenhang für die Arterhaltung und dafür, dass in den Gehirnen der Menschen Bilder entstehen, die sie dazu bewegen, zu Menschen anderen Geschlechts eine leidenschaftliche Neigung mit „merkwürdige(n) Wirkungen" zu entwickeln:

> „Denn mit dem Unterschied der Geschlechter, mit dem die Natur den Menschen genauso wie die vernunftlosen Tiere ausgestattet hat ... (wird bewirkt, dass der Mensch, Anm. d. V.) ... sich als mangelhaft ansieht ... so, als wäre er nur die Hälfte eines Ganzen, zu dem eine Person des anderen Geschlechts die ergänzende Hälfte wäre, – so daß der Erwerb dieser anderen Hälfte durch die Natur verworren als das größte aller vorstellbaren Güter dargestellt wird."[4]

Der Einstieg in die moderne Philosophie verläuft also in ruhigen Bahnen. Doch bald werden Zeiten und Thesen wilder. Während sich der Sex vorher noch in medizinischen Schriften oder erotischer Lyrik verstecken musste, beginnt sich das Thema im 18. Jhdt. auf dem philosophischen Bettlaken zu räkeln, mit einer Flut von Schriften aus vielen Disziplinen – die zu dieser Zeit alle noch eng mit der Philosophie verwoben sind; zumal sie als Begriff rechtlich ungeschützt und allen frei zugänglich ist.

Von Maschinen und Menschen: La Mettrie und Maupertuis

„Die Philosophen verwandeln ... leeren Schall zuerst in eine bezaubernde Nymphe und dann in eine gebieterische Göttin; und auf diese Weise zehrt ihre wie unsere Imagination von schönen Hirngespinsten."[5]

Die große Diskussion über Sex beginnt mit **Julien Offray de La Mettrie** (1709–1751). Der schreibt, was man heutzutage als philosophische Anthropologie bezeichnen würde, über den Menschen, über Glück und Wollust. Letztere Schlüsselworte gelten seinem Werk, nicht seinem Leben: Er wird 1709 abseits der großen geistigen Metropolen im bretonischen St. Malo geboren, studiert erst Philosophie und Naturwissenschaften, besinnt sich eines Besseren und wird Arzt, sogar ein so guter, dass er zum Leibarzt von Duc de Grammont und Militärarzt von dessen Regiment aufsteigt. Doch verarztet er nicht nur, sondern philosophiert auch. Seine aufklärerischen Schriften werden verbrannt und er muss ins holländische Exil fliehen, was ihn zugleich aus einer unglücklichen Ehe befreit. Aus Holland holt Friedrich II. von Preußen „das Opfer der Theologen und Dummköpfe"[6] nach Potsdam in seinen Gelehrtenzoo. Auch dort wird La Mettrie zunächst königlicher Leibarzt und Mitglied der Akademie der Wissenschaften, aber wieder folgt seinem Aufstieg der Fall, er stolpert abermals über seine außermedizinischen Ansichten. Friedrich verhängt trotz anders lautender Zusagen ein Publikationsverbot eigenständiger Schriften; feuern kann er ihn als aufgeklärter Monarch nicht. Und darum tobt er, als La Mettrie seine Thesen in einem Vorwort zu einer ihm erlaubten Übersetzung versteckt. Friedrich verbrennt eigenhändig Exemplare dieses „Anti-Seneca", in dem La Mettrie nicht nur anti-senecanisch dessen Ideal der distanzierten Gleichgültigkeit angreift, sondern auch bestreitet, dass Sittlichkeit als Richtschnur menschlichen Handelns zu gelten habe. Vielleicht war es unklug, dieses Vorwort separat als eigenständiges Buch herauszugeben. Von nun an wird Potsdam für La Mettrie zur Hölle und der Name des Schlosses Sanssouci („sorgenfrei") zur Ironie. Aus dieser Qual befreit ihn 1751 der Verzehr einer verdorbenen Fasanentrüffelpastete – ob durch Gift oder mangelnde Kühlung, das ist bis heute umstritten.

Anders als für Descartes, sind für La Mettrie Sexualität und Fortpflanzung keine rein mechanischen Vorgänge. Die Titel seiner Schriften täuschen. Sein bekanntestes Werk heißt „Der Mensch eine Maschine", neben den Schriften „Das Tier eine Maschine" und „Die Pflanze eine Maschine". Das sind Titel, die gerne so verstanden werden wie: der Mensch, das Tier, die Pflanze seien etwas wie ein Roboter – während La Mettrie von einer durch die Sinne und die Sinneslust erleuchteten Maschine spricht, vielleicht mit Ausnahme der Pflanzen.

La Mettrie hält die neuplatonische Idee, dass ein Mensch ohne die Freuden der Venus glücklich sein könnte, für Unsinn. Denn der Mensch sei nun einmal ein sinnliches Wesen und die (sexuelle) Lust das einzige, was die Mühsal des Alltags und die Wechselfälle des Schicksals überhaupt erträglich mache. Wollust benötige der Mensch also zum Glück und glücklich sein sei dessen Grundbestimmung: „Die Natur hat uns einzig und allein deshalb geschaffen, um glücklich zu sein; ja, uns alle – vom Wurm, der auf dem Boden dahinkriecht, bis zu dem Adler, der sich in den Wolken verliert."[7] Und damit liegt der Sex auf dem Seziertisch der Philosophie. Waren Sex und Wollust bis dato ein zwielichtiger Schatten erhabener Thesen, so wandelt sich der Schatten jetzt zur Sonne, die das Glück keimen lässt, wobei Wollust und Glück nicht die einzigen modernen Schlüsselbegriffe sind, die dieser erste Glücksforscher der Neuzeit verwendet. In seiner „Kunst, Wollust zu empfinden" (kein Sexratgeber für den libertinen Wüstling des 18. Jhdts., sondern eine Studie über die Bedeutung der Lust) verbindet La Mettrie Sex mit Menschenwürde. Denn der Partner soll so behandelt werden, wie man es sich selbst wünscht und erlaubt sei, was gefällt, aber nicht ohne Liebe, weil „... der Exzeß der Freude, gebunden an den Exzeß der Liebe [erst] ... die Wollust der Herzen"[8] möglich macht. Liebe ist Voraussetzung für guten Sex oder, wie er schreibt: „Öffnen Sie mir den Heiligenschrein der Natur, der von der Liebe ausgestrahlt wird ... der ich daraus das heilige Feuer der Wollust schöpfe, das in meinem Herzen, gleich einem Tempel, niemals erlöschen wird."[9]

Das gilt auch für gleichgeschlechtliche Liebe, allerdings nur zwischen Männern. Unter Frauen gilt so etwas als Verirrung des guten Geschmacks. Für alle anderen Frauen entwickelt La Mettrie so etwas wie eine Sexualethik, indem er fordert, dass auch die Frau beim Sex Lust empfinden müsse. Das gewähre dann dem Mann eine Verdopplung seiner Lust. Sex als wahrhafte Ekstase kann in diesem Sinne nur der erleben, der maßvoll mit seinen Lüsten umgeht, ihnen zwar keine Gewalt antut, sie aber auslebt. Guter Sex und seelische Integrität bedingen einander, denn eine unversehrte menschliche Seele ist unabdingbar für das Lustempfinden: „Allmächtige Götter! Kann es sein, dass diese wenigen Organe des Körpers für soviel Glück ausreichen? Nein, so große Glücksgefühle können nur zur Seele gehören, die ich aufgrund ihrer Fähigkeit zur Lust als unsterblich anerkenne.“[10] Der Wollüstige (seelisch Heile) kann Befriedigung finden, ist eben nicht maßlos in seinem Verlangen. Wollust ist also eine erotische Lebenskunst, die sich dem Objekt der Begierde mit Esprit, Sensibilität und Empathie nähert. Hier avanciert Le Mettrie zum ersten Vertreter seiner eigenen These, wenn er seine Physiologie mit sanftester Beschreibung verknüpft, indem er etwa die weibliche Brustwarze beschreibt als „... delikate Beere,... rosa blühende[r] Knopf auf dem Liebesapfel, verbunden mit den köstlichsten Nerven“[11]. La Mettries Aussagen sind für das 18. Jhdt. mutig, insbesondere, wenn er in seinem metaphysischen System den Orgasmus als einzig möglichen Gottesbeweis interpretiert (im 21. Jhdt. sieht die Nebenfach-Philosophin Ariadne von Schirach – wohl in unbewusster Anlehnung an La Mettrie – den Weg zum Orgasmus als etwas Göttliches an; sie benutzt das böse F-Wort und wertet derartige Tätigkeiten als postmodernes Gebet). Auch La Mettries Umgang mit Opium ist eigentlich zu früh für seine Zeit. Er schreibt von „... jenem süßen und befriedeten Zustand, in dem man eine Ewigkeit verweilen möchte: ein wahres Paradis der Seele ... Welche wunderbare Wirkung hat doch ein Körnchen dieses Narkotikums! Seine Zauberkraft vermittelt uns mehr über das Glück als all die Abhandlungen der Philosophen zusammen!“[12]

Seine philosophischen Artgenossen schütten Kübel von Spott über La Mettrie aus, sobald er tot ist. Voltaire bezeichnet ihn als Trinker, Narren und vollgefressenes Fass. Selbst der Gutmensch Diderot, der sich autorisiert fühlt, La Mettrie von der Zunft der Philosophen auszuschließen, trieft vor Hass und sogar Lessing beschimpft ihn als „Porneuten“. Größter Stein des Anstoßes waren – neben den Thesen über Sex – La Mettries gedankliche Konstrukte über Schuldgefühle und das Gewissen, das er selber als einzige eigenständige philosophische Leistung ansah. Spätere Generationen glaubten darin die Ankündigung von Freuds Konstrukt des Über-Ichs zu erkennen, wenn er schreibt, dass es dem Menschen grundsätzlich gelingen solle „... die Vorurteile der Kindheit abzulegen und die Seele mit der Fackel der Vernunft zu reinigen.“[13] Mittlerweile gilt „Monsieur Machine“ als Urvater der modernen empirischen Medizin, aber bis zu dieser Erkenntnis dauerte es 250 Jahre.

Wie ungenau damals noch die Grenzen zwischen den Disziplinen verliefen, zeigt das Beispiel des Physikers, Geographen und Philosophen **Pierre-Louis Moreau de Maupertuis** (1698–1759). Auch der fand sich am Hofe Friedrichs des Großen ein, wo er – allerdings anonym – seinen Beitrag zu den Philosophien des Fleisches leistete. Seine Schrift „Venus physique" von 1745 erkundet die Metaphysik der Fortpflanzung. Im Text begleitet Maupertuis eine Dame der gehobenen Gesellschaft auf ihrem Weg zur tieferen Erkenntnis dieser Dinge – in diesem Fall ein Philosophiekurs für Fortgeschrittene, denn sie ist bereits schwanger. Zunächst reißt Maupertuis die alten metaphysischen Fortpflanzungslehren ein, die mehr Scholastik als Physik seien: Die Zeugung sei ein rein körperlicher Vorgang, bei dem Gott nichts verloren habe. Der Geist sei nur im Sinne einer erotischen Verzückung präsent, der Rest wären rein physikalische Anziehungs- und Stoßkräfte. Die Verzückung aber sei nicht Bestandteil der Zeugung, schließlich gäbe es auch Kinder, die ohne Lust gezeugt würden und nicht jede genossene Sinnenlust sorge für Nachwuchs. Auch sei der Orgasmus kein Gottesbeweis (wie bei La Mettrie), sondern nur der physikalische Beleg, dass im Körper bewegte Materie zu Gange sei – der Maupertuis aber sinnigerweise doch zugesteht, dass sie verzaubert sein könne. Auch warnt Maupertius vor schmerzhaften Sexualpraktiken, gegen die er mit seinen Forschungen aus dem Tierreich, insbesondere bei Schnecken, argumentiert:

> „Wenn ihre Verpaarung auf den Höhepunkt zuschreitet, bewaffnet sie die Natur beide mit einer Art Stachel oder Wurfspiess ... Was ist der Dienst dieses ... Organs? Vielleicht braucht dieses so kalte und in seinen Bewegungen so langsame Tier einen erotischen Reiz durch diese Einstiche? Menschen die kalt geworden sind durch das Alter oder deren Sinne abgestumpft sind, behelfen sich manchmal auch solcher äusserst heftiger Mittel, um in sich den Eros wieder ein bisschen zu wecken. Ihr Unglücklichen!, die ihr danach trachtet, über den Schmerz eine Lust wiederzuerwecken, die nur in der Wollust gedeihen kann, bleibt in euerer Lethargie ... erspart euch die unnötigen Quälereien."[14]

Einen privaten Ausgleich zu seinen Forschungen an Schnecken, Blumen und Bienen fand Maupertuis bei einer Lapplandexpedition. Dort hielt er sich einen Harem lappländischer Frauen, von denen er zwei mit nach

Frankreich brachte, wahrscheinlich zu Forschungszwecken. Nach dem Vorspiel von La Mettrie ist Maupertuis einer der ersten Sex-Mechaniker. Mit Thesen wie den seinen wird sich ab nun zum einen ein Körperideal entwickeln, das die Mechanik des Körpers sichtbar macht, zum anderen ein Verständnis von Sex, das zu heutigen Sexrobotern führt. Und zu anderen Dingen.

Von La Mettrie und Thérèse: D'Argens

„Törichte Sterbliche! Ihr glaubt, es stehe in eurer Macht, die Leidenschaften zu ersticken, welche die Natur euch eingepflanzt hat: sie sind das Werk Gottes."[15]

Da zu dieser Zeit – bis auf eine Ausnahme – alle wichtigen Sex-Schreiber in Potsdam versammelt sind, stammt von dort auch der nächste Name. Allerdings erst später. Denn zuerst bleibt anonym, was ein Exilkollege La Mettries, angeregt von dessen Schriften zur Verknüpfung von Philosophie und Pornografie, zum wirkungsmächtigsten pornografischen Roman des gesamten 18. Jhdts. ausbaut. Die 1748 in Lüttich erschienene „Thérèse philosophe" zeigt, dass philosophische Aufklärung des 18. Jhdts. auch als sexuelle Aufklärung gemeint ist, nämlich im Sinne einer Verschmelzung von Rausch, Traum, Sex und Flötenspiel, inklusive kritischer Eros-Reflexion. Bereits auf dem Cover wird die häretische Verbindung zwischen Erotik und Philosophie deutlich. Dort heißt es: „Wollust und Philosophie sind das Glück des sensiblen Menschen. Er umarmt die Wollust aus Geschmack, die Philosophie aus Vernunft."[16] Die Titelheldin Thérèse, eine in finanzielle Nöte geratene Waise, durchläuft einen philosophischen Lernprozess, mit dem auch ein sexueller verbunden ist. Sie wandelt sich von der Unschuld vom Lande zur sexuell aktiven und selbstbestimmten Frau, die auch leidenschaftlich der Selbstbefriedigung huldigt, was im 18. Jhdt. als Krankheit galt, die angeblich im Irrsinn endete.

Dieses Thema berührt speziell Thérèse etwas weniger als die Männer generell. Onanie war nach dem Mittelalter bis Anfang des 18. Jhdts. beliebt, weil als gesundheitsfördernd anerkannt (schon in der Antike laut Galen), bei Männern Spermastau und bei Frauen Hysterie verhindernd. Vorher war sie für Frauen schier undenkbar und für Männer Verschwendung wertvoller Ressourcen. Später hat man diese offenbar nicht auszurottende Praxis toleriert. Um 1712 wird in London eine anonyme Schmähschrift namens „Onania" veröffentlicht. Der volle Titel lautet: „Onania, Oder Die Erschreckliche Sünde Der Selbst-Befleckung. Mit Allen Ihren Entsetzlichen Folgen, So Dieselbe Bey Beyderley Geschlecht Nach Sich Zu Ziehen Pfleget; Nebst Geist Und Leiblichen Rath Vor Alle Diejenigen, Welche Sich Durch Diese Abscheuliche Gewohnheit Bereits Schaden Zugefüget Haben". Ab jetzt gilt die Onanie als schlimm und wird hysterisch unterbunden. In „Onania" wird die sog. Selbstbefleckung von Hirnverstopfung bis Sabbern, von Fehlgeburt bis Lähmungen, Sodbrennen bis Nebenhöhlenverstopfung und Migräne, Herzschäden, Verdauungsprobleme und Tuberkulose, für Krankheiten aller Art und den Tod durch Auszehrung verantwortlich gemacht – zum Zwecke des Verkaufs eines entsprechenden Wundermittels durch einen vorbestraften Scharlatan. Denn eigentlich war „Onania" ein Advertorial, eine als seriöse Information getarnte Werbung und noch dazu ein Etikettenschwindel biblischen Ursprungs: Der lateinische Name *Onanie* geht zurück auf den dort verewigten Onan. Der unterbricht aus Angst vor Nachkommenschaft den Beischlaf mit einer Frau, was eigentlich genau das Gegenteil der Onanie beinhaltet; gemeinhin als *coitus interruptus* bezeichnet. Dass er Samen auf den Boden fallen ließ, anstatt dem Geheiß Gottes zu folgen und die Frau seines verstorbenen Bruders zu schwängern, bezahlt er mit dem Tod. Laut „Onania" habe er sich aber in Wirklichkeit der Masturbation schuldig gemacht. Das wird in Folge ein wichtiges Thema: Galt die Masturbation bei Kant im Vergleich zum Selbstmord als schlimmere Sünde (denn der Selbstmörder handelt gänzlich unfrei), werden im 19. Jhdt. sogar Kalbslederunterwäsche für Mädchen und stachelbewehrte Penisringe verkauft, die dem jugendlichen Überschwang Einhalt gebieten sollen. Ebenfalls belegt ist der Einsatz von Elektroschockern und Glöckchen an Schnüren. Und von Corn-Flakes. Die und Graham-Kräcker (Kekse aus Vollkorn) wurden von dem Masturbationsfeind Kellogs als Gegengewicht zu herkömmlichen Lebensmitteln erfunden, von denen Kellog dachte, sie würden ungezügelte Sexualität fördern. Übrigens zeigen moderne Studien, dass bei Masturbation nur ein Viertel der lustbringenden Hormone ausgeschüttet wird, verglichen mit Sex mit einem vollständigen Partner.

Doch von Historie und Theorie zurück zur praktizierenden Thérèse: Wider allen Erwartens gelangt sie durch ihre Sinnenfreuden nicht nur zum Lebensglück, sondern lernt durch Sex auch erstmals rationales Denken, denn: „... die Finsternis meines Geistes zerstreute sich und allmählich lernte ich, folgerichtig zu denken und zu urteilen“[17]. Daher finden die philosophischen Disputationen der Thérèse gerade nach einschlägigen Aktivitäten statt, was bei antiken Symposien noch umgekehrt war. Im Detail geht diese Schulung in folgenden Schritten vor sich: Thérèse befindet sich zunächst in der Einflusssphäre von Descartes' Philosophie, bekennt sich dann aber – inspiriert durch ihren adligen Liebhaber – zu La Mettries Philosophie: Das cartesianische Verhältnis von Leib und Seele wird illustriert anhand einer von einem Jesuiten abgenommenen Beichte, die nicht ganz konform mit den Ordensregeln verläuft, dafür aber vielen antiklerikalen Kupferstichen entspricht, die sich über die Enthaltsamkeit der Kirchenleute lustig machen. So auch hier: Thérèse beobachtet, wie der Jesuit einer jungen Frau den Dualismus von Geist und Körper vorführt, indem die Frau sich ganz auf den Heiligen Geist konzentrieren soll, während er mit Hilfe einer Reliquie, der Kordel vom Gewand des heiligen Franziskus, spirituell-sexuelle Handlungen an ihr vollzieht. Die Exerzitien sollen streng pädagogisch vorführen, dass der Geist sich vom Körper lösen kann, während die Frau weder Lust noch Schmerz empfindet.

Diese antiklerikale Attitüde entspricht der aufklärerischen Tendenz, Sex als etwas Natürliches zu begreifen, die kirchliche Keuschheit also als etwas Unnatürliches. Ein Prozess im Jahr 1735 über die Verfehlung eines Jesuiten tat dieser Tendenz keinen Abbruch, auch wenn der Missetäter freigesprochen wurde. Thérèse lernt also, dass Religion Selbsttäuschung und die menschliche Willensfreiheit eine Illusion ist. Denn nur die Leidenschaften treiben den Menschen an und beschneiden gleichzeitig seine Freiheit. Denn dessen Wahlmöglichkeiten sind auf minimale Alternativen beschränkt, auf die Wahl zwischen Burgunder und Champagner bzw. zwischen Sexualpartnern und Stellungen. Aber vom Ergebnis bleibt sich das fast gleich. Thérèse argumentiert streng materialistisch, dass alles auf Bewegung und Materie zurückzuführen und der Schlüssel zu den Leidenschaften in der Natur zu finden sei. Die steuere nämlich den Sexualakt, der als Krone des göttlichen Handelns im Menschen gilt. Ihre Mechanismen steuern ebenso die Mechanik des Geschlechtsverkehrs, auch des weiblichen. Eine Bewegung führt zur Gegenbewegung und erst das verspricht höchste Lust. Die Lust selbst ist als eine gottgegebene und darum nicht moralisch verwerfliche Sache anzusehen, „... wenn wir durch Mittel, die er [Gott] selbst uns gegeben hat, unsere Bedürfnisse befriedigen“[18]. Auch durch die moderne medizinische Forschung gesicherte Kenntnisse werden vorweggenommen und die Wirkung von Glückshormonen beschrieben, die „jener göttliche Saft“[19] enthält, dessen Austausch Thérèse für ihre geistige und körperliche Gesundheit so lebensnotwendig ist wie Essen und Trinken (die Ehre des Urheberrechts auf diesen medizinischen Aspekt gebührt allerdings d'Argens, da La Mettries Formulierung vom Zaubersaft zu subtil gewesen ist, um rezipiert zu werden). Als Quintessenz des Romans kann ein Zitat aus La Mettries „Anti-Seneca“ gelten: „Die falsche Philosophie kann uns ... zwar ewiges Glück versprechen; aber indem sie uns mit schönen Illusionen einlullt, führt sie uns auf Kosten unseres Lebens bzw. unserer Lebensfreude dorthin. Die wahre Philosophie hingegen ist klüger und lässt nur ein zeitliches Glück gelten; sie streut Blumen auf unseren Weg und lehrt uns, sie zu nehmen“[20]. Oder, um Thérèse noch einmal zu Wort kommen zu lassen und die Blumen beim Namen zu nennen: „Das Glück hängt von der Beschaffenheit unserer [Sexual]Organe ab.“[21]

Der literarische Vaterschaftstest benennt als Erzeuger von „Thérèse“ einen gewissen **Jean-Baptiste de Boyer Marquis d'Argens** (1703–1771), eine Zuschreibung die bereits Lessing 1751 vornimmt. Der Marquis wird in der Provence als Sohn eines hohen Beamten geboren, tritt schon mit fünfzehn Jahren eine militärische Laufbahn an, die er aber nach einem Sturz vom Pferd beendet, gegen den Willen der Familie. Jetzt beginnt ein Wanderleben unter falschem Namen, weil unter Beschattung durch die Familie. Er mutiert schließlich zum Schriftsteller und wird 1735 durch seine Memoiren berühmt. Im Winter 1741/42 findet er dann seine eigentliche Bestimmung, und die heißt Friedrich der Große. D'Argens wird dessen Vertrauter und Co-Autor. Denn Friedrich verfasst mit ihm eine Satire über seinen ehemaligen Philosophielehrer Jean Des Champs. Darüber hinaus rekrutiert er als headhunter Gelehrte und Schauspieler in Frankreich, gibt die Gedichte von Friedrich dem Großen, alias „Philosophe de Sans-Souci“, heraus. Das alles lässt ihm, trotz seines gewaltigen Schlafbedürfnisses, aber immer noch genügend Zeit, für „Thérèse philosophe“ bzw. den engen fachlichen Kontakt zu La Mettrie. Der Roman war 1748 nur drei Monate im freien Umlauf. Trotz der Konfiszierung von 900 Exemplaren reichte diese kurze Zeit, dass sich fortan Raubdrucke und Kopien wie ein Computervirus in ganz Europa verbreiten konnten, um an den Grundfesten der herrschenden Sexualmoral zu rütteln. Während also La Mettrie sehr ambitioniert und mit vorsichtigen Worten sein Anliegen vorbringt, setzt sich nun durch, was d'Argens deftig verpackt.

Von Gewalt und Genitalien: De Sade und der Restif de la Bretonne

„Als alle gepeitschten Stellen nur noch eine einzige Wunde bildeten, ließ man sie in Ruhe."[22]

Dass die Prügelstrafe nicht für jeden wirklich eine Strafe ist, war auch schon im 18. Jhdt. bekannt. Einer der ganz großen Denker jener Zeit, Rousseau, zehrt noch im Mannesalter von damaligen Erziehungsmethoden: „Zu den Füßen einer herrischen Geliebten zu liegen, ihren Befehlen zu gehorchen, sie um Verzeihung zu bitten, waren für mich die süßesten Freuden, und je mehr meine lebhafte Einbildung mir das Blut erhitzte, desto mehr hatte ich das Aussehen eines verzückten Liebhabers."[23] Mit dem Namensgeber des Sadismus, **Marquis Donatien-Alphonse-François de Sade** (1741–1814), betreten wir Neuland bezüglich der Verbindung von Philosophie, Sex und Prügel. De Sade ist dabei weder als Hauptfach-Philosoph noch als reiner Pornograf fassbar, vielmehr als eine Art Sektenguru und Entwickler einer, wie er es nennt, *Pornosophie.* Seine Glaubenslehre soll Geist und Körper vereinigen und damit eine neue Lebensform entwerfen, bei der die Seele durch den Körper und die Rolle Gottes durch den Sex ersetzt werden soll. Sex und Philosophie sind dabei eng miteinander verknüpft. Denn nach de Sade beflügeln nur einschlägige Körpersäfte den Geist der Philosophie. In seinen Werken wechseln sich daher auch Theorie- und Praxiseinheiten miteinander ab, zuerst eine streng diszipliniert-ritualisierte Orgie, dann eine philosophische Indoktrination. So etwas wie Sexualethik ist dabei völlig überflüssig bzw. sogar hinderlich für das Arbeitsziel des absoluten Lustgewinns auf Kosten von Gesundheit und Leben anderer: „Das größtmögliche Unglück der größtmöglichen Zahl"[24] lautet die entsprechende Sex-Glücksformel.

Im Roman „Justin und Juliette" entfaltet er seine ganz besondere Art von Ethik. Zur Handlung: Es treten auf: zwei ungleiche Schwestern. Justin verhält sich ständig keusch und tugendhaft, gerät aber von einem Unglück ins andere. Juliette lebt sex and crime, pflegt Kontakte zum Vatikan – und zwar inklusive Sex und Schwarzer Messen mit dem Papst. Dafür belohnt das Schicksal sie sogar mit Reichtum. Dennoch gelobt sie Besserung, will künftig in Tugend leben, sofern ein Gottesurteil sie dazu verurteilen sollte. Im Kontrast dazu wird die tugendhafte Justine einem schweren Gewitter ausgesetzt, ein Blitz erschlägt sie und Juliette führt ihr, jetzt durch höchste Instanz legitimiertes, lasterhaftes Leben ungeniert weiter. In diesem Roman kommt auch Kant zu Ehren. Denn „... jegliche Grundlegung zur allgemeinverbindlichen Sittenlehre ist ein allgemeines Hirngespinst“[25] und wahre Lust nur ohne metaphysischen Überbau zu erreichen. Kants kategorischer Imperativ bzw. die alltagspsychologische Übersetzung als goldene Regel „Was du nicht willst, das man dir tu, das füg auch keinem andern zu“, ist demnach eine schwachsinnige Verpflichtung. Denn die Natur fordert nur eines: Man solle sich ergötzen, ganz gleich auf wessen Kosten.

Dieser Roman steht stellvertretend für den philosophischen Ansatz in allen anderen Büchern de Sades. Das bekannteste darunter, mit dem Titel „120 Tage von Sodom“, entstand 1785 innerhalb von 37 Tagen in der Pariser Bastille. In diesem Manuskript, zu Lebzeiten unveröffentlicht, tobt de Sade wie ein Irrer durch seine Wunschvorstellung des Ancien Regime. Sein Frauenhass steigert sich ins Maßlose: Das Leben einer Frau sei genauso wertlos wie das einer Mücke und die weiblichen Geschlechtsorgane seien eine „... verpestete Partie, welche die Natur in einem Moment der Unvernunft geschaffen hat“[26]. Die vier Protagonisten des Romans, wohlsituierte Angehörige der Oberschicht (Herzog, Bischof, Steuerpächter und Richter), gehen auf casting-tour durch Frankreich, entführen die schönsten Mädchen und Jungen von adligem Stand, um sich mit ihnen 120 Tage auf ein entlegenes Schloss zurückzuziehen und die abnormsten Phantasien auszuleben. Jeden Monat übernimmt ein anderer Zeremonienmeister die Aufsicht über die Orgien. Die dabei mathematisch genau geschilderten Dimensionen von Geschlechtsorganen oder bestimmten Kopulationsfrequenzen entspricht de Sades Vorliebe für die Ingenieurswissenschaften und ist so ins Groteske übersteigert (achtzehn Zoll für einen Penis), dass er nicht nur Entwürfe diverser Maschinen als nie umsetzbare Visionen liefert, sondern auch Rückschlüsse auf die sexuelle Legasthenie des Autors zulässig sind. Diese werden aber umso interessanter für die Psychoanalyse sein, vor allem für das Modell von Freuds Couch (ein mit schwarzem Stein überzogenes, teils aus Menschen bestehendes Möbel, auf dem die darauf sitzende Frau fünf Arten des Verkehrs gleichzeitig vollzieht, in jeder Hand ein männliches Glied). Trotz aller Übertreibungen oder gerade deswegen, nimmt mit der sexuellen Erregung der Protagonisten die Anzahl der Art der verübten Grausamkeiten exponentiell zu. Sie belassen ihre Triebhaftigkeit nicht bei sexuellen Demütigungen und Missbrauch jeglicher Art, sondern töten die meisten ihrer Opfer. Selbst den eigenen Töchtern und Ehefrauen gilt kein Erbarmen oder Schuldbewusstsein. Denn jeder von ihnen sieht sich als Werkzeug der Natur, als „... Maschine, die sich nach ihrem Belieben bewegt, und jedes ... Verbrechen dient ihr“[27], die extremste Form des bereits kursierenden Modells vom Menschen als Maschine. De Sade schließt seinen Roman mit einer zynischen Bilanz: „Vor dem 1. März in den Orgien Getötete 10 / nach dem 1. März 20 / und es kehren zurück 16 / Personen summa summarum 46.“[28]

Das erfolgreichste und vermeintlich philosophischste aller Bücher de Sades ist die „Philosophie im Boudoir“. Das Buch wurde als erster de Sade-Text ins Deutsche übersetzt und 1963 als jugendgefährdende Schrift indiziert. Formal funktioniert sie wie viele andere seiner Handlungsstränge oder wie der eine Handlungsstrang, den de Sade vorgibt, nachdem ihn vorher bereits d'Argens vorgegeben hatte, nachdem Ficino und vor ihm Platon etwas in etwa Ähnliches vorgegeben hatten: Ein eigentlich braver Mensch wird in einem Gespräch bekehrt. In diesem Fall zu dem nach de Sade benannten Sadismus. Für diesen Vorgang werden (wie ebenfalls bei d'Argens) die für die körperliche Regeneration nötigen Ruhepausen in Form von vermeintlich philosophischen Gesprächen in traditionellen Dialogen genutzt. Die preisen das Recht des Stärkeren, vor allem die Rechte einer adelig-geistigen Elite. Hier wie dort wird der Text zum Extainment (so wie Sexfilme der 1970er Jahre sich zu kommerziellen und lustbefriedigenden Zwecken als Dokumentarfilme tarnten, unter dem Schutzschild der Kunst: Russ Meyer, ein amerikanischer Filmkünstler von eigenen Gnaden, formulierte in diesem Zusammenhang das Diktum „Zur Hölle mit der Kunst, runter mit den Blusen“[29]; wenn Pasolini in ähnlicher Art de Sade verfilmt, kommen die philosophischen Aspekte – dem Medium entsprechend – etwas kurz.

Denn tatsächlich versucht sich de Sade auch inhaltlich an der Philosophie und fordert nicht nur die Entkriminalisierung verschiedener Praktiken, sondern auch die Abschaffung christlicher und seiner Ansicht nach überkommener Konventionen wie der Ehe bzw. der sexuellen Treue in der Ehe oder den Umgang mit Tieren. (Zum Thema Sodomie:

Dieses Wort geht erst im 18. Jhdt. von der Homosexualität in den Bereich der reinen Tierliebe über, war aber auch im tierischen Sinne stets strafträchtig bis hin zur Todesstrafe für alle Beteiligten – auch die Tiere). Schließlich stand die Geburt von Monstern zu befürchten. Sex zwischen Männern war auch „sodomitisch“, wurde aber als Strafdelikt nach der Französischen Revolution nicht mehr verfolgt. Während seit dem 17./18. Jhdt. Homosexuelle eine eigene Formsprache mit Tendenz zur modernen Subkultur entwickeln, muss die Sodomie bis zu Beginn des jetzigen Jahrhunderts warten, bis die ersten philosophischen Fachfragen in den Universitäten dazu gestellt werden (während andernorts auf den Koppeln die Verletzungen beim einschlägigen Pferdesport massiv zunehmen, weil es mittlerweile pferdestimulierende Hormonsprays gibt; Verletzungen dieser Art sind seit der Antike bekannt, wenn auch damals mehr durch die Interaktion mit Paarhufern).

Zurück zu de Sade. Er begründet seine literarische Gewalt mit einer stoischen Gleichgültigkeit gegenüber dem eigenen Leiden und dem eigenen Tod, aus der er das Leiden und den Tod anderer macht, was philosophisch-logisch natürlich angreifbar ist und in keiner Weise der antiken Stoa entspricht. Bei de Sade – als Russ Meyer des 18. Jhdts. – ist von der Galanterie dieser Zeit auf den ersten Blick nichts mehr zu spüren, nur noch von Verachtung: Die Frau wird zum reinen Lustobjekt und soll ausschließlich leben und atmen für ein von de Sade heiliggesprochenes, hormongesteuertes Körperteil des Mannes. Natürlich werden Sex und Liebe dabei strengstens getrennt. Denn, „... was man[n] gefickt kann man unmöglich lieben.“[30] Das führt zu der philosophischen Grundfrage nach Sex ohne Liebe. Gibt es das? Natürlich, aber ob das gut ist oder sich gut anfühlt, ist eine andere Frage. Und warum sollte nicht das Gegenteil gelten, nach dem Sex und innere Verbundenheit den Genuss erhöhen? Kant argumentiert, dass Sex den Menschen „... selbst zur Sache, welches dem Rechte der Menschheit an seiner eigenen Person widerstreitet“[31], macht. Leider nicht allzu weit von de Sade, hat er sich aber vielleicht gerade deshalb dazu entschlossen, diesem Dilemma durch sexuelle Enthaltsamkeit auszuweichen. Während bei La Mettrie noch maßvolle Wollust streng jenseits der Ausschweifung und diesseits des anerkannten gesellschaftlichen Rahmens funktionierte, geht es de Sade um grenzenlose, von Konventionen befreite Lustbefriedigung, womit er eigentlich meinte, La Mettrie als Bundesgenossen zu haben, der sich nur nicht traue derartiges auszusprechen, weshalb de Sade schreibt: „Liebenswerter La Mettrie … weshalb habt ihr denn diese Wahrheit in euren göttlichen Büchern lediglich angedeutet, wiewohl ihr zutiefst von ihr durchdrungen wart?“[32] Dass La Mettrie der Frau beim Sex Lust zugesteht, nimmt der Marquis ihm übel und schreibt: „Ist die kühne Behauptung, es sei zur Luststeigerung unabdingbar ihn [den sexuellen Höhepunkt] mit der Frau zu teilen nicht eine bodenlose Wortklopferei?“[33] Darin zeigt sich, wie wichtig philosophische Grundannahmen für Detailfragen sind.

Die wichtigste Grunddifferenzierung dieser Epoche besteht in der Frage, ob der Mensch an sich gut oder schlecht ist. Natürlich geht de Sade von der schlechtesten aller Möglichkeiten aus, und darum ist der schlechte Umgang mit schlechten Menschen erlaubt. Ungeachtet aller Fragen nach Gott oder ethischen Verbindlichkeiten, wird es aber bei aller demokratischen Billigung von vormals nicht gebilligten Wünschen zum Konsens, dass der Spaß an der Erfüllung wie auch immer gearteter Wünsche da aufhört, wo er anderen wehtut oder die nicht wollen, dass man ihnen wehtut. Für de Sade gibt es diese Grenze des anderen Körpers aber nicht, vor allem nicht an dessen Haut, und da fängt die Sache an, nach heutigen Maßstäben pathologisch zu werden. Denn, wenn die psychische Empathie, die Fähigkeit zur Einfühlung in andere, so gering ausgebildet ist, dass man nicht mit ihnen den Schmerz empfindet, den man jemandem zufügt, kann de Sade entweder kein funktionierendes Bild von sich selber haben oder dieses Bild ist dermaßen gestört, dass er zu Recht eingesperrt wurde. Der Versuch, die Frage nach der Möglichkeit von Sex ohne Liebe zu diesem Zeitpunkt der Philosophiegeschichte zu lösen, scheitert, weil einem notorischen Regelbrecher auch mit den Gesetzen der Logik und denen des gesunden Menschenverstandes nicht beizukommen ist. Es sei denn, man bezieht die historische Situation mit ein: Denn alles, was de Sade als Gott seiner neuen Welt schreibt, steht in größtem Kontrast zu seinem Leben. Viele seiner Werke entstehen im Gefängnis oder im Irrenhaus. In der Bastille darbt er wie ein Opfer, weniger eines der Französischen Revolution als vielmehr das seiner Schwiegermutter, die not amused war über einen Schwiegersohn, der in seiner Freizeit Prostituierte peitschte und sich peitschen ließ, eine Liason mit seiner Schwägerin begann, und mit dem öffentlich bekannt werdenden Skandal um todesstrafenverdächtigen Analverkehr die Familienehre schädigte. Dass sich de Sade in diesem Punkt auf den großen Descartes beruft, wirkt nicht strafmindernd. Er schreibt seiner Frau aus dem Gefängnis:

„Ich küsse Ihre Hinterbacken und werde, sonst soll mich der Teufel holen, zu Ihren Ehren Hand an mich legen. Mindestens der Präsidentin [seiner Schwiegermutter] sollten Sie es nicht verraten, denn sie ist eine aufrechte Jansenistin, die es nicht gerne sieht, daß man eine Frau molinisiert [Analverkehr]. Sie gibt vor, Monsieur Cordier [ihr Mann] habe sie nur im Gefäß der Fortpflanzung gestoßen, und ein jeder, der sich von dem Gefäß entferne, müsse in der Hölle schmoren. Ich aber, der ich bei den Jesuiten erzogen worden bin, ich, der ich von Pater Sanchez gelernt habe, daß man möglichst selten im Leeren schwimmen solle, weil die Natur Descartes zufolge die Leere verabscheue, ich kann mit Mama Cordier nicht einig gehen. Sie aber sind Philosophin; Sie haben einen überaus prächtigen Hintersinn, einen brauchbaren, engen Hintersinn und ein hitziges Rectum, was dazu führt, daß ich mich mit Ihnen verteufelt gut einigen kann."[34]

Also schickt ihm die Schwiegermutter, als er sie auf der Flucht um Geld anschreibt, an die entsprechende Adresse die Polizei. Immer wieder sitzt er ein, kommt frei, wird wieder eingesperrt. Als er sich nach der Revolution mit den Revolutionären arrangiert, bekommt er als jakobinischer Staatsanwalt Macht über Leben und Tod, rettet seine Schwiegermutter (von der er sich in seinen Briefen vorgestellt hatte, „die Hündin"[35] bei lebendigem Leib zu häuten) vor der Guillotine, wird dann erneut inhaftiert, weil er sich weigert Todesurteile zu unterschreiben bzw. Unmenschlichkeiten in die Tat umzusetzen. Im Irrenhaus haucht er sein Leben aus, wo er nicht wegen seiner Pornografie, sondern wegen einer gegen Napoleon gerichteten Schmähschrift den Rest seiner Tage fristet. Der hatte die ihm eigens zugesandten Werke in Luxusausgabe ignoriert. Also egal, wann de Sade wo hinter Gittern literarisch wird: Immer schreibt er ohnmächtig und wütend, also sind auch die Protagonisten seiner Schriften ohnmächtig, wütend und zerstörerisch. Und empfinden das in Ermangelung anderer Möglichkeiten als lustbringend: „O welche Wollust schafft uns das Zerstören. Es gibt keine Ekstase, die man mit der vergleichen kann, die man bei dieser göttlichen Niedertracht genießt."[36] De Sade gibt dafür Abnormitäten preis, die niemand lesen, geschweige denn leben möchte (abgesehen von Psychopathen, die bei ihrer Lebensplanung noch zwischen deutschen und amerikanischen Lebensentwürfen schwanken, zwischen Psychiatrie oder elektrischem Stuhl). De Sade selbst hat seine Verbrechen weitgehend nur in der Imagination, in seinen

Büchern begangen. Da viele Vorwürfe nach Geldzahlungen fallengelassen wurden, ist den Polizeiakten lediglich ein vergleichsweise bescheidener Vorwurf zu entnehmen: Demnach hat er zwei Prostituierte ausgepeitscht und ihnen so viel Aphrodisiakum verabreicht, dass sie beinahe starben. Peitschen und weitere äußerliche Anwendungen wären noch zu tolerieren gewesen, aber keine verdorbenen Nahrungsmittel. Schwerer wiegt das Verbrechen, menschen- und frauenverachtendes Gedankengut in die kommenden Jahrhunderte eingeschleust zu haben.

Nicht nur bei den sexualfeindlichen Repräsentanten der viktorianischen Zeit, sondern auch bei unteren Schichten war de Sade im 19. Jhdt. verpönt, den einen wegen des Sexes, den anderen wegen seines adeligen Anspruchs. Und wer ihn mochte, wie z. B. Apollinaire, war seinerseits nicht gemocht. Sogar bei den nachfolgenden französischen Intellektuellen ist das Urteil über ihn gespalten. Flaubert sieht in dessen Leib- und Frauenfeindlichkeit ein Indiz dafür, de Sade als letztes Machtwort des Katholizismus interpretieren zu können. Und sogar für Foucault überspannt de Sade den Bogen doch gehörig. Foucault bezeichnet (in seiner Eigenschaft als Visionär einer entdisziplinierten Erotik) de Sade als nervenden „Buchhalter der Ärsche“[37]. Sollte jemand an dieser Stelle ob der Frau als generellem Opfer männlicher Unbill einen weiblichen Sturm der Entrüstung erwarten, so bleibt der aus. Im Gegenteil: Als de Sade einsitzt, sind es gerade die Damen adeligen Geblüts, die das Spiel mit fiktiver Gewalt missen und ihre Fürbitten zur Freilassung de Sades an Napoleon richten, wenn auch ohne Erfolg. Stellt sich die Frage, ob diese Frauen die von ihnen verteidigten Bücher tatsächlich gelesen haben, so kommt an dieser Stelle der Verdacht auf, dass de Sade aus heutiger Sicht so grenzenlos krank wirkt, läge vielleicht nicht nur an seinem dazu vorhandenen Potential, sondern beruhe vielleicht auch zu Teilen auf dem gleichen Missverständnis, nach dem heutige Jugendliche TV-Handlungen imitieren. Wäre de Sade wirklich ernst genommen worden, könnte seine Verteidigung nicht speziell weiblich gewesen sein, oder?

Dazu kommt, dass er, entgegen allen Ressentiments gegen die Liebe, sein eigenes Herzblatt nach langen Jahren platonischer Anbetung zu sich nimmt, sobald das möglich ist. Er hatte diese Frau zuerst nicht heiraten dürfen, da deren Schwester vorab unter die Haube zu bringen war. Also hatte er diese Schwester geheiratet und mit ihr und anderen zusammen kollektiv gepeitscht. Zwar war dieser tatsächlichen, doch zu späten Liebe dann kein Glück beschert, denn es schickt sich wirklich nicht,

Klosterschülerinnen zu verführen, trotzdem ist zu fragen, ob de Sade vielleicht gar kein Sadist war? Warum hat er auf das Fest der Hinrichtung seiner Schwiegermutter verzichtet? War vielleicht in Wirklichkeit die Schwiegermutter viel grausamer als er? Oder waren seine Bücher zu Teilen tatsächlich Produkte ihrer Zeit, einer Zeit, in der Sex zunehmend als Teil des natürlichen Lebens oder als Genussform galt? Nicht umsonst gelten zu dieser Zeit sogar Nonnen als wirtschaftlich gewichtige Abnehmer von mit Flüssigkeit füllbaren Kunstpenissen. In den Häusern gibt es spätbarocke Anzüglichkeiten, Uhren, deren Hin- und Her-Bewegungen mit gar unterhaltsamen Figürchen dekoriert sind (die sog. *montres érotiques*) oder die typischen Bilder des Rokoko, auf denen nackte Frauen sich von kleinen Schoßhündchen beschlecken lassen – so wie heutzutage auch gepflegte und von nicht vorbestraften Menschen geführte Haushalte ihren hochgelobten Tarantino im Videoschrank haben. Es gibt viele Kulturgüter, die im Urteil des Intellektualismus ihre Berechtigung erhalten, so wie de Sade z. B. bei den Philosophen Adorno und Horkheimer, de Beauvoir oder Sontag. Sie alle setzen fortschrittlich auf das Positive an der Zerstörung alter Denksysteme und fragen weniger nach den Mitteln oder stellen sich die Frage, warum diese Systeme nur in Form von Frauen zerstört werden müssen. Das ist eigenartig. Doch sorgt diese frühe Form artifiziell-kranker Brutalität dafür, dass ein gewisser Teil der libertinen Lebenskunst und Literatur des 18. Jhdts., die sich wie eine Sternengalaxie über ganz Europa ausgebreitet hatte, durch den Marquis de Sade zur Implosion gebracht wurde.

Zum Libertinismus: Diese Strömung hatte sich verstanden als Ethos des triebgesteuerten Lebemannes, als praktische Philosophie des ausgehenden 17. bis zum Ende des 18. Jhdts. Ihre philosophische Legitimation entnahm sie Shaftesburys Doktrin des Virtuosen, der eine tiefere Realität wahrnimmt, indem er seine sinnlichen Genüsse durch Kunst und Literatur ersetzt (also nach Freud sublimiert). In der libertinen Interpretation erreicht man diese höhere Wahrnehmungsstufe in einer Überwindung der Lüste durch ihren ausschweifenden Gebrauch. Bei derartigen Schriften ging es darum, den Eros aus der Zwangsjacke rationaler Vernunft zu befreien und lustförderndes Wissen über den Körper zu verbreiten, was mitunter zu surrealen Stilblüten führte: In Diderots „Geschwätzigen Kleinoden“ von 1748 beginnen die weiblichen unteren Etagen durch die Zauberkraft eines Ringes von den Geheimnissen der Lust zu erzählen, was für den Leser des 21. Jhdts. eher wie eine pornosophische Muppet-Show wirkt. Aber nicht nur Literatur wurde verbreitet, auch für die Freizeitgestaltung wurde etwas getan. So schlossen sich viele libertine Herren zu einschlägigen Vereinigungen zusammen, bei deren Zusammenkünften sowohl philosophiert als auch gemeinsam masturbiert wurde. Es gab auch Sexpartys, die libertinen Clubs des 18. Jhdts. glichen heterosexuellen Darkrooms. Einer der berühmtesten englischen Libertins war John Wilmot, Second Earl of Rochester (1647–1680), der wüste erotische Gedichte verfasste, sich rühmte fünf Jahre seines Lebens ununterbrochen betrunken gewesen zu sein und dann von der Syphilis hinweggerafft wurde.

Doch dieser Libertinismus bewegt sich an der Grenze zwischen Alltag und Philosophie. Heute wie damals hat die Philosophie als Disziplin von Logik nicht immer den eigenen Ansprüchen genügt. Dazu ein Beispiel von Horkheimer und Adorno. Die beiden schreiben:

> „Die modernen Sportsriegen, deren Zusammenspiel genau geregelt ist, so daß kein Mitglied über seine Rolle einen Zweifel hegt und für jeden ein Ersatzmann bereit steht, findet in den sexuellen teams der Juliette, bei denen kein Augenblick ungenützt, keine Körperöffnung vernachlässigt, keine Funktion untätig bleibt, ihr genaues Modell."[38]

Wohlgemerkt, wir sprechen bei de Sade über Phantasien, in denen geschändet und gemordet wird – und das nicht nur kaltherzig, sondern aus sexuellen Motiven. Da wird neben den bereits genannten Dingen mit rasierklingenscharfen Stahlspitzen genötigt, im Akkord und alles, was nur lebt, penetriert, Kot serviert, verbrüht und gestreckt. Kinder werden den Müttern entrissen, um letztere zu peitschen, bis mehrfach gepriesene Fluten an Blut, Sperma und Fleischstücken die langen Räume der Lusthäuser füllen. Wer, weil nicht Frau, bis dahin nicht schon tot ist, wird vielleicht später sterben:

> „Nachdem Schwanz und Hoden am Ansatz abgetrennt worden, bildet er dem Jüngling eine Scheide, und zwar vermittels einer Maschine aus rotglühendem Eisen, die das Loch bohrt und sogleich vernarben lässt; er vögelt in diese Öffnung und erwürgt ihn eigenhändig, während er ausspritzt."[39]

Auch die Idee der gewaltsamen Zeugung von Kindern zum Zwecke ihrer Ertränkung im Alter von achtzehn Monaten entspringt nicht, wie bei weiland Adorno und Horkheimer, der Vergleichbarkeit mit sexuellen Belästigungen, wie sie heutzutage den Zeitungsberichten nach zum Grundstock des Dienstleitungsangebots der Turnvereine gehören. Was soll man also zu diesem Vergleich noch sagen? Nein, nicht jede philosophische Äußerung ist klug, weil von einem Philosophen, und de Sade ist und bleibt trotz aller historischen und intellektualisierenden Relativierungen schlichtweg als nur bestialisch und seine Texte nur als Grundlagentext für angehende Sexualtherapeuten einzuordnen. Auch wenn alle in solchen Stadien ansetzenden Therapien höchstens noch palliativ sein können. Statements dieser Art hat es schon zu Zeiten de Sades gegeben:

Nicolas Edmé, Restif de la Bretonne (1734–1806), schreibt eine „Anti-Justine", eine Geschichte über mehrere Schwestern und deren Entdeckung von Leben und Liebe, erzählt von deren Bruder Cupidonnet. Die Geschichte verspricht zunächst nichts Neues. Interessant an der „Anti-Justine" sind jedoch zwei Aspekte, nämlich einerseits die zeitgenössische Bewertung de Sades, zu lesen in seinem Vorwort, das den Haupttext aussticht und hier vollständig wiedergegeben sei:

> „Niemand war wohl so entrüstet wie ich über die schmutzigen Werke dieses scheußlichen Marquis de Sade, der „Justine", „Aline", des „Boudoir", der „Theorie der Wollust", die ich im Gefängnis las. Dieser Elende stellt die Wonnen der Liebe immer und ewig nur in Begleitung von Folter und Mord dar! Mein Zweck ist dagegen, ein Buch zu schreiben, das noch saftiger werden soll als die de Sadeschen, und das doch die Frauen getrost ihren Männern empfehlen sollen, um besser von ihnen bedient zu werden, ein Buch, in dem das Herz sehr wohl neben den Sinnen seinen Platz hat, in dem die Wollust keine Grausamkeiten kennt, in dem die Liebe, rein natürlich aufgefaßt, ohne die geringsten Ziereréien und Bedenken, nur fröhliche und wonnige Bilder vorführt. Man soll die Frauen anbeten, wenn man es liest, man soll sie vergöttern, wenn man sie nachher genießt. Hoffentlich wird man dann den Menschenschlächter nach Gebühr verabscheuen, der am 14. Juli 1789 als ein weißbärtiger Greis aus der Bastille geschleppt wurde. Möge das reizvolle Werk, das ich veröffentliche, die seinigen vernichten! Ein schlimmes Buch also, aber in guter Absicht geschaffen. Ich jedenfalls,

> Jean Pierre Linguet, zur Zeit Gefangener in der Conciergerie, erkläre feierlichst, daß ich dieses Werk, so toll es sein mag, nur in der allerbesten Absicht verfaßt habe. So hat z. B. die Blutschande nur deshalb ihren Platz darin, um den abgestumpften Wüstlingen die Grausamkeiten zu ersetzen, mit denen de Sade ihre Sinne aufstachelt.“[40]

Der zweite nennenswerte Aspekt ist konsequenterweise die Bewertung des Restif selbst. Der sog. „Rousseau der Gosse“, der die Promiskuität der niederen Schichten thematisiert, ist in Wirklichkeit kein Adeliger, dafür bekennender Namensgeber des *Re(s)tifismus*, des Fuß- und Schuhfetischismus. Zwar ist letzterer auch vor Erfindung der Flip-Flops kein Kuriosum, trotzdem demontieren mindestens zwei dieser drei Tatbestände die Kritik an de Sade – und die Nachwelt tut ein Übriges. Als de Sade dann stirbt, wird er glorifiziert und sein Schädel phrenologisch untersucht. Das Ergebnis: „Sein Schädel glich in allen Punkten dem eines Kirchenvaters.“[41]

Von Verstand und Vernunft: Kant

„Daher ist in der Anthropologie die weibliche Eigenthümlichkeit mehr als die des männlichen Geschlechts ein Studium für den Philosophen.“[42]

Immanuel Kant (1724–1804) ist der Urvater aller Philosophen, das Urgestein des philosophischen Gehirns und der Fels des denkenden Verstands. Er systematisiert, wirkungsmächtig wie kein anderer, was ihm innerhalb des menschlichen Kopfes systematisierungswürdig erscheit. Andere Teile des Körpers spielen meist nur im Hinblick auf die Sinneswahrnehmung eine Rolle im Allgemeinen und im Speziellen nur in Bezug auf den Unterschied zwischen Mann und Frau. Der verläuft gemäß dem zu dieser Zeit bereits geläufigen Dualsystem von Schönem und Erhabenen, so sieht es Kant in seiner „Kritik der Urteilskraft“ von 1790. Die darin entworfene, allseits verbindliche und von Einzelgeschmacksfragen unabhängige Systematik der Empfindungen differenziert zwischen diesen beiden Optionen:

Schönheit beruht auf Verstand, Erhabenheit auf Vernunft; Schönheit ist weiblich und quantitativ, Erhabenheit männlich und qualitativ. „Das Erhabene muß jederzeit groß, das Schöne kann klein sein. Das Erhabene muß einfältig, das Schöne kann geputzt und geziert sein".[43] So trennt die Grenzlinie zwischen Schönem und Erhabenen auch die Geschlechter. Frauen sind feiner gezeichnet und von daher einnehmender und haben geheime Zauberkraft, die männliche Leidenschaft erweckt. Sie sind schön, Männer nicht. Dafür können Männer tiefgründig denken. Wenn Frauen Gutes tun, dann nicht aus distanzierter Einsicht ins Abstrakte, sondern weil sie das Böse hässlich anmutet. Darum ist anzuraten, dass sich Frauen nicht so sehr mit dem Aufbau der Welt beschäftigen, sondern eher mit der Frage, wie sie einen schönen Abend noch schöner machen könnten. Sie selber werden durch den Ausdruck des Moralischen im Gesicht noch schöner, weil erhaben(!); noch gesteigert durch eine gesunde Blässe. Die Pflege so eines moralischen Ausdrucks empfiehlt sich besonders, wenn die Reize der Jugend nachlassen „Meiner Meinung nach sollte in der schönen Einfalt, die durch ein verfeinertes Gefühl an allem, was reizend und edel ist, erhoben werden, die ganze Vollkommenheit des schönen Geschlechts in der Blüte der Jahre bestehen."[44]

Jenseits dieser blühenden Lebensjahre hilft zur Stärkung des Gesamteindrucks das Lesen, wobei Ehemänner Lehrmeister ihrer Frauen sein sollen. Das bietet sich ohnehin an, da die Ehe ein Zusammenwirken von männlichem Verstand und weiblichem, belebendem Geschmack ist. So kultiviert, wirken ältere Frauen sogar noch liebenswürdiger als junge, aber auf eine deutlich andere Art. Diese Einschätzung entspricht dem Zeitgeist, der Ansicht Jean Pauls oder Goethes, der seinen „Werther" auch entsprechend unterteilt: Erstens inhaltlich in den erhabenen Werther und die fast durchweg stille, schöne und sehr haushaltstaugliche Lotte und zweitens formal in zwei Hälften, von denen die eine im Zeichen Homers als Inbegriff der Schönheit steht (hier herrscht schönes Wetter), die zweite im Zeichen des erhabenen Ossian, dem Vermittler sturmgepeitschter Landschaften (meteorologisch-soziales Barometer fällt ab). Spätestens, wenn Werther sich am Ende umbringt, hat an jeder Front das Erhabene das Schöne ausgestochen. Auch Burke, der nicht nur die doppelte Ästhetik in der „Kritik der Urteilskraft" vorweggenommen hat, sieht Frauen als unvollkommen, schwach und insofern schön, weil sie – offenbar männliche – Beschützerinstinkte wecken:

> „... die Qualität der Schönheit, wo sie in höchstem Grade vorhanden ist – nämlich im weiblichen Geschlecht –, fast immer eine Idee von Schwäche und Unvollkommenheit mit sich führt. Frauen wissen das

recht gut; aus diesem Grund üben sie sich darin, zu lispeln, unsicher zu laufen, und den Anschein von Schwäche und sogar von Krankheit zu bieten ... Schönheit in der Not ist oft die eindrucksvollste Schönheit".[45]

Die weniger lebenspraktischen und mehr philosophischen Aspekte dieser Dual-Theoreme definiert Kant ähnlich gegensätzlich: Schönheit ist ein reines Gefühl, Erhabenheit ein gemischtes, Schönheit ein harmonisches Spiel von Verstand und Einbildungskraft, Erhabenheit nicht. Die ist nicht fassbar. Der Schönheit gilt Wohlgewogenheit, der Erhabenheit Achtung. Schönheit ist Symbol der Sittlichkeit, während Erhabenheit sittliche Gesinnung hervorruft. Deswegen berührt das Erhabene, während das Schöne reizt. All das tun Schönheit und Erhabenheit wie Mann und Frau. Denn erhaben sind männlicher Verstand, Kühnheit und Freundschaft. Partnerschaften sind etwas Schönes (mit leichten Zugeständnissen an Erhabenheit im Falle von Liebe, Zärtlichkeit und vertraulichem Humor). Was die Optik angeht, erzeugt eine große Statur erhabene Achtung, eine kleine Vertraulichkeit. Braune Haare und schwarze Augen sind Kant erhaben, blonde Haare und blaue Augen schön. Wegen all dem sind Naturgewalten erhaben: Ozeane und Berge führen wie erhabene Männer vor Augen, wie leicht wir zu vernichten wären. Erhabenen Männern macht das nichts aus, weil sie wissen, wie stark aber ihre Art ist, die in ihrer inneren Größe kaum auszurotten sein wird, durch keine Ozeane oder Berge. Diese Einsicht bereitet Lust, vielleicht ein wenig negative Lust, weil das dann doch unangenehm werden könnte, aber doch Lust. Eine Frau wird im 20. Jhdt. diese Etikettierungen unterwandern: Greta Garbo, die Göttliche, die Männervernichtende, wird dann in Ästhetik-Seminaren „die Erhabene" genannt werden. Doch solange die Garbo nicht existiert, ist die theoretische Betrachtung der Geschlechter und Naturgewalten eine der wenigen Lüste, die Kant im 18. Jhdt. zu genießen pflegt. Denn: Als er eine Frau brauchen konnte, konnte er keine ernähren und als er eine hätte ernähren können, konnte er keine mehr brauchen – sagt er selbst. Was ihm bleibt, ist Essen, etwas Kaffee und pro Tag eine gepflegte Pfeife Tabak. Und Essen. Und Gesellschaft. Und Essen. Und warum er zu diesem Zeitpunkt nicht heiratete, ist unbekannt. Geld hätte der arrivierte Philosophieprofessor gehabt. Doch eine wahrscheinlich einseitige Liebe zu ihm scheitert trotz hoher Belesenheit einer Maria Carlotta Jacobi. Im Jahr 1762 bittet sie ihn in einem Brief direkt, sie zu besuchen, um ihre Uhr aufzuziehen – eine einschlägige Anspielung auf den damals beliebten „Tristram Shandy“ (in dem dessen Vater die ehelichen Pflichten mit dem Stellen der Standuhr verbindet). Doch weder ein Antwortschreiben, noch andere Zeugnisse von Kants Uhrmacherkunst sind überliefert. Er war nie verheiratet, hatte aber dafür ein gutes Verhältnis zu einem englischen Kaufmann, den er jeden Tag besuchte, mit ihm seine Werke besprach und zu Abend aß. Als der Mann stirbt, stellt Kant Zeit seines Lebens das Abendessen ein.

Doch bleibt für Kant die Theorie und die ist ambivalent, denn sie besagt, dass der Mann ohne die Frau keine Vergnügungen des Lebens genießen kann. Trotzdem bleibt sie ihm immer ein Geheimnis und Sex eigentlich Schweinkram. Männer sind leicht zu erforschen, Frauen dagegen bewahren ihr Geheimnis, wenn auch nicht das anderer – wegen ihrer Redseligkeit. Sex zieht den Menschen auf die Ebene von Tieren herunter und reduziert ihn auf ein Objekt. Zwar betrifft das auch die Tätigkeiten Essen und Trinken, nur thematisiert das der große Denker nicht, wohl aber die Unmoral der Freude am Sex. Die sei darin begründet, „... daß der Mensch seine Persönlichkeit dadurch (wegwerfend) aufgibt, indem er sich bloß zum Mittel der Befriedigung tierischer Triebe braucht“, und sich folglich „... zum ekelhaften Gegenstande macht, und so aller Achtung für sich selbst beraubt“ [46].

Zwar reicht für die Tugend nicht allein der Verstand, vielmehr ist auch ein Gefühl für Schönheit erforderlich. Doch erhält diese angeblich typisch weibliche Begabung kein Lob. Auch gäbe es eigentlich kein Argument der Vernunft gegen die Sinneslust, Kant ist trotzdem dagegen. Auch sei die Ehe formaljuristisch mehr oder weniger eine Bereitstellung der Geschlechtsorgane, diene der Reproduktion und Brutpflege:

> „Soll also die Geschlechtsneigung auf der von der Moral erlaubten Seite anerkannt werden, so muß sie mit der von der Menschheit geheiligten Freiheit zusammen bestehen können ... zum immerwährenden Genuß von den membris sexualibus et faculatibus besteht; hier erwerben sich beyde ihrer ganzen conditio vitae nach wechselseitig, ... Denn da jeder von ihnen dem anderen seine membra sexualia gleichsam hingibt, und ihm das Eigenthum daran zusteht, so unterwirft sich keiner einem willkürlichen Gebrauch des anderen von seiner Substanz ... Jeder besitzt sich aber dennoch selbst, ob er gleich

> sich dem andern als Sache hingiebt, da jeder die Freiheit behält, über das Eigenthum des andern als sein Eigenthum zu disponieren ... Das Weib concediert die Substanz ihres Körpers zur Wollust; so deterioirt sie durch Verbrauch der Kräfte bei der Schwangerschaft; sie unterwirft sich der Gefahr, in der Geburt zu sterben; und doch ist der Geschlechtstrieb sowohl Neigung der Menschen, als er auch unter dem Namen der Liebe Pflicht werden kann."[47]

In diesem natürlichen (also gegenseitigen) Gebrauch der Geschlechtsorgane macht der Mensch sich selbst zur Sache und den anderen gleich mit. Da wird der Zweck zum Mittel, doch wenn dann bekanntlich der Zweck das Mittel heiligt, entsteht ein Genuss, ein Akt der (zwar bestimmten Menschseins-Konzeptionen widerstreite) aber in der vertraglich abgesicherten Ehesituation (und nur dort!) legitim sei – statements von bestechender Eindringlichkeit, egal ob im Geiste reiner Imagination oder biographisch nicht Belegtem entstanden. Das ist die Einschätzung des reinsten aller Philosophen, des Urvaters der Zunft, von dem an Liebesgeschichten allein sein Verhältnis zur Philosophie überliefert ist. Denn mit seiner Arbeit war er verheiratet, ging so pünktlich in die Universität, dass man der Legende nach die Uhr nach ihm stellten konnte. Das ging nur einmal schief, als Kants eigene Uhr kaputt war (die mechanische). Er selber sagt zu seiner Arbeit, dass die Philosophie vergleichbar wäre mit einer Selbstbefriedigung des Geistes – vielleicht so, wie Peter Ustinov in unserer Zeit den Philosophen verglich mit jemandem, der in Ermangelung einer Frau die ganze Welt umarmt, vielleicht war aber auch alles ganz anders und nicht jeder trocken zu lesende Text entstammt automatisch einem spröden Herzen. Schließlich soll Kant selber in Gesellschaft ein eigentlich recht humoriger Mensch gewesen sein. Kommen wir zu einem textuellen Gegenentwurf, der sich weniger einem direkten Zugriff entzieht:

Von Galanterie und Genuss: Casanova

„Der Instinkt der Frauen lehrt größere Geheimnisse als alle Philosophie und Wissenschaft der Männer."[48]

Giacomo Casanova alias Chevalier de Seingalt (1725–1798) ist nicht nur Verfechter der These, dass das Leben eine Grand Tour auf der Jagd nach Glück und gutem Sex sei. Er war auch umfassend philosophisch gebildet und verfasste eigene philosophische Schriften, zum Selbstmord oder zu den Sitten. Sein Hauptwerk, „Die Geschichte meines Lebens" ist ausschließlich den Philosophien des Fleisches und dem *petit mort* gewidmet. Der 1725 in Venedig – Metropole des barocken Sextourismus, Paris des frühen 18. Jhdts., Vorform heutiger Großstädte – geborene Casanova absolvierte als Grundlage seiner anthropologischen Studien an europäischen Frauen zunächst eine theologische Ausbildung. Er wurde zum Doktor beider Rechte promoviert, erhielt die vier niederen Weihen, brach diese Laufbahn aber nach peinlicher Volltrunkenheit auf der Kanzel ab (Grund war medizinisch indizierter Alkohol zur Behandlung von Lampenfieber).

Europaweit berühmt wurde Casanova durch seine Flucht aus den Bleikammern im Jahr 1756 (das Staatsgefängnis besticht durch eine Zellenhöhe von kaum mehr als einem Meter sowie die tropischen Temperaturen unter dem bleigedeckten Dach). Da dieser Ort bis dahin als absolut sicher galt, erregte der Ausbruch in der europäischen Klatschpresse ähnlich viel Aufsehen wie das Erdbeben von Lissabon, welches seine Gefängniszelle erschütterte und seine Lektüre unterbrach: Er las damals den „Trost der Philosophie" von Boëthius. Als nunmehr berühmter Flüchtling aus den Bleikammern konnte Casanova die Geistesgrößen seiner Zeit kennenlernen, wie etwa Voltaire und Rousseau. An beiden ließ er allerdings kein gutes Haar: Voltaire war für ihn nur ein Plagiator und Rousseau hielt er zwar für einen Mann von gutem Urteilsvermögen, der aber insgesamt weder durch seine Person noch durch seinen Geist besonders glänze. Von seiner philosophischen Denkweise her war Casanova Epikureer wie d'Argens und La Mettrie, auch wenn er beider Werk bekrittelte. Dies geschah weniger aus fachlichen Gründen, sondern vielmehr weil er keine anderen philosophischen Götter neben sich dulden wollte – eine weitere wichtige Charaktereigenschaft des Berufsphilosophen. Casanovas Selbstbild wurde aber nicht von allen Zeitgenossen geteilt. Der Schriftsteller James

Boswell schrieb, dass Casanova „... sich als großer Philosoph gerierte und zu glänzen versuchte. Er erklärte, an allem und jedem zu zweifeln und zuvörderst an seiner eigenen Existenz. Ich halte ihn für einen Cretin."[49]

Wie viele andere kam Casanova in Kontakt mit Friedrich dem Großen, eine Freude, die auch ihm – nicht nur aufgrund philosophischer Differenzen – nicht lange vergönnt war: Auf einem gemeinsamen Spaziergang durch den Schlossgarten von Sanssouci parliert Casanova zwar brillant über Politik, Philosophie und Geschichte, lässt aber auch kein gutes Haar an dem bei Friedrich nicht unbeliebten Voltaire oder an dem laut Casanova „bodenlosen" Philosophen d'Argens. Als man bei dem Spaziergang auf das Thema der teuren, aber nicht funktionsfähigen Wasserspiele zu sprechen kommt, kommentiert Casanova, dass auf Friedrichs Geldfluss auch der entsprechende Wasserfluss hätte folgen müssen. Der Witz kommt nicht gut an. Trotzdem beeindruckt Friedrich die geistige Freiheit des Exil-Venezianers, wie auch sein in der Literatur stets gelobtes Äußeres. Das kommentiert der König nun, vielleicht nicht von ungefähr genau vor dem Freundschaftstempel des Parks, mit der Bemerkung: „Ihr seid ein sehr schöner Mann."[50] Casanova ist gekränkt, hält dem König vor, ihn nur auf sein Äußeres zu reduzieren. Schönheit sei eine Eigenschaft, die selbst der einfachste von Friedrichs Grenadieren erfüllen könne, aber nicht Esprit und Bildung, die es zu würdigen gelte. Der König bietet ihm trotzdem eine Stelle als Vorsteher eines Kadettenhauses an. Casanova, zu diesem Zeitpunkt finanziell mittellos, beweist sich hier als wahrer Philosoph und verzichtet auf die Stelle, die seine geistige Freiheit in Ketten gelegt hätte. Er lässt Friedrich ausrichten, dass ihm das Blei (der Bleikammern) genauso verhasst sei wie das Eisen (von Ketten) und reist schnell weiter nach St. Petersburg.

Im Bereich der Sexualität war Casanova vor allem versierter Praktiker. Davon zeugen die Namen von 120 weiblichen Hilfskräften seines Feldforschungsprojekts; aber auch als Theoretiker hat er Beachtliches geleistet. Wie bereits erwähnt: Die Semiotik der antiken Sexualität war ihm schon als Vierzehnjährigem klar. Der erwachsene Casanova entwirft eine Philosophie der Verführung: Es geht ihm – ganz im Sinne von La Mettrie – darum, sich der Frau mit Galanterie zu nähern. Nicht umsonst übergibt er in seiner Funktion als Polizeispitzel der venezianischen Zensurbehörde eine Ausgabe der wenig galant formulierten „Thérèse". Denn es gilt nicht nur, die Frau zu erobern, sondern noch mehr sie zu vergöttern und mit ihr den Akt der Lust sakral zu begehen:

„Der Kultus der Sinnenlust war mir immer die Hauptsache: niemals hat es für mich etwas Wichtigeres gegeben. Ich fühlte mich immer für das andere Geschlecht geboren; daher habe ich es immer geliebt und mich von ihm lieben lassen, so viel ich nur konnte."[51]

Mit diesem Credo konnten entsprechende Krankheiten nicht ausbleiben, die er mit bescheidenen Mitteln wie Salpeterwasser und Lebensbejahung zu bekämpfen suchte. Syphilis war zu dieser Zeit nicht nur eine verbreitete Krankheit, die in Paris etwa 15% der Bevölkerung betraf, sondern geradezu eine zierdevolle Initiation; manch einer begrüßte sie wie die Volljährigkeit. Bei Voltaire gibt es sogar einen parodistischen Krankheitsstammbaum, zurückgehend bis auf Kolumbus. (Dazu ein Philosophenwitz: Philosophisch sind an der Syphilis die letzten beiden Silben, denn der Legende nach hatte Aristoteles unter seiner Konkubine Phyllis so zu leiden, wie vor ihm Sokrates unter seiner Frau Xanthippe. Der aristotelische Appellativ würde in moderner Adaption lauten: „Sie, Phyllis!", denn es heißt, dass Aristoteles sich von der Hetäre gesattelt und gezäumt habe reiten lassen). Casanova resümiert über seine, in Deutschland „französische Krankheit" genannte, Erkrankung, dass sie zwar Narben hinterlasse, über die man sich jedoch leicht hinwegtröste, wenn man bedenke, dass sie mit Lust erworben wurden – ganz wie bei manchen Militärs, die ihre Verwundungen als Zeichen ihrer Tapferkeit und ihres Ruhmes ansehen. Philosophieren sieht Casanova in Anlehnung an antike Symposien als Vorspiel zu gutem Sex an. Sex beginnt im Kopf: „Einzig der Mensch ist wirklicher Lust fähig, denn er ist mit der Fähigkeit des Denkens gesegnet, er nimmt die Lust gedanklich vorweg."[52] Sex ohne (philosophischen) Geist und Verstand reduziert den Menschen zum Tier, nicht wie bei Kant nur Sex alleine. Hier kommt der Epikureer in Casanova zum Vorschein, denn erst durch Esprit, Phantasie und Geist wird das philosophische Nachspiel „... zu Lust, Lust und nochmals Lust: einer unerklärlichen Empfindung, die uns etwas genießen lässt, das wir als Glück bezeichnen."[53]

Auch als Ethiker kennt Casanova Prinzipien: Ein Philosoph sei einer, der sich keine Lust versage und stets neue Lüste ersinnen könne – es sei denn, nachfolgendes Leid würde den Spaß an dieser Freude überwiegen. Denn glücklich ist nur der, „... wer sich Genüsse zu verschaffen weiß, ohne anderen zu schaden."[54] Und im Sinne einer Kultivierung dieser Genüsse geht es beim Sex vor allem darum, der Frau Lust zu verschaffen und Rücksicht auf sie zu nehmen. Casanovas Forschergeist verschlingt Frauen mit Haut und Haar – einmal zwar auch einen Kastraten, aber der stellt sich doch (ähnlich dem „Duftenden Garten des Scheich Nefzaui") als getarnte Frau heraus und bekommt ein Kind. Er gefällt sich in der Rolle des Duftforschers: „Süß fand ich stets den Geruch der Frauen, die ich geliebt habe, und je stärker eine roch, umso süßer schien sie mir."[55] Sinnenlust ist für ihn mehr als bloßer Sex. Dazu gehören auch aphrodisierende Speisen wie Austern und Champagner, heiße Schokolade und natürlich philosophische Gespräche. Essen und Philosophie sollen zum Sex verführen, so wie das Essen in den platonischen Symposien zum Philosophieren verführen sollte. Eine Passage aus dem „Anti-Seneca" erscheint als treffende Charakterisierung Casanovas: „Obwohl für die meisten Menschen sinnliche Lust und Glück nicht zusammenfallen, gibt es doch einige begnadete, denen jene ein so starkes Bedürfnis ist, dass sie wirklich glücklich sind, wenn sie sexuell ganz ihrem Temperament gemäß leben können."[56]

In Bezug auf Sex bleibt Casanova sein ganzes Leben lang ein Suchender, ein philosophischer Anthropologe, der die Geheimnisse sexueller Eroberung entschlüsseln will und Philosophie und Sex als endlos wiederholbares Spiel für Erwachsene betreibt. Letzteres leider nicht endlos, da sich irgendwann philosophische Sinnkrisen einstellen, als sein „Streitroß"[57] den Dienst quittiert. Nun sieht er die Freiheit des Menschen doch zunehmend als begrenzt an, denn „... wer ist in dieser Hölle, die wir Welt nennen, wirklich frei? Niemand. Allein der Philosoph kann frei sein, doch nur, indem er Opfer bringt, die eine trügerische Freiheit gar nicht wert sein mag."[58]

Casanovas Leben bewegte sich immer zwischen Extremen, er fiel oft tief, stand aber immer wieder auf, er begann seine Lebensreise in Venedig, einer Stadt die seinen Zeitgenossen wie ein Venusberg entlang der europäischen Heerstraße vorkam. Dort lernte er alle sexuellen Ausschweifungen kennen, widmete dann jedoch seine letzten Lebensjahre ganz der Philosophie und der Bibliothek seines letzten Exils, Schloss Dux in Böhmen. Hier starb der vom Papst zum Ritter vom Goldenen Sporn (!) Geschlagene im Jahr 1798 (auch Adenauer wurde diese Ehre zuteil, die dazu berechtigt, in Kirchen auf dem Pferd zu reiten). Casanovas letzte Genüsse waren die Abgeschiedenheit der böhmischen Wälder und die Niederschrift des breitesten und weitestgehend authentischen Sittengemäldes des 18. Jhdts., seiner 3.700 Seiten umfassenden Lebenserinnerungen. Denn: „... wenn ich mir die Freuden ins Gedächtnis rufe, die ich genossen habe, erlebe ich sie erneut, und ich lache über das Leid, das ich ausgestanden habe und das mich nun nicht mehr berührt.“[59] Was das Verhältnis von Philosophie und Sex angeht, wird sich später im Repertoire stark verallgemeinernder Aphorismen finden, dass Casanova gesagt habe, der Wahnsinn der Liebe sei größer als der Wahn der Philosophie – er habe argumentiert, dass Entgleisungen und Leidenschaften der Liebe immer noch verzeihlicher seien als übermäßige Vernunft der Philosophie. Überhaupt neigten die Menschen gerade im falschen Moment zum Philosophieren, nämlich dann, wenn sie von den Leidenschaften umgetrieben würden, Philosophieren benötige aber „weder Leidenschaft noch Zorn“. Folglich würde der Mensch, insbesondere der Philosoph, die Mechanismen von Liebe und Sex nicht verstehen, die sinnvoll seien, selbst wenn die Frauen dabei „... zum reißenden Strome werden, den kein Damm zurückhalten kann“ – was Vertreter der philosophischen Gelehrtheit fälschlicherweise „als ein Spiel des Wahnsinns“ betrachten würden.[60]

Hiermit wären die Eckpunkte der Sexphilosophie des 18. Jhdts. abgesteckt. Philosophische Pornografie war damals für den gebildeten Laien, was die Logikabhandlung für den Fachphilosophen war. Sie erklärte Zusammenhänge, die für die soziale Interaktion lebensnotwendig waren, mit vielen virtuellen oder realen Bildern. Die Zensur des 18. Jhdts. fasste pornografische Bücher unter dem Sammelbegriff „Philosophie“ zusammen, dies taten auch die solche Bücher vertreibenden Buchhalter. Es gibt innerhalb dieser „Philosophie“ (viele) Thesen pro und (fast keine) contra Sex. Höchstens eher zurückhaltende Neutralität. Abgesehen von Kant, ist der Grundtenor erzieherisch bis pornografisch, jedoch stets aus pädagogischen Zwecken: Die heiligen nicht nur die Mittel, sondern auch die Tätigkeit; das meinen auch andere Theoretiker wie Mirabeau in „Lauras Erziehung“ (1777–81), Diderot in „La Religieuse“ (1760) oder John Cleland (1709–1789), der Abbé de Voisenon (1708–1775), Andrea de Nerciat (1739–1800) oder Claude Prosper de Jolyot Crébillon (1707–1777). Doch all diese pädagogischen Intentionen verhallen mehr oder weniger in den Unruhen inmitten Frankreichs, sobald dort die Guillotinen in Fahrt kommen. Als während der Französischen Revolution Zehntausende geköpft werden, kommt der bis dahin für den Wirtschaftsstandort Paris nicht unwichtige Sextourismus kurzfristig zum Erliegen, um danach in neuer Blüte wieder aufzuerstehen – dann vielfach in Kombination mit neuen Errungenschaften der nachrevolutionären Gesellschaft: mit feinen und allen sozialen Schichten zugänglichen Restaurants (eine Erfindung dieser Zeit) und einer modernen Form der Sexualität. Denn mit den Idealen der neuen Zeit kommen auch neue Ideale von Sex in Mode.

4 Nichts ist weniger wahr und schöner als das Reden über Schönheit und Wahrheit: Die Romantik und der Beginn der Moderne

Während vorher Sex Teil des öffentlichen Lebens war und daher auch von der Obrigkeit gerne mehr oder weniger öffentlich ausgelebt wurde, beginnen die neuen Bürger neuer Staaten damit, Sex von den übrigen Lebensbereichen zu trennen. Das Ideal der bürgerlichen Kleinfamilie wird modern. Nicht nur die Philosophie, sondern auch das Leben wird zunehmend verinnerlicht. So wie in der Renaissance Luther das eigene Gewissen verinnerlicht wissen wollte, wird ab jetzt nicht nur Kunst, sondern auch Sexgenuss tendenziell „romantischer". Mit der Aufklärung hat der Mensch sich darin geübt, wie Kant es formulierte, „seiner eigenen Vernunft zu bedienen". Etwa ab 1800 greifen viele dieses neue Selbstverständnis vom Menschsein auf. Die Kirche als oberste Instanz aller Dinge hat mit der Revolution an Kraft verloren. Die Welt wird klassisch, die Menschen verzichten auf barocke Lebenslust, nicht nur auf Prunk und buntes Götter-Gemenge. Sie verzichten auch auf anakreontische Gedichte von Blumen und schönen Frauen, setzen vielmehr auf die Vorboten modernen (Selbst-)Designs. Die Möglichkeit, sich als Frau männliche Kurtisanen zu nehmen, wie es in Renaissance und Barock üblich war, geht verloren. Die zuvor üppigen Damen werden durch antikisierende Weiblichkeit im Winckelmann-Geschmack ersetzt. Das Klassische an denen ist nicht nur ewige Jugend und Sportlichkeit, sondern auch vermeintlich antike Kleidung, die so hauchdünn ist, dass sie einige ihrer Trägerinnen durch Erkältungen dahinrafft.

Es ist auch das Frauen- und Männerbild, das sich sehr an Kants Idealen von Schönheit und Erhabenheit orientiert. Und Kants Erhabenheit war zurückhaltend. Sex als vermeintlicher Exzess überholten Führungspersonals wird ab nun zur Privatsache und die Frau wieder zum antiken Heimchen – das sie so nie war, aber zu dem sie jetzt gemacht wird. Denn die Frau der Klassik ist schön und leise. Das ist das Erhabenste, was ihr zugestanden wird. Von Männern. Wenn Frauen den Männern in neuer, erst klassischer, dann romantischer Gewandung daherkommen, dann geschieht das nach den ästhetiktheoretischen Richtlinien einer neuen, schlichteren Natürlichkeit. Eines Mannes.

Rousseau hat diese Idee der Natürlichkeit entwickelt, die zu einem Idealtyp vom Edlen Wilden und unzähligen Träumen von Sextourismus in der Südsee führte. Denn der Mensch sei von Natur aus gut, weil er sich selbst liebe, und das führe zum Mitgefühl für andere, zur Selbsterhaltung im gegenseitigen Nutzen – anders als der Nutzen, den sich Rousseau davon versprach, seine fünf Kinder ins Findelhaus zu geben, wo sie fast alle starben. Mit diesem anderen Nutzen könnte alles so schön sein, wenn nicht alle statt dieser *amour de soi* („naturgemäße Selbstliebe") eine *amour propre* gelebt („naturwidrige Eigenliebe", also reiner Egoismus). Und wer ist schuld? Laut Rousseau die den Menschen vereinzelnde Philosophie. Was also tut die Philosophie? Sie philosophiert weiter. In Anerkennung dieses Vorwurfes dann eben über die Seiten des Denkens, die ohne Philosophie auskommen:

So entwickelt sich zunehmend die Ästhetik-Theorie als Wissenschaft der sinnlichen Wahrnehmung. Die Philosophen des 19. Jhdts. schwelgen in den Erwägungen über das sogenannte fühlende Denken. Es fällt dabei relativ oft das Stichwort der Liebe. Aber diese Liebe funktioniert wieder wie die Liebe im zweiten Kapitel dieses Buches. Sie ist abstrakt. Was an ihr real zu werden droht, überlassen die Denker den Dichtern. Und nicht einmal die wagen den Vollzug. Lieber sehnen sie sich danach, damit sie über etwas schreiben können – willkommen in der Romantik, wenn nicht gar in der Gegenwart: Denn nicht wenige der heutigen Probleme mit Sex entstammen dieser Zeit und ziemlich alle Vorstellungen von Leben und Tod, Kunst und Wissenschaft. Die Angst vor dem Sterben wird nun so groß wie nie vorher. Kein Wunder, denn wenn man die Religion suspendiert, gehen damit auch tröstende Jenseits-Vorstellungen in den Urlaub. Was dann deren Stelle vertritt, ist unter anderem die Vorstellung der romantischen Liebe, auch nicht unähnlich der Minne aus dem zweiten Kapitel. Das Konzept dieser Liebe sieht vor, dass zwei Leute sich lieben und sich treu sind (und Luthers Ratschlag „Will Fraw nicht, so komme die Magd"[1] gilt nicht mehr). Stirbt einer, findet der andere nie adäquaten Ersatz. Dass während der Beziehung einer der beiden Partner mit jemand anderem Sex hat, ist unvorstellbar. Und das wiederum ist unvorstellbar für alle Prostituierten, denn die inoffizielle Wirklichkeit sieht anders aus. Die romantische Liebe ist eine Verschärfung der christlichen Ehe, wie sie vorher nie möglich gewesen wäre. Da war es ungewöhnlich, wenn eine Witwe nach einem Jahr nicht wieder unter der mittelalterlichen Haube war, und auch Männer wollten ähnlich bald wiedervereint sein. Aber nun wird die Welt modern, moralisch im öffentlichen Anspruch und privat anders. Darum verschwinden obszöne Kunstwerke hinter den Mauern spezieller Kabinette. Eine Rembrandt-Zeichnung mit einer einschlägigen Geste galt trotz Unterschrift als nicht authentisch, im Höchstfall als Ironie. Ausnahmen dieser gepflegten Zurückhaltung waren auch damals so undercover wie heute. Dass damals ein Sozialphilosoph von eigenen Gnaden namens Charles Fourier hotelartige Anlagen entwarf, in denen jedermanns Bedürfnisse befriedigt werden konnten, also Hotels nach Ansprüchen de Sades ohne Sadismus, ist heute so unbekannt wie die sektenartige Bewegung der Saint-Simonisten:

Claude Henry de Saint-Simon (1760–1825) war ebenfalls philosophischer Autodidakt und wie de Sade ein deklassierter Hochadeliger, der mit utopischen Schriften versuchte, auf sich aufmerksam zu machen und ähnlich wie Fourier die Gesellschaft rational durchorganisieren wollte. Von ihm stammt das Schlagwort des „experimentellen Lebens" – er hatte sich dafür scheiden lassen, auch wenn er dann auf dem Standesamt so weinen musste, dass der Beamte mitleidig auf die Noch-Ehefrau einredete, die Scheidung nicht zu fordern. Saint-Simon beruft sich auf die cartesianische Trennung von Leib und Seele, auf die Mathematisierung der Welt und der sozialen Innenarchitektur. Bedeutsam wurde er durch seine Jünger, die seinen Impetus für hippieähnliche Wohnsituationen in den Ashrams des 19. Jhdts. nutzten (die endeten, als die WG-Chefs Aktionäre des Panama-Kanals wurden). Hier wie dort wurde Sex zum Tabuthema. Die Frau des 19. Jhdts. verhüllte weiterhin den eigenen Anblick im Badewasser mit speziellen Badepudern und sogar Prostituierte schämten sich der eigenen Körperlichkeit so sehr, dass sich nicht wenige lieber von Brücken stürzten, als die von der Obrigkeit angesetzten Zwangsuntersuchungen über sich ergehen zu lassen. So ist der Umgang mit dem Thema in der Öffentlichkeit. Was sich hinter den Türen abspielt, geschieht heimlich und bleibt unbekannt. Als Thema der öffentlichen Diskussion wandert die Philosophie zum Sex nun langsam ab auf neue Wege, einerseits Richtung Medizin, dann noch innerhalb der neu entdeckten Religion und Sittlichkeit, und was innerhalb der Philosophie beheimatet bleibt, wandert ab in die Unkenntlichkeit.

Von Idealismus und Poesie: Fichte

„Im Mann ist ursprünglich nicht Liebe."[2]

Für **Johann Gottlieb Fichte** (1762–1814), Philosophie-Professor und später Gründungsrektor der Humboldt-Universität Berlin, ist die Welt ein Produkt des Ichs. Es sollten auch andere Ichs ihre Berechtigung haben, schreit er seine Studenten manchmal an. Fichte thematisiert Sex kaum, dafür aber Liebe und Ehe. Ein Beispiel für seinen Subjektiven Idealismus ist der Roman „Das Tal der Liebenden" von 1787 (eine Art Ritterroman mit Marienmystik, nicht unähnlich der Dichtung Novalis'). Als Philosoph wurde er berühmt durch den Fehler seines Verlegers, der seine Schrift „Versuch einer Kritik aller Offenbarung" ohne den Namen des Autors erscheinen ließ. Die Fachwelt grübelte und kam zu dem Schluss, nur Kant könne der Autor sein. Dieser hatte Fichte dem Verlag empfohlen und lüftete schließlich das Geheimnis. Als Folge dessen bekam Fichte eine Professur.

Bereits in Jugendjahren war dem aus armen Verhältnissen stammenden Fichte das Glück zu Hilfe gekommen: Als der Gutsherr seines Dorfes die Predigt verpasste, konnte der junge Fichte den gesamten Text wiederholen, was ihm ein Stipendium für die Eliteschule Schulpforta einbrachte. Er musste Berufsphilosoph werden, denn seine Hauslehrerlaufbahn endete vorzeitig mit der Ansicht, dass einer Erziehung der Kinder die Erziehung der Eltern vorausgehen müsse. Trotzdem macht Fichte schnell Karriere, das heißt für die Theorie der Erotik: Der philosophische Diskurs über Sexualität geht ins Exil, genauer: das Exil Ehe. Ansonsten ist Sex kein Thema mehr, denn Fichte brennt vor allem der Begriff des Absoluten Ichs unter den Nägeln. Und das war wohl erhaben über solche Probleme.

Bisher war die freie (körperliche) Liebe noch „... heilig, denn sie ist ganz Natur und hat mit bürgerlichem Wesen nichts zu schaffen"[3] und die Ehe galt in libertinen Kreisen gar als Tod bei lebendigem Leib. Aber damit ist jetzt Schluss. In Fichtes „Grundlagen des Naturrechts" von 1796/97 wird der Ehe die Liebe hinzugefügt. Das klingt versöhnlicher als es ist. Denn die Liebe der Frau ist ausschließlich der Naturtrieb, einen Mann zu befriedigen. Es geht nicht um „... die sinnliche Befriedigung des Weibes, sondern [um] die des Mannes; für das Weib ist es nur die

Befriedigung des Herzens."[4] Der Ehefrau wird jedes sexuelle Bedürfnis abgesprochen, das sie, falls trotzdem vorhanden, besser sublimiert. Als Grund gibt Fichte an, dass ihr beim Geschlechtsverkehr eine schmachvolle und entwürdigende Position zukomme – was tief blicken lässt. Auch wenn Fichte die Ehe grundsätzlich als durch den Geschlechtstrieb begründete vollkommene Vereinigung zweier Personen ansieht, muss die Frau Distanz zu sexuellen Dingen bewahren, sonst verliert sie ihr Selbstwertgefühl. Wichtig für die Funktionsfähigkeit der Ehe ist die vollständige, damit auch sexuelle, Selbstaufgabe der Ehefrau, die nicht durch den Zwang des Mannes entstehen sollte, sondern vielmehr aus ihrer Vernunft heraus: „... das Weib ... ist unterworfen durch ihren eignen fortdauernden notwendigen und ihre Moralität bedingenden Wunsch, unterworfen zu sein. Sie dürfte wohl ihre Freiheit zurücknehmen, wenn sie wollte; aber gerade hier liegt es; sie kann es vernünftigerweise nicht wollen."[5] Die Frau hat demnach keine andere Wahl, als sich wie ein Hamster im Familien-Laufrad zu verhalten: „Nur auf ihren Mann, und ihre Kinder, kann eine vernünftige Frau stolz sein; nicht auf sich selbst, denn sie vergisst sich in jenen."[6] Eben darin liege die Wurzel für das Selbstwertgefühl der Frau. Beim Kant-Fan Fichte heißt der Kategorische Imperativ der Ehefrau: Liebevolle Selbstaufopferung und sexuelle Verfügbarkeit. Die Frau wird zur Cyber-Lustpuppe, die nicht nur darauf programmiert wurde, die Triebbefriedigung des Mannes zu erfüllen, sondern auch die Ansprüche der Haushaltsführung.

Derartige Ehe-Entwürfe würde das 21. Jhdt. offiziell als gescheitert ansehen, inoffiziell aber fordert sie genau diese und gibt damit Fichte Recht. Es ist das Konzept amerikanischer Spielfilme: Die Ehe ruht auf dem Fundament inniger Liebe, womit – hier sind wir wieder und immer noch bei Fichte – auch die Tatsache, dass die Frau nicht sich selbst, sondern dem Manne gehört, erträglich gemacht wird. Die Liebe sei sogar so innig, dass der kleinste Streit die Ehe beenden würde: „Sobald Streit entsteht, ist die Trennung schon geschehen, und die ... Scheidung kann erfolgen."[7] Dem (Ehe-)Mann hingegen wird durchaus das Recht auf Wollust zugestanden, denn „... der Mann kann ohne seine Würde aufzugeben, sich den Geschlechtstrieb gestehen, und die Befriedigung desselben suchen".[8] Daher müssten auch außereheliche sexuelle Aktivitäten des Ehemannes, die von der Frau mit Großmut verziehen werden sollten, nicht notwendigerweise ein Ende der Ehe bedeuten. Das wäre durch Ehebruch seitens der Frau gegeben, die damit ihre Unterordnung aufkündigen würde. In diesem Zusammenhang kaum überraschend, ist in Fichtes Zeugungslehre nichts von *Teamwork* zu lesen. Die Frau ist Statistin, die den Nährboden für den Schöpfungsakt des Mannes bereitstellt. Das Ehe-Modell Kants musste ohne Liebe zurechtkommen, aber Frauen hatten zumindest theoretischen Anspruch auf sexuelle Befriedigung. Bei Fichte hingegen wird die Frau unter dem Vorwand der Vernunft unterjocht.

Fichte war übrigens seit 1793 verheiratet. Wie sein Sexualleben aussah, ist unerforscht. Seine Briefe deuten an, dass Werk und Leben durchaus nicht immer deckungsgleich sein müssen. Vermeintliche Widersprüche werden kognitiv erträglich, besonders wenn sie romantische Liebe getauft werden. Damit ist es endgültig auch in der Philosophie angekommen: das romantische Bild der Frau als Heilige, hochstilisiert, aber entrechtet. In der Literatur kommen aufgrund der Nachfrage als Pendant Huren dazu, so wie sich weiße und schwarze Romantik ergänzen. Nach Fichtes philosophischer Ehe-Konzeption besteht Liebe darin, das eigene Ich in der anderen Person wiederzuentdecken, deswegen den anderen so sehr anzuerkennen, dass man eine passiv-leidende, sich aufopfernde Rolle spielt. Da Fichte der aristotelischen Vorstellung anhängt, dass dies von Natur aus die Rolle der Frau sei, ist für ihn Liebe in erster Linie Frauensache, die in rechtlicher Unterordnung unter den Mann innerhalb der Ehe ausgeübt werden sollte. Denn nach der aristotelischen Gegenüberstellung von Form und Stoff müssen Frauen die Schwängerung erleiden, auch wenn in der Antike das Wort Leiden leider nicht emotionales, sondern physisches Leiden meint. Trotzdem reicht das für Fichte für die Behauptung, dass der Mann eben nicht leidet. Denn er ordnet sich nicht unter und ist darum auch nicht mit Liebe analog. Die Frau darf darum in der Liebe auch die Führungsrolle übernehmen. Was sich hier – auf einer abstrakten Ebene – nach Freiheit und Gleichberechtigung anhört, wird aber nicht mit dem Thema Sex in Verbindung gebracht. In der Praxis wird es Fichte zum Verhängnis, dass seine eigene Frau den Aufopferungsgedanken ernst nimmt: Sie pflegt während der Napoleonischen Kriege hingebungsvoll Verwundete und infiziert sich dabei mit Typhus. Sie überlebt ihn, im Gegensatz zu ihrem Mann, der sich bei ihr ansteckt.

Vor Hegel: Schelling und Kierkegaard

„Der Leib ist eine Blume, woraus der eine Honig, der andere Gift saugt."[9]

Auch **Friedrich Wilhelm Joseph von Schelling** (1775–1854) ist nicht nur ein Befürworter des objektiven Idealismus, sondern das vielsprachige Wunderkind ist auch ein romantischer Befürworter der Frauenstilisierung unter Berufung auf Liebe und der Verinnerlichung unvereinbarer Gegensätze. Schelling sieht das Verhältnis von Mann und Frau im Rahmen seiner Naturphilosophie als Polarität, in der die menschliche Natur aufgeht, um sich gattungsmäßig zu erhalten. Sexualität ist also kein individuelles Geschehen, sondern ein kosmischer Prozess mit abstrakten Zügen. Eine Entzweiung, die zu einer Vereinigung führt, die wiederum das Ganze erhält und voranbringt. So schreibt Schelling jedenfalls versonnen an seinem Schreibtisch, während seine Frau draußen vor der Tür bleiben muss und vergeblich versucht, wenigstens verbalen Kontakt herzustellen. Jawohl, Schellings Frau, die Verkörperung des „... Schwere(n), wie es im Ganzen und Großen sich in der Pflanze gestaltet, und den blühenden Schmuck zahlloser Zweige, die aus seinem Mittelpunkt hervorwachsen, liebevoll und besiegt in seiner Starrheit der Sonne entgegenstreckt, so dasselbe im Einzelnen sich wieder durch das weibliche Geschlecht darstelle", steht vor der Tür, „wie die Schwere flieht vor dem Licht und schamhaft sich gleichsam verhüllt, aber von Licht erfüllt ihre herrlichen Formen gebiert, und in heißen Liebesschlägen ihm entgegenwallt", wie in der „organischen Welt das Verhältnis der Geschlechter, durch welches nur jenes ewige und große Verhältnis der Natur selbst wiederholt wird."[10] Schelling aber hat abgeschlossen. Seine Frau Caroline schreibt: „Ich habe ihn seit 8 Tagen nicht gesehen, außer wenn er zum Essen herunterkam ..., ich habe selber oft vor der verschloßnen Thür gestanden und allerley Anliegen gehabt, allein Baal war taub, und ich habe mir bald gesagt: Baal dichtet. So lassen wir ihn denn dichten, ich schicke dies jetzt hinter seinem Rücken weg"[11].

Caroline entkräftet und bestätigt also gleichzeitig die Thesen ihres dritten Ehemannes. Sie ist zwar nicht die Verkörperung dunkler Schwere, damit jedoch genaues Gegenstück Schellings. Ihr oftmals ironischer Stil scheint lichter als der ihres Mannes, der Inhalt auch. Einmal berichtet sie, dass beim Familien-Gespräch über Schillers „Glocke" alle schier von den Stühlen gefallen seien vor Lachen. Schelling findet das nicht lustig, sie ihn auch nicht. Doch schafft er es, sie dem Philosophen August Wilhelm Schlegel abzuwerben, weil der in einer reinen Vernunftehe, wie sie schreibt, anstatt oder zusätzlich zur Vermittlung philosophischen Wissens, wie sie es nennt, Jungfrauen „Fechtstunden" in der Jungfernschaft gäbe. Die neue Ehe bleibt kinderlos, bringt aber ein pathetisches Gedicht auf die dann verstorbene Caroline, die „als Frau bewusst", mit „viel im Labyrinth der Brust" gewesen sei, stets „nur dem Gediegnen hold, Dem ewigen Granit, dem reinen Gold", doch habe sie „an des Starken Brust die Eigenart, Die Freiheit in der Liebe" sich bewahrt.[12]

Zum Glück, denn so kamen Schellings Vorstellungen des Zusammentreffens von Gegensätzen zum Tragen: Das Reale, bzw. das empfangende oder mütterliche Prinzip der Dinge, und das Ideale, bzw. das väterliche oder zeugende, seien in den Prinzipien Frau und Mann verkörpert, jedes in sich sehr selbstständig, jedoch gleichzeitig ein Nichtganzes, weil als Gegenentwurf zum anderen konstituiert – alltagspsychologisch formuliert: Beide Seiten sind sich eigentlich nicht grün, können aber auch nicht ohne den anderen sein. Wie im richtigen Leben. Bezeichnenderweise war es genau die dunkle Gelehrsamkeit Schellings, mit der er seine Frau hatte gewinnen können. Ein Phänomen und trotz allem ein Glück für Caroline. Die nämlich liebte ihren Mann. Sie, die laut Jaspers die einzige Frau war, die maßgeblich das Werk eines großen Philosophen direkt durch ihren Intellekt beeinflusste – und nicht nur indirekt durch erotische Leidenschaftlichkeit, war nicht nur von Schlegel zu Schelling übergelaufen, weil die erste Ehe vor allem dazu diente, die von einem anderen schwangere Sansculotte aus dem Gefängnis zu befreien; auch nicht allein wegen der größeren philosophischen Mitspracherechte im Hause Schelling. Vielmehr war der vom engen Vertrauten, Babysitter und Taufpaten zur großen Liebe der fast zwölf Jahre älteren Caroline geworden. Als Anhängerin der Französischen Revolution war Caroline Wachs in Schellings Händen bei Sätzen wie: „Wahre Philosophie kann nur mit freien Handlungen beginnen. Abstrakte Grundsätze an der Spitze dieser Wissenschaft sind der Tod alles Philosophierens."[13] Das Happy End ließ dann trotz solcher Geisteskraft lange auf sich warten. Zwar schreibt Schelling im „Epikurischen Glaubensbekenntnis" von 1799:

> „Mein einzig Religion ist die,/ Daß ich liebe ein schönes Knie,/ Volle Brust und schlanke Hüften,/ Dazu Blumen mit süßen Düften, ... So

bin ich aller Furcht entbunden,/ Kann an Leib und Seel gesunden,/ Statt mich zu gebärden und zu zieren,/ Ins Universum zu verlieren,/ In der Geliebten hellen Augen/ In tiefes Blau mich untertauchen./ … Deswegen mir nichts ist so sehr verhasst/ Als so ein fremder fürnehmer Gast,/ Der auf der Welt herumstolziert/ Und schlechte Red im Munde führt/ Von der Natur und ihrem Wesen, … Reden von Religion als einer Frauen,/ Die man nur dürft durch Schleier schauen,/ Um nicht zu empfinden sinnlich Brunst,/ Machen darum viel Wörterdunst, … Rat jedem, der es hat gelesen,/ Von der Verderbnis zu genesen,/ Auf'm Sofa mit einem schönen Kinde/ Zu explizieren die Lucinde."[14]

Trotzdem wird er nach dem Tod von Carolines Tochter Auguste im Juli 1800 als Liebhaber suspendiert; Caroline flüchtet sich in religiöse Verklärung und schreibt: „Als Deine Mutter begrüße ich Dich, keine Erinnerung soll uns zerrütten. Du bist nun meines Kindes Bruder, ich gebe Dir diesen heiligen Segen. Es ist fortan ein Verbrechen, wenn wir uns etwas anders sein wollten."[15] Schelling verfällt in Depression. 1803 hat schließlich der Noch-Ehemann Schlegel ein Einsehen und die Ehe wird im gegenseitigen Einvernehmen, nicht zuletzt durch die Vermittlung Goethes, geschieden. Zwei Monate später folgt Carolines Neuvermählung mit Friedrich Schelling, den sie vergötterte: „Du weißt, ich folge Dir, wohin Du willst, denn Dein Leben und Tun ist mir heilig, und im Heiligtum dienen – in Gottes Heiligtum – heißt herrschen auf Erden."[16] Caroline hat nicht nur die von Schelling 1809 publizierten „Philosophischen Untersuchungen über das Wesen der menschlichen Freiheit" mitgeprägt, sondern diese Freiheit auch ausgelebt, wofür sie Schiller etwa als „Madame Lucifer" verunglimpfte. Aber nicht nur deswegen. In dem erotischen Roman „Lucinde", den ihr damaliger Schwager Friedrich Schlegel 1799 veröffentlichte, tritt sie als Romanfigur auf. Das bringt ihr den Vorwurf der sexuellen Freizügigkeit ein, denn es heißt:

„Die Wollust wird in der einsamen Umarmung der Liebenden wieder, was sie im großen Ganzen ist – das heiligste Wunder der Natur; und was für andre nur etwas ist, dessen sie sich mit Recht schämen müssen, wird für uns wieder, was es an und für sich ist, das reine Feuer der edelsten Lebenskraft."[17]

Nach dem frühen Tod Carolines 1809 zieht sich Schelling immer mehr ins innere Exil zurück, heiratet zwar noch einmal und zeugt sechs Kinder, aber das eigentliche Band, das ihn mit der Welt verknüpft hat, ist mit Carolines Tod durchschnitten. Eine Geschichte, die zu Tränen rührt, obwohl und weil sie nicht zu Schellings Philosophie passen mag.

Von Schelling ist es nur ein kleiner Schritt zu einem seiner Hörer, zu **Sören Kierkegaard** (1813–1855). Er wird als Sohn eines reichen Wollhändlers in Kopenhagen geboren. Das erlaubt ihm, 20 Semester lang Theologie und Philosophie zu studieren und danach als Privatgelehrter zu wirken. Zeitlebens beherrschen Kierkegaard zwei Leidenschaften: Wissenschaft und Sekretäre (Möbelstücke). In realiter sammelt Kierkegaard letztere; in „Entweder-oder" von 1843 legt er seinem alter ego Victor Eremita angesichts eines antiken Sekretärs die Beschreibung einer schier unbeschreiblichen und dem Berichtenden selbst unheimlichen Lust in den Mund. Symptomatischerweise zerschlägt Victor das schöne Stück mit einem Beil (und findet eine philosophische Abhandlung zum Musikalisch-Erotischen sowie das „Tagebuch des Verführers") und skizziert damit ein Lebensprinzip des Verfassers, der sich zwar im Bezug auf seine Triebhaftigkeit als „ungewöhnlicher Erotiker"[18] versteht, praktisch aber eben daran scheitert und sich selbst durch viele ausgeschlagene Gelegenheiten Gewalt antut. Lebensfreude und Sinnenlust scheitern bei Kierkegaard an fast wahnhaften Schuldgefühlen, für die er seinen Vater verantwortlich macht. Denn dieser – bereits als notleidender Jugendlicher hatte er Gott verflucht – sei bei Sörens Zeugung nicht nur noch in erster Ehe verheiratet gewesen, nein, obendrein lag die betrogene Frau gleichzeitig sterbenskrank danieder.

Fortan wähnt sich Kierkegaard als Teil einer verfluchten Sippe, und zeigt – so vorbelastet – nicht nur praktisch, sondern auch theoretisch ein gespaltenes Verhältnis zur Sexualität. 1833 versucht der Philosoph und Dichter Johann Ludvig Heiberg (1791–1860), Frauen als besonders befähigt für das Philosophiestudium darzustellen, respektive sie zum Studium zuzulassen. Daraufhin erscheinen diverse Antwortartikel, darunter auch von Kierkegaard. Darin kontert der, dass die Frau eine gefährliche Mischung aus Verführung und Erkenntnis verkörpere. Sie besitze nicht nur den Willen zum Wissen, sondern auch philosophisches und erotisches Spezialwissen, das dem Manne fehle:

> „Der Mensch war kaum erschaffen, da finden wir schon Eva als Zuhörerin bei den philosophischen Vorlesungen der Schlange ... Diese Anlage für das Spekulative, und den damit verbundenen Drang zu tieferer Einsicht ... hat man im Orient zu befriedigen gesucht; denn deshalb sperrte man die Frauen in Serails.“[19]

Der Grundtenor lautet: Philosophen sollten sich dieses Trojanische Pferd – genannt Frau – gar nicht erst in ihre Festung holen. Das sei gefährlich, wie die Philosophiegeschichte zeige. Denn Xanthippe sei als Musterbild weiblicher Beredsamkeit zum Erfolgsmodell mutiert, die Denkschule eines Sokrates derweil längst vergessen. Nun ist Kierkegaard in der Philosophiegeschichte vor allem durch seine Werke über die Angst im Allgemeinen berühmt geworden, worin er aber auch seine ganz spezielle Angst vor Frauen sowie vor Sexualität kommuniziert: Angst ist für ihn das Begehren dessen, was man eigentlich fürchtet. Furcht hingegen empfindet der rationale Mensch vor allem dann, wenn ihn die Wollust überflutet und unzurechnungsfähig macht, insbesondere bei der Empfängnis, der Geburt und beim Orgasmus. Hätte Kierkegaard sich selbst häufiger gelesen, wäre seine Angst vor Sex vielleicht geringer gewesen. Denn, so heißt es dort, die Frau – als Verkörperung des Kaninchens vor der Schlange – sei für eben diese Sexphobie anfälliger als der Mann; fürchte man das Gegenüber im Geschlechterkrieg, könne bzw. sollte man(n) zunächst ganz ruhig bleiben. Aber nicht nur der sexuelle Handlungsvollzug birgt Gefahrenpotential. Auch vor sexuellem Begehren und dazugehöriger Phantasie empfinde der Mensch Angst, vor der gedanklichen Grenzüberschreitung und der Unfreiheit durch die Herrschaft des Fleisches über den Geist innerhalb der erotischen Phantasie. In Schlegels „Lucinde“ erkannte Kierkegaard darum das „wilde tierische Geheul“ einer von allen Normen befreiten Sinnlichkeit. Derartige „Ejakulationen der Einbildungskraft“[20] waren für ihn auch eine praktische Gefährdung, als sein Hang zur Onanie ihm zum immer stärkeren moralischen Problem wurde.

So *gehandicapt* trifft er im Mai 1837 zum ersten Mal Regine Olsen, die Tochter eines Beamten, und entflammt in Liebe zu der Fünfzehnjährigen. In seinem Tagebuch fragt er den „gütigen Gott“, weshalb die Neigung gerade jetzt erwachen musste. Drei Jahre später hält er um ihre Hand an, bereut es aber nach zwei Tagen. Sie kämpft noch fast ein Jahr um ihn, will ihn liebevoll annehmen wie er ist, scheitert aber an seiner Unbeugsamkeit und zunehmenden Unfreundlichkeit. Im August 1841 schickt Kierkegaard ihr den Verlobungsring zurück. Er mag nicht mehr heiraten, will lieber allein und so sein wie die von ihm geschätzten Sekretäre, mit vielen Geheimfächern, ein Konstrukt, das nicht alles von sich offenbaren will oder kann. Kierkegaard glaubt sogar, Regine mit dieser Abfuhr einen Gefallen getan zu haben. Im besagten Tagebuch wird die Trennung als wollüstiges Erlebnis gefeiert, als Taufe, so dass teilweise der Verdacht aufkam, Kierkegaard habe seine Verlobte nur als Werkzeug für seinen schriftstellerischen Reifungsprozess benutzt. Regine erholt sich von diesem Schicksalsschlag und heiratet 1847 den Jugendfreund Johann Friedrich Schlegel.

Nach der Entlobung reist Kierkegaard nach Berlin, der Kopenhagener Gesellschaft überdrüssig. In Preußen plagen ihn Schlaflosigkeit und „Nervenaffectionen" als Nachwehen der Trennung. Theaterbesuche und die neueste Berliner Attraktion, der Philosoph Schelling, sollen ihn ablenken. Schelling wurde bereits 1840 von Friedrich Wilhelm IV. als neuer Messias der Philosophie nach Berlin berufen, um die „Drachensaat des Hegelschen Pantheismus"[21] zu tilgen. Doch Kierkegaard ist enttäuscht: „Schelling selbst sieht wie ein ganz unbedeutender Mann aus, er gleicht einem Steuereinnehmer."[22] Und was für das dichtgedrängte Auditorium in Schellings Berliner Vorlesungen eine Sternstunde der Philosophie bedeutet erscheint Kierkegaard lächerlich: Schelling fasele unerträglich. Kierkegaard sei zu alt, um Vorlesungen zu hören, ebenso wie Schelling zu alt sei, sie zu halten. Seine ganze Lehre über Potenzen verrate die äußerste Impotenz. Von Professoren hält Kierkegaard sowieso nicht viel, sie seien nur Kastraten des Wissenschaftsbetriebs, aber keine bekennenden Denker mehr sondern vielmehr Clowns, die modischen Strömungen folgten.

In dieser für Kierkegaard besonders krisenreichen Zeit entstand „Entweder – Oder", sein Erstlingswerk, das sogleich nach Erscheinen zum Bestseller wurde. Diese Schrift besteht zunächst aus einer Abhandlung zum Musikalisch-Erotischen, in der er anhand von Protagonisten aus Mozart-Opern drei Stadien des Begehrens bestimmt: 1. Das Begehren und die Lust sind zunächst nur eine schwermütige Ahnung (Cherubino aus „Le nozze di Figaro"). 2. Das Begehren wird geweckt und geht auf seine romantische Entdeckungsreise (Papageno aus der „Zauberflöte"). 3. Das Begehren wird sieghaft, triumphierend, unwiderstehlich und dämonisch, stellvertretend für rein sinnliche Liebe, die sich rauschhaft dem Augenblick hingibt (Don Giovanni aus der gleichnamigen Oper).

Hauptaussage dieses Teils: Mit dem Weibe kam der Spaß ins Leben und wahrer Ästhetiker kann eigentlich nur sein, wer sich mit dem schönen Geschlecht, einem unerschöpflichen Stoff der Überlegung und Beobachtung, einschlägig befasse. Der zweite Teil von „Entweder – Oder“ widmet sich mit dem „Tagebuch des Verführers“ den Praxisbezügen (die laut einer verbreiteten Legende so verrucht ausfielen, um die Verlobte abzuschrecken, was zu dieser Zeit schon überflüssig war). Hier wird die Verführung als gezielte Manipulation des Objekts der Begierde verstanden. Dieser Kunstgriff zielt auf einen Rollentausch des Verführers mit der weiblichen Opferrolle ab, so dass der Verführer selbst zum Verführten wird. Die Frau werfe sich damit – psychologisch betrachtet – ihrer eigenen Angst in die Arme. Das sei am besten dadurch zu erreichen, indem man der Frau suggeriere, sich wie ein Mehrheitsaktionär an der Börse zurückzuziehen, um damit gerade der Frau alle erotischen PR-Maßnahmen zu entlocken. Das „Tagebuch des Verführers“ versteht sich implizit als Ratgeber, der zur 4. und höchsten Stufe des Begehrens führt. Höchster Genuss ist hier nicht mehr – wie noch bei Don Giovanni – der schnelle sexuelle Konsum, quasi „... ein junges Mädchen wie ein Glas Champagner genießen“[23], sondern die quantitative Begrenzung:

> „Eine lieben ist zu wenig, alle lieben ist oberflächlich; sich selber kennen und so viele wie nur möglich lieben, seine Seele alle Gewalten der Liebe derart in sich bergen lassen, dass jede von ihnen, die ihr gemäße Speise bekommt, während das Bewußtsein gleichwohl das Ganze umfasst – das heißt Genuß, das heißt leben.“[24]

An seinen eigenen Maßstäben gemessen, hat Kierkegaard also nie gelebt, sondern nur eine wissenschaftliche Existenz geführt, in der sowohl Liebschaften als auch Frau und Familie zumindest vergleichsweise geringen Platz einnahmen.

Nach Schelling: Hegel und Michelet

„Der männliche Testikel ist das tätige Gehirn, der Kitzler das untätige Gefühl überhaupt.“[25]

Georg Wilhelm Friedrich Hegel (1770–1831) führt subjektiven und objektiven Idealismus über in den absoluten Idealismus sowie das erkennende Subjekt und das erkannte Objekt zusammen in den absoluten Geist. Hegel übernimmt dafür einander ergänzende Gegensatzpaare, wie z. B. das Mann-Frau-Verhältnis. Die Frau verkörpert (und das vergleicht er wie Schelling mit Pflanzen) das menschheitlich Allgemeine, das die Kinder am liebsten verzärteln möchte; der Mann dagegen (und das vergleicht er mit Tieren) ist das individuierende Prinzip, das den Nachwuchs fit für Staats- und Kriegsdienst macht und dadurch die Weltgeschichte voranbringt. In dieser vollzieht sich die schrittweise Selbsterkenntnis des göttlichen Weltgeistes, der zu hoch über den Niederungen körperlicher Kontakte schwebt, als dass sich Hegels Philosophie damit unmittelbar befassen würde.

Ob Hegel von Schelling auch dessen distanziertes Verhältnis zu Frauen übernommen hat, ist unklar. Es gibt widersprüchliche Hinweise: Von Hegel gibt es sowohl ein glühendes Liebesgedicht als auch einen unehelichen Sohn. Hegel heiratet zwar mit stolzen 41 Jahren, dann aber nicht seine frühere Hauswirtin und Mutter seines Kindes. Als er sich später in einer Kutsche seinem Heimatort nähert, bemerkt sein Mitreisender Goethe, dass Hegel trotz seiner reifen Jahre mit schwindender Entfernung zum Zielort immer unruhiger wird, und Goethe denkt sich, dass glücklich, wer in dem Alter noch kann. Eigenartig ist nur, dass sich die dazugehörigen schriftlichen Zeugnisse seiner Philosophie deutlich weniger erregt anhören, wie auch manche schriftliche Zeugnisse seiner Frau. Über sein Verhältnis zur eigenen Frau hat er nicht viel geschrieben, anderen Frauen gegenüber soll Hegel charmant gewesen sein.

In seinen Schriften degradiert Hegel Frauen zu launenhaften, kindischen, subjektivistischen Wesen auf einer mittleren Entwicklungsstufe hin zu höheren Ebenen. Die Wahl der Ehefrau sei zufällig und durch die Notwendigkeit zur Fortpflanzung begründet, zum Aufbau einer Ahnenreihe von Vater und Kindern, dem ständigen Werden von Welt bzw. Weltgeist. Ist der Mensch, genauer der Mann, dann in diesen Prozess eingebunden, also verheiratet, wirkt die Familie isolierend, weil dem

Denken abträglich. Trotzdem gelten alle nach der Heirat verfassten Schriften Hegels als weitaus verständlicher formuliert als die vorhergehenden.

Begründungen sind in Hegels Theorie so dialektisch wie sein ganzer Denkansatz. In der Liebe wird einerseits Selbstbewusstsein verloren, weil man es in der anderen Person verliert – das wiederum führt zu Selbstbewusstsein, weil man sich im anderen erkennt und zu neuen Ufern der Selbsterkenntnis gelangt. Von daher ist Liebe und das damit einhergehende Entgrenzen der eigentlichen Persönlichkeit – bei nicht wenigen anderen Menschen oberstes Ziel – bei Hegel trotz aller Notwendigkeit doch eine Art unangenehmer Unfreiheit. Ob aufgrund dieser Aussage Rückschlüsse auf Hegels Umgang mit körperlicher Liebe gezogen werden dürfen, lässt sich nie mehr klären. So bleibt zur anthropologischen Einordnung nur der Verweis auf eine kleine Randbemerkung in einem Brief kurz vor Hegels Hochzeit, in dem er meint, nun alles erreicht zu haben, was er als Individuum habe erstreben können – insofern Glück in der Bestimmung seines Lebens läge. Denn wenn er Schönheit empfindet, scheint er das weniger im Bett als vielmehr angesichts von Kunstwerken oder seiner eigenen Philosophie zu empfinden. Kunst, Religion und Philosophie sind für ihn die drei Stufen, in denen der Weltgeist sich ausdrücken kann, in Kunst sinnlich, in Religion in begrifflichen Chiffren und in der (oder Hegels) Philosophie als geschichtliches Selbstbewusstsein. Das Stichwort der Sinnlichkeit fällt dementsprechend eher im Zusammenhang mit Kunst – und zwar (unter dem Einfluss Winckelmanns) hinsichtlich klassisch-idealer Statuen, fernab der Darstellung von Leiden oder nacktem Fleisch. Auch hier sind Rückschlüsse spekulativ, aber nicht verboten. Ebenfalls Teil der Hegelschen Kunstphilosophie ist das Diktum, dass das Innere des Kunstwerks das Äußere dominieren soll. Während Hegel solche Dialektik formuliert, wird zeitgleich eine wattierte Brustbinde, die Vorform moderner Büstenhalter, erfunden.

Wie Hegel war auch **Jules Michelet** (1798–1874) ein Geschichtsphilosoph, heutzutage eher bekannt als Historiker und Chronist der Französischen Revolution. Denn in seiner Geschichtsphilosophie bemühte er sich in den 1850er Jahren um eine theologisch-historische Verortung des Weiblichen, indem er in der Französischen Revolution das Wirken des weiblichen Prinzips beschrieb, trotz oder gerade wegen der Guillotine. Natürlich war dieser Ansatz in einer männerdominierten Wissenschaftsgemeinde von vorneherein zum Scheitern verurteilt. Michelet war zeitlebens ein radikaler Antiklerikaler, der den Katholizismus als Wegbereiter des geistigen Ehebruchs in Form des Dreiecksverhältnisses von Joseph, Maria und Heiligem Geist ansah. Religion war für ihn die Religion des Betrugs, die Verortung einer perversen, weil nicht genitalen Liebe. Sie wollte er durch eine neue Naturreligion ersetzen, im Mittelpunkt die Frau, die sich nicht mehr in geistiger, religiöser Liebe verschwenden, sondern ganz praktisch dem Manne sexuell hingeben sollte. Alles andere würde ihn seiner Männlichkeit berauben und kastrieren. Daher war es für Michelet nur schlüssig, die einzige zu heiligende Transsubstantiation nicht im christlichen Abendmahl zu finden, sondern in der Gebärmutter, die „... aus reinem Hafer ... den heiligen Kuchen“[26] zu backen vermag, das aber unter Schmerzen. Denn die Frau ist für Michelet ein Wesen, das fast ständig unter Verwundung und Vernarbung leidet. Die Frau blutet für und durch den Mann, sei es bei Geburt, Sex oder Menstruation.

Die Ehe erscheint nicht als rationale Bereitstellung der Geschlechtsorgane (wie bei Kant), sondern als Mysterium von Liebe und Opfer. Die Ehe werde für die Frau zum Kontrakt der Martern, dem sie sich liebend unterwirft. Das weise religiöse Züge auf, sei die Frau doch Christus gleichzusetzen – wenn auch nicht ans Kreuz geschlagen, so geschlagen mit Menstruation und Schwangerschaft, blute sie ebenfalls aus Liebe. Als Sinnbild für diesen liebevollen Opfergang wählt Michelet sich ein Organ aus, das ihm als unaussprechliches Heiligtum der Liebe und des Schmerzes gilt, nämlich die Gebärmutter. Seine anatomischen Erkenntnisse übersetzt Michelet in religiöse Mystik. Das Stigma der Menstruation münzt er in einen Segen für die Menschheit um, zum Heiligsten im Heiligtum der Natur. Denn er sieht die fruchtbaren Tage der Frau zeitlich eng mit der Menstruation verknüpft, selbst wenn das vom medizinischen Diskurs schon längst widerlegt war. Das Herz Jesu und dessen Verehrung als blutende Liebeswunde erfährt so eine naturalistische Aktualisierung durch die Verehrung der Gebärmutter, da auch sie Blut weint. Was heute bestenfalls als satirische Provokation angesehen werden würde, war zu Michelets Zeiten skandalös. Die sog. Herz-Jesu-Verehrung war seit dem 17. Jhdt. festes französisches Kulturgut (in den 1990er Jahren von französischen Modeschöpfern und Pop-Ikone Madonna samt erotischem Unterton wiederentdeckt). Mit der Funktionalisierung der Frau zum Gegenstand eines religiösen Kultes bzw. zur Devotionalie, als deren Priester der Mann fungiert und sie sich wie eine Hostie aneignet, ist Michelet also durchaus kein Feminist: Der Ehemann bleibt – wie bei Fichte – Herr im Hause, sogar noch mehr als das: Er wird Beichtvater, Priester, gottgleicher Schöpfer und Beherrscher der Frau. Und die bleibt im Hause wie der Altar in der Kirche. Denn Beruf haben und Frau sein schließe sich aus medizinischen Erwägungen aus; Menstruation, verbunden mit schwerer Arbeit, führe gar zum Tode. Die einzige Bestimmung der Frau sei nämlich zu lieben, nicht zu arbeiten. Aber mit dem Beruf der Frau sterbe ihre Weiblichkeit. Nicht zuletzt spielt sich der Kult dieser neuen Naturreligion außerhalb der Öffentlichkeit, auf dem privaten Altar von Braut- und Kindbett und bedarf keiner Autonomie der Frau. Nach Michelets Definition weiblicher Erhabenheit übt sie nicht, wie bei Sacher-Masoch, Macht über den Mann aus, sondern opfert sich selbstlos. Sex sei daher „... keine Funktion, sondern eine [erhabene] Opferhandlung im eigentlichen Sinne, eine religiöse Handlung, wo ich die Messe lese und wo ich fühle, dass ich mich selbst in der heiligen Person, die sich in diesem Moment hingibt, heilige“[27]. Das schöne Geschlecht, bzw. dessen Gebärmutter, repräsentiert eine neue Religion, die das Weihnachtsfest und ewige Ostern der Liebe verkündet. Eine feierliche Veranstaltung zum Wohle der Frau war dieses Modell jedoch nicht, vielmehr wird nach heutiger Auffassung die Frau zum Fetisch stilisiert. Das ist der eigentliche Grund, weswegen Michelet im 21. Jhdt. eher als bedeutender Historiker bekannt ist und weniger als Philosoph, als der er sich eigentlich sah.

Vom Leiden: Schopenhauer und der Osten

„Alle verheirateten Philosophen und Dichter ... sind schon als solche verdächtig, ihre Sache zu suchen, nicht das Heil der Wissenschaft und Kunst ... Daher wird man finden, dass fast alle echten Philosophen ledig geblieben sind: so Cartesius, Leibniz, Malebranche, Spinoza und Kant.“[28]

Arthur Schopenhauer (1788–1860) ist einer der Ersten, die sich der Sexualität als eigenständigem Thema widmen – und einer der Echauffiertesten unter den Philosophen. Trotzdem enthält auch er sich unflätig-obszöner Bemerkungen. Das liegt nicht nur an einer Abstrahierung der

Liebe generell, sondern auch an der Zensur. Eine kleine Fußnote ziert seine Reduktion von wirklich allem auf den eigentlichen Zweck: Findung eines austauschbaren Sexpartners. Alles dreht sich nur darum, dass „jeder Hans seine Grethe finde", und in besagter Fußnote heißt es: „Ich habe mich hier nicht eigentlich ausdrücken dürfen: der geneigte Leser hat daher die Phrase in eine Aristophanische Sprache zu übersetzen."[29] Doch auch innerhalb eingeschränkter Möglichkeiten lesen sich Schopenhauersche Texte durchaus unterhaltsam. Die Hauptaussage wurde bereits genannt: Die Liebe im Allgemeinen ist ein Trick der Natur, um für die Fortpflanzung der Art zu sorgen. Denn „... alle Verliebtheit, wie ätherisch sie sich auch geberden [!] mag, wurzelt allein im Geschlechtstriebe, ja, ist durchaus nur ein näher bestimmter, specialisierter, wohl gar im strengsten Sinn individualisierter Geschlechtstrieb."[30] Darin waren sich auch die drei Idealisten vor ihm einig, doch konnte Schopenhauer sie nicht leiden. Zu oberflächlich und schwätzerisch schienen ihm die, die lange Zeit mehr akademischen Erfolg hatten als er. Vor allem Hegel war ihm „... ein platter, geistloser, ekelhaft-widerlicher, unwissender Scharlatan, der, mit beispielloser Frechheit, Aberwitz und Unsinn zusammenschmierte, welche von seinen feilen Anhängern als unsterbliche Wahrheit ausposaunt und von Dummköpfen richtig dafür genommen wurden ... (Er) hat den Verderb einer ganzen gelehrten Generation zur Folge."[31]

Dabei eint ihn so vieles mit dem Objekt des Hasses. Nicht nur, dass er im Alter trotz anfänglicher Schönheit ein ‚Herr der Augenringe' wird. So wie Fichte – ebenso wie Schelling – von den „Pflanzen des Weiblichen" oder Schelling – wie Hegel – von einem „umfassenden Weltbewusstsein" sprachen, heißt bei ihm das Weltauge, was Hegel Weltgeist nennt – von anderen inhaltlichen, vor allem misogynen, Parallelen ganz abgesehen. Wie Schelling ist auch Hegel so vom Leben abgewandt, dass er kaum einem Menschen traut, sogar den Barbier ob dessen Rasiermesser fürchtet. Emotional steht er eigentlich nur dem jeweiligen Exemplar eines Pudels aus einer ganzen Reihe an Pudeln nahe, mit denen er zweisame Spaziergänge unternimmt. Jeder dieser Pudel trug den indischen Namen für Weltseele, doch von Frauen weit und breit keine Spur. Und in seinen Schriften keine Spur der indischen Lustfreundlichkeit, dabei gilt Schopenhauer als einer der ersten, die indische Philosophien rezipierten. Schopenhauer legte zwar stets Wert darauf, sich all seine Thesen selber ausgedacht zu haben, aber er kannte die indische Literatur durchaus.

Wie im Buddhismus, ist auch bei Schopenhauer das Leben immer unvollständig und Umsetzung eines einzigen Leidens, entstanden durch Wünsche und ewig neue Zeugung immer neuer Weltenkinder. Nur mittels bestimmter Übersprungshandlungen können dieses Leiden und das Leiden angesichts dieses Leidens überbrückt werden. In der „Welt als Wille und Vorstellung“ von 1819 bietet Schopenhauer als Ablenkung oder Alternative die Optionen Nächstenliebe oder Kunst, vor allem aber Musik an. An der Bildenden Kunst mag er die Kontemplation angesichts von Bildern der Natur oder das Vergnügen angesichts von Stillleben mit Essbarem – was das Vergnügen angesichts von dargestellten Körpern auszuschließen scheint. Denn abgesehen von den antiken Statuen, würde in der Historienmalerei und Bildhauerei das Reizende in nackten Gestalten, deren Stellung, halber Bekleidung und anderem nur darauf abzielen, im Beschauer Lüsternheit zu erregen, entgegen aller rein ästhetischen Betrachtung und dem Zweck der Kunst. Abgesehen von solchen Fällen, wird in wirklicher Kunst und dem damit verbundenen Schönheitsempfinden der eigene Wille wie auch der der ganzen Welt kurz vergessen und man selber begierdefrei – eben nicht vom Geschlechtstrieb getrieben, in dem alle Verliebtheit wurzelt, egal wie ätherisch sie anmutet. Kunst ist etwas prinzipiell völlig anderes als die den Willen reizende Schönheit der Frauen bzw. Mädchen. Denn mit denen „... hat es die Natur auf Das, was man, im dramaturgischen Sinne, einen Knalleffekt nennt, abgesehn.“[32]Aber gut tut dieser Effekt nicht, vor allem nicht den guten Dingen: der begierdelosen Nächstenliebe, der Kunst oder der Philosophie. Denn wäre Petrarcas Leidenschaft befriedigt worden, wäre von da an sein Gesang verstummt wie der des Vogels, sobald die Eier gelegt sind.

Schopenhauers Schriften, wie z. B. seine „Metaphysik der Geschlechtsliebe“ oder sein Essay „Über die Weiber“ (mitsamt einer Einteilung der Frauen als unästhetisches Geschlecht, weil schmalschultrig, breithüftig und kurzbeinig und noch dazu zu ästhetischer Kunst und echter Philosophie außerstande), sind eine Fundgrube ähnlicher Aphorismen zur Inspiration für Hochzeitsreden:

> „In unserm monogamischen Welttheile heißt heirathen seine Rechte halbiren und seine Pflichten verdoppeln. Jedoch als die Gesetze den Weibern gleiche Rechte mit den Männern einräumten, hätten sie ihnen auch eine männliche Vernunft verleihen sollen.“[33]

Fontane nannte diese Einschätzungen das „Gequackel eines eigensinnigen, vorurteilsvollen, persönlich vergrätzten alten Herrn“[34]. Und wenn man bedenkt, wie leidenschaftlich Schopenhauer verehrt wird, wenn er dann verehrt wird, und wie sehr ihn die Abweisungen haben schmerzen müssen, die neben die akademischen Misserfolge treten, dann liegt der Verdacht einer gewissen Verdrossenheit nahe. Doch lässt sich ein Philosoph wie er nicht unterkriegen und sucht sein Heil in diversen Affären. Denn:

> „Wenn man sich frägt, wo denn die intimste Kenntnis des Wesens der Welt, jenes Ding an sich, das ich den Willen zum Leben genannt habe, zu erlangen sei, oder die reinste Offenbarung seiner selbst erlangt? – so muss ich hinweisen auf die Wollust im Akt der Kopulation. Das ist es!“[35]

Aus diesem Grund berechnet Schopenhauer das Missverhältnis zwischen der Kopulations- und der weiblichen Zeugungsfähigkeit im Bezug zu monogamen Ehe-Strukturen. Besser sei das Verhältnis von zwei Männern zu einer Frau bis zum Klimakterium der Frau, die dann durch eine neue, junge ersetzt werden müsse, so dass unter dem Strich doch wieder jeweils nur ein Mann für jeweils nur eine Frau aufzukommen habe.

Die Nachwelt wird Schopenhauer trotz aller Wut und Rechenkünste zugute halten, dass er wie keiner vor ihm die instinktgesteuerten Mechanismen der Lust thematisiert. Wenn er beschreibt, wie Hans besagte Grethe und die ihn begutachtet, dann tun sie das in den Augen Schopenhauers mit den Kriterien der Gattung, also nach instinktiven Kriterien, z. B. nach dem Prinzip vice versa, das Korrektiv seiner Mängel und Abweichungen – also suchen sich kleine Männer große Frauen. Solche Überlegungen wird sich später die Psychoanalyse zunutze machen – von Schopenhauers angespanntem Verhältnis zu seiner in der Schriftstellerei erfolgreichen und gut gelaunten Mutter ganz abgesehen. Die Mutter macht sich über die theoretisierende Philosophie ihres Sohnes lustig, über das Lamentieren über die dumme Welt und das menschliche Elend. Er erinnert sie zu sehr an den jähzornigen Vater. Dass der sich umgebracht hat, hält Schopenhauer der Mutter vor. Sie ihm dafür, dass ihre Werke mehr gelesen würden als seine. Sogar Goethe rezipierte ihre Romane, während die Schriften des Sohnes, wie es die Mutter angekündigt hatte, lange über eine erste Auflage nicht hinauskamen. Das änderte sich erst 40 Jahre später.

Viel höhere Auflagenzahlen sollte später der indische Sex haben, den Schopenhauer aussparte. Die renommierteste Übersetzung, das **„Kama Sutra“**, erschien erst 1884 in Europa. Schade. Denn anders als in der europäischen Tradition, die den Sex mit Metaphern aus Krieg und Kampf verbindet, ist indischer Sex etwas Harmonisches ohne Geschlechterkrieg, eher mit einer religiösen Erfahrung des Menschen bzw. mit einer Grundtugend in der Haushaltsführung eines guten Lebens zu vergleichen (das natürlich die aus westlicher Sicht vergleichsweise wenig harmonische Tradition der Witwenverbrennung oder anderes mit beinhaltet). Je nach Religion ist Sex im Hinduismus eine der vier Tugenden (neben Gerechtigkeit, Wohlstand und Erlösung) oder im Buddhismus der Grundstock der Erleuchtung, die unterste Stufe der geistigen Genüsse. Erst nach Schopenhauer wird das aber in Europa zum Thema durch die Übersetzung des „Kama Sutra“. Ähnlich dem „Duftenden Garten des Scheich Nefzaui“ ist das „Kama Sutra“ eine detaillierte und sich am Rand des gesundheitlich Zuträglichen bewegende Handlungsanweisung eines Vatsyana, der auf ältere indische Schriften zurückgreift. Es offeriert eine Liste der 64 Künste, die jeder Edelmann beherrschen und jede Frau heimlich erlernen sollte, von Gesang bis Yoga. Das „Kama Sutra“ ist spätestens 200 n. Chr. entstanden. Es teilt Männer und Frauen in verschiedene Sextypen ein: Die Männer nach der Größe ihres Lingams in Hasen, Stiere und Hengste, die Frau nach der inneren Aufnahmefähigkeit in Gazellen, Stuten und Elefantenkühe, was für europäische Ohren wenig schmeichelhaft klingt, in Indien aber durchaus positiv belegt ist – wie die ganze Einstellung zum Sex. Denn „... der Leib bedarf des Vergnügens ebenso wie der Nahrung, um zu gedeihen.“[36] Die Philosophie des „Kama Sutra“ lehrt auch, dass Mann und Frau unabhängig von ihrer Konstitution miteinander sexuelle Erleuchtung erlangen können. Es kommt nur auf die richtige Technik an. Hier scheiden sich die Geister. Dass bestimmte Schlag- und Beißtechniken nach Absprache erlaubt seien, ist eine Zusatzinterpretation des engagierten Erstübersetzers Richard Burton (1821–1890), eines sprachbegabten, opiumsüchtigen Abenteurers, der sich verkleidet in Mekka eingeschlichen hatte und später nach einem zu detaillierten Bericht über die Beschäftigungen britischer Soldaten seine Berufung in Form einschlägiger Kommunikation von Weltkulturerbe findet. Er ergänzt das „Kama Sutra" um eigenes Wissen über Aphrodisiaka, Beschneidungen, Polygamie, Masturbation und Sadomasochismus. Letzteres führt dazu, ergänzt durch die liberale Illustration des Textes durch Bilder aus ganz anderen Quellen, dass das „Kama Sutra" zur BDSM-Bibel avancierte (nicht der Bund Deutscher Sadomasochisten, sondern *Bondage & Discipline, Dominance & Submission, Sadism & Masochism*). Historisch korrekt können ähnliche Techniken eingesehen werden bei tantrischen Schriften, allerdings sind auch die im Osten sakraler gedacht als hierzulande in den Massagestudios.

Vom Peitschen: Nietzsche

„Schopenhauer spricht von der Schönheit mit einer schwermütigen Glut … Insbesondere preist er sie als Erlöserin vom „Brennpunkt des Willens", von der Geschlechtlichkeit, – in der Schönheit sieht er den Zeugungstrieb verneint … Wunderlicher Heiliger! Irgendjemand widerspricht Dir, ich fürchte, es ist die Natur … Glücklicherweise widerspricht ihm auch ein Philosoph. Keine geringere Autorität als die des göttlichen Plato (- so nennt ihn Schopenhauer selbst) hält einen anderen Satz aufrecht: dass alle Schönheit zur Zeugung reize."[37]

Wir bleiben beim Thema: Der bekannteste, wenn auch oft falsch zitierte Satz von **Friedrich Nietzsche** (1844–1900) über die Interaktion von Mann und Frau handelt von einer Peitsche. Im „Zarathustra" empfiehlt ein altes Weiblein: „Du gehst zu Frauen? Vergiss die Peitsche nicht!"[38] Somit ist wie bei Plato oder anderen nicht deutlich erkennbar, ob es sich bei dieser Empfehlung um einen Ratschlag Nietzsches, den eines fiktiven alten Weibleins oder um ein ironisches Zitat der Frauenrechtlerin Wollstonecraft handelt. Die hatte gesagt, dass Frauen genauso Vernunftwesen seien wie Männer, bzw. wenn nicht, doch jedem Mann bei der Hochzeit eine Peitsche mit auf den Weg gegeben werden solle. An anderer Stelle schreibt Nietzsche, dass es die Frau – natürlich nur zu ihrem Besten – zu disziplinieren gelte. Denn sie „… verlernt den Mann zu fürchten"[39]. Über Nietzsches Intention des Peitschenspruchs sind die Gelehrten uneinig. Zu oft war Nietzsche in seinen Äußerungen eben nicht – wie einer seiner Titel – „Jenseits von Gut und Böse", so doch jenseits von Konsequenz und Ironiekonstanz. Und auch in seinem richtigen Leben findet sich wenig Verwertbares, außer einem Foto mit einem anderen Mann, einer Frau und einer Peitsche. Dazu muss etwas weiter ausgeholt werden, und zwar biografisch: Nietzsches philosophisches Schaffen ließ ihm wenig Zeit zur Beziehungsanbahnung. Es gab nur einen ernsthaften Versuch: Das Objekt seines Begehrens und Quelle ewiger Lust war für ihn Lou von Salomé, eine temperamentvolle russische Emigrantin. Allerdings musste er die Angebetete mit einem anderen Philosophen – mit Paul Reé – teilen, eigentlich ein intimer Freund Nietzsches. Die platonische *Menage à trois* dümpelt dann auf gemeinsamen Reisen dahin. Der Höhepunkt aller Dinge wird für Nietzsche ein Kuss, den er Lou im Mai 1882 auf einer – ausnahmsweise zweisamen – Bergwanderung abtrotzt. Der Triumph lässt ihn euphorisch werden:

> „Lou ist scharfsinnig wie ein Adler und mutig wie ein Löwe … Nach Bayreuth kommt sie zu mir, und im Herbst siedeln wir zusammen nach Wien über. Wir werden … zusammen arbeiten; sie ist auf die erstaunlichste Weise gerade für meine Denk- und Gedankenweise vorbereitet.“[40]

Daraus wurde aber nichts. Mehrere Heiratsanträge bleiben erfolglos. Denn Salomé spielt mit beiden Philosophen und will sich nicht entscheiden. Sie braucht beide, den ruhigen, zuverlässigen Reé und den geistig brillanten Feuerkopf Nietzsche. Schlussendlich gehen sowohl Nietzsche als auch Reé an der Misere zugrunde: Ersterer fällt bekanntlich in den Abgrund des Wahnsinns, während Reé im Jahr 1901 in andere Tiefen stürzt, indem er auf einer Bergtour tödlich verunglückt. Und Nietzsche schreibt den „Zarathustra“, ohne den er sich – wie er meint – wegen dieser ganzen Geschichte umgebracht hätte.

Besagtes Urlaubsfoto wurde auf Betreiben Nietzsches in Luzern geschossen. Es zeigt beide Philosophen als Zugpferde an die Deichsel von Lous Kutsche gespannt. Sie sitzt auf dem Kutschbock mit der Peitsche in der Hand. Vielleicht dachte Nietzsche dabei an die platonische Metapher vom Menschen als Wagenlenker, der, anders als bei Platons schwarzem und weißem Ross, seine Lüste in Form zweier einander ergänzender Philosophen im Zaum hält. Salomé wird Nietzsche rückblickend als „Sadomasochisten an sich selber“[41] bezeichnen, was Nietzsche sicher nicht sehr verärgert hätte. Denn zu einem gelungenen Leben gehörten für ihn sowohl Lust als auch Schmerz.

Es gibt zum Thema Sex bei Nietzsche eigentlich kaum Stellungnahmen. Wenn er alternativ von Göttern spricht, ist mehr von Dionysios und Apoll die Rede, nur vereinzelt aber von Eros. Zwar hat Nietzsche sich, wie der von ihm bewunderte Schopenhauer, auch abfällig über Frauen geäußert: Frauen würden Männern Feigheit und die ihnen Dummheit vorwerfen, weswegen Frauen also dumm seien. Ein bisschen Neid schimmert bei Nietzsche insgeheim durch, da der Mann jemand sei, der sich mühsam mit anderen Dingen brüsten müsse. Im Grund seines Herzens war Nietzsche doch ein Verehrer der holden Weiblichkeit, und zwar so sehr, dass er Sex als Beschädigung des Weiblichen ansieht. Am besten gefällt ihm die Frau in ihrer Rolle als Jungfrau oder zumindest als Mutter. Daher erscheint es ihm auch schlüssig, die Erlösung der Frau durch das Anhängen eines Kindes zu propagieren, da damit wahrscheinlich auch der Mann von sexuellen Zugriffen seitens der Frau befreit sei. Nietzsche selbst hat wenige Erfahrungen mit Frauen gesammelt und wenn, dann nur mit Prostituierten (inklusive einer Syphilisinfektion). Deshalb waren ihm die „übelriechendsten Heimlichkeiten“[42] der Frau genauso unangenehm wie einschlägige erotische Literatur. Lust war für ihn etwas spezifisch Weibliches, denn Frauen seien nun einmal sinnlicher als Männer. Er schätzte die männliche Unlust als Reiz des Lebens mehr. Die war ihm etwas wie ein Ansporn seines Willens, Lust dagegen etwas Degeneriertes, was er mit der Metapher des Machtverbrauchs belegte.

Doch die Frauen mochten ihn trotz seiner Zuordnung von Weib, Schein und Schönheit, vor allem auffallend viele Frauenrechtlerinnern, denen wohl gefiel, wie sehr er sich emotional für entrechtete Wesen einsetzte: Kurz vor seiner geistigen Umnachtung fiel er beim Anblick eines geschundenen Kutschenpferdes diesem um den Hals. Danach stand Nietzsche unter der Betreuung seiner Schwester, die seine Schriften mit Hilfe einiger Kunstgriffe populär zu machen verstand: So entsteht der Mythos des „Übermenschen“ – als Prinzip des „Moralschweins“ gerne zitiert, aber eigentlich eher dem Prototyp eines meditierenden Yogi entsprechend, jemand, der sich souverän seine ganz individuellen Werte selber schafft. Nur solche Menschen sollten Kinder bekommen dürfen, selbst wenn Schopenhauer dagegen wäre. Andere wenige Textbelege zum Thema Sexualität erinnern inhaltlich und stilistisch zwar an Schopenhauer, sind aber weniger leidensbetont, wenn auch nicht wirklich optimistisch. Schopenhauers Willensverneinung wird bei Nietzsche Willensbejahung, Selbstentfaltung und -erhaltung. Alles was letztere fördert, wird als schön empfunden, also alles, was später Selbstverwirklichung oder Selbstgenuss heißen wird. Zwar sagt Nietzsche das nicht explizit, doch gilt das theoretisch auch für Auslöser wie verbotenen Sex – und das nicht nur, weil er gängige Moralvorstellungen in dieser Hinsicht verwirft – „Das Christentum gab dem Eros Gift zu trinken: – er starb zwar nicht daran, aber entartete zum Laster“[43], sondern auch, weil er eine Umwertung aller Werte propagiert, nach der es einen bestimmten Bereich sog. „Verbotenen Wissens“ gibt. Das ist der Überschneidungsbereich von logischem, moralischem Denken und unlogischem, unmoralischem Denken. In bestimmten Formen von Schönheitsempfinden ist keine Wertung von gut oder böse mehr möglich, sondern nur die Reflexion der ästhetischen Wahrnehmung selber. Nietzsche spielt in seinem Beispiel eher auf Musik und dionysische Rauschzustände an, aber auch auf die allen Verstand vernebelnde Liebe. Denn „… mitunter genügt schon eine stärkere Brille, um den Verliebten zu heilen.“[44] Die willensstarke Kultivierung der ästhetischen Genüsse zeichnet den wirklichen Übermenschen aus, der trotz aller Grundannahmen gerne, weil bewusst, lebt, und somit bekommt das Dasein seine Daseinsberechtigung als ästhetisches Phänomen, einem *Sparring* zwischen apollinischer Klarheit und dem mit höherer Kampfstärke ausgezeichneten dionysischen Rausch.

Eine letzte Anekdote zu Nietzsche: Der oft von Kopfschmerzen geplagte Philosoph musste sich von Richard Wagner den Vorwurf gefallen lassen, die Krankheit sei Folge zügelloser Masturbation – eine tödliche Beleidigung für ihn.

Vom Sublimieren und Putzen: Freud, Weininger und Simmel

„Vermutlich hing die Gründung der Familie damit zusammen, daß das Bedürfnis genitaler Befriedigung nicht mehr wie ein Gast auftrat, der plötzlich bei einem erscheint und nach seiner Abreise lange nichts mehr von sich hören läßt, sondern sich als Dauermieter beim einzelnen niederließ. Damit bekam das Männchen ein Motiv, das Weibchen oder allgemeiner: die Sexualobjekte bei sich zu behalten; die Weibchen, die sich von ihren hilflosen Jungen nicht trennen wollten, mußten auch in deren Interesse beim stärkeren Männchen bleiben.“[45]

Salomés Weg führt direkt weiter zu Sigmund Freud: Salomé wurde Psychoanalytikerin und Schülerin beim Erfinder dieses Faches (allerdings ohne jemals ihr Peitschenfoto mit Nietzsche tiefenpsychologisch zu kommentieren). Bei **Sigmund Freud** (1856–1939) trifft sie auf einen ausgesprochen schöngeistigen und kulturell-philosophisch interessierten Mediziner, der eine Art Gesprächstherapie entwickelt hatte, die auf die Hauptleiden seiner Patienten zugeschnitten war, nämlich: weibliche Hysterie und männliche Neurasthenie. Während Männer nur ungern zugeben, unter etwas zu leiden, was entfernt mit heutiger Antriebsschwäche verwandt ist, zelebrieren Frauen schon eher öffentlich die Erschöpfung und fallen reihenweise in Ohnmacht. Das wird bis Freud gerne mit Hypnose oder obskuren Techniken behandelt. Genannt sei der Rohrschachtest, symmetrische Tintenkleckse, die bis heute der psychoanalytischen Detektivarbeit dienen, eigentlich dazu gedacht, Geister dingfest zu machen. Die psychosomatische Überforderung beider Geschlechter ist mentalitätsgeschichtlich einfach zu begründen. Zur Jahrhundertwende werden traditionelle Wahrheiten, Normen, Werte und Sozialstrukturen zusehends rar und instabil. Alles wird individueller, technisierter und schneller, und nun entstehen Krankheitsformen wie die Nervosität als neue Volkskrankheit. Freud behauptet nun, dass das alles aber in Wirklichkeit nur an verdrängter Sexualität läge. Ohne diese These vom verdrängten Unterbewussten kommt bis heute kaum eine Illustrierte, kaum eine Leidensgeschichte oder ein Beziehungsgespräch mehr aus.

Auch die Philosophie der Folgezeit baut fast durchweg auf den Freudschen Paradigmen auf. Die strukturieren sich folgendermaßen: Wie beim vielzitierten Schopenhauer ist alles menschliche Trachten ausgelegt auf die Erfüllung des Geschlechtstriebes, der Libido. Doch wird die stetig unterbunden durch gesellschaftliche Konventionen. Zum Glück. Denn sonst wäre das gnadenloseste Wolfsrudel eine paradiesische Wunschvorstellung für uns, die wir dann wie der antike Sagenheld Ödipus nicht nur mit der eignen Mutter schlafen und den eigenen Vater töten wollten, oder vielleicht beides, oder vielleicht anders herum, sondern vielleicht auch die Rechnungen unserer Psychoanalytiker nicht begleichen würden. Allein verinnerlichte Normen, Freuds Über-Ich, verhindern das Ich und vor allem das schweinische lustprinzipielle Es, das triebhafte Unterbewusstsein mit philologischen Grundkenntnissen.

Zum Stichwort Ödipus: Zu Zeiten Freuds gehörte der griechische Mythos zur schulischen Grundausbildung der höheren Gesellschaft wie heutzutage „Terminator"-Filme zum Allgemeingut. Ödipus wird nach seiner Geburt aus Sicherheitsgründen ausgesetzt, denn laut Hinweis des ansässigen Orakels wird er den Vater töten. Nach seiner Kindheit bei Hirten geschieht das bei einem Streit im Straßenverkehr tatsächlich, auch wenn Ödipus erst nach langen Jahren und einer steilen Karriere als König erfährt, wen er da erschlagen und wessen Frau er dann geheiratet hat. Seine Mutter und Ehefrau hängt sich auf, er büßt und blendet sich. Das anhand dieser Geschichte entwickelte Konzept vom Ödipus-Komplex geht davon aus, dass Kinder sich in einer bestimmten Entwicklungsphase mehr als erlaubt zum gegengeschlechtlichen Elternteil hingezogen fühlen und dementsprechend das gleichgeschlechtliche Elternteil ablehnen. Erst durch die Verdrängung der eigentlichen Beweggründe durch eine Identifikation mit den Eltern kann diese Entwicklungsphase abgeschlossen werden.

Was das spätere Dilemma zwischen Über-Ich, Ich und Es angeht, bleibt – abermals wie bei Schopenhauer – nur die Alternative der sog. Sublimation durch Kunst. Freud fügt noch Witz und Traum hinzu, in denen chiffriert möglich ist, was im Wachzustand kriminell wäre. So sollte es eigentlich möglich sein, Gelüste an die Realität anzupassen. Misslingt dies jedoch, entstehen psychische Neurosen, die nur durch das Artikulieren und Dechiffrieren der Träume, somit das indirekte Ausleben der Phantasien auf der Couch des Analytikers, geheilt werden können. Vieles erinnert an bereits genannte Philosophien, an Nietzsche z. B. die Verbindung von Schönheitsempfinden und Sex sowie die Definition des Traumes als selbstvergessener und moralfreier Bereich ohne Vorsatz und Bewusstsein, an Schopenhauer die Bezeichnung als anspannungsreduzierendes Nirwanaprinzip (das Freud gerne mit Kokain unterstützt) und die Konnotation von kreativer Tätigkeit und Libido. Nicht nur, dass Freud eine psychoanalytische Behandlung Mahlers ablehnte, um nicht die Qualität von dessen nächster Symphonie zu mindern, er hat auch sein eigenes Sexualleben entsprechend reguliert:

> „Denn da der Mensch nicht über unbegrenzte Quantitäten psychischer Energie verfügt, muß er seine Aufgaben durch zweckmäßige Verteilung der Libido erledigen. Was er für kulturelle Zwecke verbraucht, entzieht er großenteils den Frauen und dem Sexualleben: das beständige Zusammensein mit Männern, seine Abhängigkeit von den Beziehungen zu ihnen entfremden ihn sogar seinen Aufgaben als Ehemann und Vater. So sieht sich die Frau durch die Ansprüche der Kultur in den Hintergrund gedrängt und tritt zu ihr in ein feindliches Verhältnis.“[46]

Trotz eines großen Erfolgs der Psychoanalyse konnten sich manche der freudianischen Thesen nicht halten. Heutzutage wird nicht jedes Symbol mehr als Penis oder Vagina interpretiert, so wie ein Blumentopf im Dekorationspapier (früher sah der Freud-Schüler Jung nicht in allem einen Penis, sondern im Penis ein Symbol für den archetypischen Mann – und wurde darum von der Psychoanalytischen Gesellschaft ausgeschlossen). Auch über den Penisneid von Frauen wird eher gewitzelt; schließlich gibt es den auch unter Männern. Doch sind die Thesen Freuds schwer zu widerlegen, solange nicht ausgeschlossen werden kann, dass Psychoanalytiker von der Arbeit und/oder von Sex träumen. Freud hielt seine Thesen aufgrund eigener Träume für hinreichend bewiesen; so träumte er von einem Rudel Männer im Wald, die im Wettbewerb ein offenes Feuer auspinkelten. Im Endeffekt ist er es sogar selbst, der nicht alle eigenen Thesen bis zur letzen Konsequenz durchdenken möchte oder kann:

> „Dabei benimmt sich die Kultur gegen die Sexualität wie ein Volksstamm oder eine Schicht der Bevölkerung, die eine andere ihrer Ausbeutung unterworfen hat. Die Angst vor dem Aufstand der Unterdrückten treibt zu strengen Vorsichtsmaßregeln … Die Objektwahl des geschlechtsreifen Individuums wird auf das gegenteilige Geschlecht eingeengt, die meisten außergenitalen Befriedigungen als Perversion untersagt … Die heutige Kultur gibt deutlich zu erkennen,

daß sie sexuelle Beziehungen nur auf Grund einer einmaligen, unauflösbaren Bindung eines Mannes an ein Weib gestatten will, daß sie die Sexualität als selbständige Lustquelle nicht mag und sie nur als bisher unersetzte Quelle für die Vermehrung der Menschen zu dulden gesinnt ist ... Doch darf man nicht nach der anderen Seite irregehen und annehmen, eine solche kulturelle Einstellung sei überhaupt harmlos, weil sie nicht alle ihre Absichten erreiche. Das Sexualleben des Kulturmenschen ist doch schwer geschädigt, es macht mitunter den Eindruck einer in Rückbildung befindlichen Funktion, wie unser Gebiß und unsere Kopfhaare als Organe zu sein scheinen. Man hat wahrscheinlich ein Recht, anzunehmen, daß seine Bedeutung als Quelle von Glücksempfindungen, also in der Erfüllung unseres Lebenszweckes, empfindlich nachgelassen hat. Manchmal glaubt man zu erkennen, es sei nicht allein der Druck der Kultur, sondern etwas am Wesen der Funktion selbst versage uns die volle Befriedigung und dränge uns auf andere Wege."[47]

Auch ist zu fragen, wie ausgeglichen Freud selbst hätte sein müssen, da er doch an der Quelle aller befriedigenden Psychoanalyse selbst saß. Leider ließ sich das nicht unter gesicherten Versuchsbedingungen überprüfen, weil er am Ende seines Lebens aufgrund der Schmerzbehandlung seiner vom Krebs durchfressenen Backen opiumsüchtig war.

Von Freud führt der Weg zu dem Wiener Philosophen **Otto Weininger** (1880–1903), einem autistischen Marquis de Sade des frühen 20. Jhdts., der Frauen mit philosophischer Anthropologie, nicht wie de Sades Protagonisten mit Gewaltorgien, zur Strecke bringt. Ein Beispiel:

„Im Koitus liegt die tiefste Heruntersetzung, in der Liebe die höchste Erhebung des Weibes. Daß das Weib den Koitus verlangt, und nicht die Liebe, bedeutet, daß es heruntergesetzt und nicht erhöht werden will. Die letzte Gegnerin der Frauen-Emanzipation ist die Frau."[48]

Weininger hatte noch andere intellektuelle Hobbys: neben dem Frauen- auch den Judenhass, obwohl selbst jüdischer Religionszugehörigkeit, später protestantisch. Als interdisziplinärer Denker verknüpfte er Misogynie mit Antisemitismus: Der jüdische Mann sei von derselben anthropologischen Wertlosigkeit wie die Frau, nämlich lüstern, aber wenig potent. Wenn nicht mit solchen Thesen beschäftigt, gab Weininger sich den Musen hin. Er verehrte Komponisten wie Richard Wagner, für ihn der größte Mensch seit Christus, oder Beethoven und schrieb über letzteren: „Der Musiker kann wenn er wahrhaft groß ist ... die ganze innere und äußere Welt durchmessen wie der Dichter oder Philosoph; solch ein Genie war Beethoven“[49]. Weininger sah auch sich selbst als Genie an, was ihn dazu bewog, im Alter von 23 Jahren in Beethovens Sterbehaus Selbstmord zu begehen.

Weiningers Geniebegriff ist natürlich absolut männlich besetzt. Die Frau werde im Gegensatz zum Mann einzig und allein von ihrem Geschlechtstrieb beherrscht: „... der Mann hat den Penis, aber die Vagina hat die Frau“[50], was logisch-diskursives Denken und damit Genialität der Frau ganz ausschließe (selbst wenn das eher nach einer feministischen Beschreibung des Mannes klingt). Auch fehle der Frau Zeit für Kreativität und Denken, nicht etwa wegen der Kinderbetreuung, sondern weil der Sextrieb permanent nach Befriedigung rufe. Schließlich sei das weibliche Geschlecht die Sexualität schlechthin. Am Frauenkörper sei das zu erkennen: jeder Quadratzentimeter eine erogene Zone. Die Sexualität des Mannes sei dagegen von Mutter Natur als kontrollierte Eruption einer gewissen Stelle gestaltet, von zeitweiligen Kampfpausen unterbrochen. Selbst die – in Weiningers Augen natürlich dilettantische – Beschäftigung der Frau mit geistigen Dingen gilt als getarnte Sexsucht, die lediglich dazu dient, einen Mann abzubekommen.

Die Frau wird nach Weininger beim Sex zum Objekt reduziert, also seien derartige Tätigkeiten unmoralisch. Da dies Objekt aber zugleich durch Sex seine Existenz erlange – im ontologischen, weniger im horizontalen Sinne, ist es leicht, eine weibliche Existenzgründung durch die Forderung nach männlicher Keuschheit zu verhindern. „Die Frauen haben keine Existenz und keine Essenz, sie sind nicht, sie sind nichts“[51]. Dennoch machen ihm diese existenzlosen Wesen Angst. Denn die Frau kann, zumindest theoretisch, immer Sex haben, der Mann nicht; das scheint bedrohlich, zumal vor der Erfindung von Viagra. Trotzdem billigt Weininger der Frau eine „transzendentale Funktion“[52] zu, allerdings keine wirklich philosophische. Er begründet diese Funktion damit, dass die Frau den Sexualakt als positiv an sich bewertet, und zwar überindividuell, vergleichbar mit transzendentalem Gruppensex.

Weininger teilt weibliche Wesen in die Archetypen Hure und Mutter ein. Für beide sei der Sexualtrieb maßgeblich. Insbesondere die Mutter will er mit seinen Forschungsarbeiten vom Heiligensockel stürzen. Sie sei ebenso wahllos triebgesteuert wie die Prostituierte, es gehe ihr nur darum, irgendeinem Mann ein Kind anzuhängen. Sobald das Kind dann geboren sei, löse es den erwachsenen Mann ab, da in der Beziehung zum Kind ebenfalls ein „tiefes, sexuelles Verschmolzenheitselement"[53] stecke. Darüber hinaus missbilligt Weininger auch die weiblichen Intimzonen: Es „... lässt sich behaupten, daß kein Mann speziell das weibliche Genitale schön, vielmehr ein jeder es hässlich findet"[54], nur gemeine Kreaturen werden davon zu sinnlicher Begierde gereizt. Sex und die dabei gebrauchten Körperteile machen die Frau also hässlich. Allein platonische Liebe sei schön, denn in der Ästhetik würde Schönheit erst von Liebe geschaffen.

Die Darstellung des Frauenkörpers als Ground Zero ist kein Novum nach der Grundlagenarbeit der Kirchenväter und des Marquis de Sade. Neu ist bei Weininger, dass er eine Theorie der Bisexualität entwirft und den zweigeschlechtlichen Charakter des Menschen propagiert. Aus diesem entwickle sich dann die homosexuelle Anziehungskraft. Daher fordert Weininger Straffreiheit für Homosexualität, die keine Degenerationserscheinung sei, wie viele seiner Zeitgenossen behaupteten. Weiningers philosophische Zielsetzung deutet die biologische Andersartigkeit der Frau in eine Minderwertigkeit um, mit allen wissenschaftlichen Mitteln. Nicht umsonst hatte er neben Philosophie auch Psychologie und Medizin studiert. Der Eros wird als medizinisches Präparat ins Naturkundemuseum verbannt und ein Hohelied, wie es französische Dichter in Renaissance und Barock auf den Frauenkörper und dessen delikate Stellen gesungen hatten, ist fortan undenkbar.

Der frischgebackene Dr. phil. Weininger ging auf Verlagssuche auch bei Sigmund Freud Klinken putzen und wurde abgewiesen. Er ergänzte seine Doktorarbeit um weitere antisemitische und antifeministische Thesen, was schließlich zu einem Wälzer von über 600 Seiten führte, der zwar nicht zum Bestseller, aber dennoch vielbeachtet und durchaus positiv rezipiert wurde. Selbst der Philosoph Wittgenstein verteidigte ihn und August Strindberg sah in ihm einen „tapferen männlichen Kämpfer und Denker". Kurt Tucholsky sah in Weininger sowohl psychopatische als auch genialische Züge:

> „Alles ist gehalten durch ein fast übermenschliches Wissen. (Allein der Literaturnachweis zu ‚Geschlecht und Charakter' ist ein Wunder.)... Sie haben Otto Weininger fotografiert, als er tot war ... In

dem Gesichte des Toten war kein Zug von Güte, kein Schimmer von Heiligkeit und Liebe zu sehen. Auch Schmerz nicht, nur ein Ausdruck, der dem Gesichte des Lebenden vollkommen gefehlt hatte: etwas Furchtbares, etwas Entsetzenerregendes, das, was ihm die Todeswaffe in die Hand gedrückt hatte: der Gedanke an das Böse."[55]

Weitere Bewertungen der Frau nimmt der Soziologe und Philosoph **Georg Simmel** (1859–1918) vor, heute vor allem bekannt für seine „Philosophie des Geldes". Simmel zählt zu den Neukantianern, war aber im Gegensatz zu Kant verheiratet und mit zwei Kindern gesegnet (eines davon der Zusammenarbeit mit seiner langjährigen Geliebten und wissenschaftlichen Mitarbeiterin Gertrude Kantorowicz entstammend). Dergestalt kompetent, definiert er die sexuelle Identität der Frau ausschließlich durch ihr (Da-)Sein. Dafür brauche sie keinen Mann, nein, sie ruhe ganz in sich selbst, da sie „... in der tiefsten Identität von Sein und Weibsein lebt, in der Absolutheit des in sich bestimmten Geschlechtlichen"[56]. Das sei sowohl Segen als auch Fluch. Einerseits könne die Frau als psychologisch einheitliche Natur innigere sexuelle Beziehungen eingehen als der Mann, andererseits auch gefährlich-obsessive Beziehungen: „Wie aber die Sexualität die Frau tiefer in Schuld und Korruption ziehen kann, so wird die gleiche innere Einheit diesen Zug ihres Wesens zu einer Beseeltheit und Innigkeit führen können, die dem Manne versagt bleibt."[57]

Der Mann hingegen sei ohne die Frau hilflos und verloren, was sich nicht allein auf Hausarbeit und Bügeln bezieht. Denn er finde seine sexuelle Identität nur in entsprechender Betätigung, für diese benötige er nun mal eine Frau. Alternativen erwägt Simmel nicht. Während die Frau also „sexueller" sei, verfüge der Mann über größere Sinnlichkeit, über „die ins Bewusstsein erst aufsteigende, zu Einzelerregungen sich erst kondensierende Sexualität"[58]. Konträr zu der durch ihr biologisches Geschlecht definierten Frau, sei der Mann ganz rational vom Werden, Wissen und Wollen geprägt, nicht vom Sein. Sein Kulturzweck liege demnach in seiner Gestaltungskraft und Potenz – vor allem soziologisch und gesellschaftlich; der der Frau hingegen in ihrer Schönheit.

Das versteht Simmel einerseits im Sinne eines Schönheitsideals, dem sich der Frauenkörper durch seine ideale Linienform und den „... Mangel des kleinlichen und den Fluss der Linien durchbrechenden Sexualorgans"[59] annähere. Anderseits geht es ihm nicht nur um physische Schönheit, denn auch eine alte, bucklige Frau könne schön sein, solange sie sich für Mann oder Familie aufopfere. Und damit ist die Idealbeschäftigung der Frau gefunden, die Hausarbeit – oder wie Simmel es als Philosoph nennt: ein „... mittleres Gebilde zwischen der Produktion aus dem Urschöpferischen Ich heraus und der blossen Wiederholung vorgezeichneter Betätigungsformen“[60]. Anerkennenswerterweise traut Simmel den Frauen derartige Tätigkeiten zu, wo doch im Haushalt in einer für ihn „einzigartigen Geschlossenheit alle Linien des kulturellen Kosmos“[61] zusammengeführt werden. Von der Hausarbeit zur Kunst sei es demnach nur ein Schritt, den die Frau als ganzheitliches, schönheitsbewusstes Wesen leicht vollziehen könne. Sie habe nämlich ein ganz anderes Körper- und Raumgefühl als der Mann – in einer Zeit ohne geräumige Frau-mit-Kind-Parkplätze eine durchaus als Kompliment an die weibliche Muse zu verstehende Feststellung. Auch seine Empfehlung an die Frau, ihre Begabungen bei ausreichendem Zeitbudget am besten im Haushalt ihres Mannes auszuleben, bei Hausmusik, Schauspielerei und selbstverfasster Lyrik, versteht Simmel nicht als grundsätzlich misogyn. Vielmehr war er einer der wenigen Universitätsdozenten, die zu Beginn des 20. Jhdts. Frauen als Gasthörer zuließen, trotz ästhetischem Unbehagen: „Die Zweiheit der Erscheinungsformen und die bunten Kleider stören mich.“[62] Simmels eigene Frau Gertrud reagiert auf die Thesen ihres Mannes verhalten. In einem Brief an Marianne Weber, die Frau von Max Weber, schreibt sie: „Ich weiss nicht, ob man sich's eigentlich erlauben darf, – aber ich habe eine grosse Ungeduld über alles, was Männer von uns sagen – auch Georg. So schön es ist.“[63] Sie verfasste unter dem Pseudonym Julia von Enckendorff drei eigene sexualtheoretische Bücher. Angeblich liebte Simmel seine Frau so sehr, dass er seinem unehelichen Kind nie Aug' in Auge gegenübertrat.

5 Moderne, Postmoderne und Post-Moderne

In der Moderne werden die Theorien nun philosophischer als erträglich, abgesehen von einigen wenigen.

Von der Alten Schule nach Schulschluss: Jaspers, Buber, Lévinas, Sartre und de Beauvoir

„In unserer Liebe sind wir, was wir eigentlich sind. Alles, was in uns Gewicht hat, ist im Ursprung Liebe. Aber wissen wir, was Liebe sei?“[1]

Nachdem der Psychologe Freud die Philosophie so erfolgreich mit seinen Unterbewusstseins-Thesen befruchtet hatte, entstand eine Tradition, in der in der Folgezeit viele Mischformen zwischen Psychologie und Philosophie beide Disziplinen bereicherten, so z. B. **Karl Jaspers** (1883–1969). Der Psychiater widmete sich in erster Linie dem Sinn des menschlichen Lebens, seinen Chiffren und Grenzerfahrungen, in denen sich der Sinn dieser Chiffren erschließt. Er schrieb einen dreibändigen „Grundriss der Philosophie“, versuchte mit Hilfe einer „Psychologie der Weltanschauungen“ die philosophischen Grundannahmen der Psychologie zu ergründen und ist der vielleicht einzige Philosoph, der davon spricht seine Frau zu lieben und das auch in seinen Handlungen vorführt. Als ihm während der NS-Zeit nahegelegt wurde, sich von seiner halbjüdischen Gattin zu trennen, verweigerte er trotz der drohenden Sanktion eines Lehrverbots die Scheidung, rettete ihr so wahrscheinlich das Leben und zeigt mehr Rückgrat als manch anderer Kollege, allen voran der später weit mehr renommierte Heidegger (zu dessen Ex-Freundin Hannah Arendt Jaspers noch lange Kontakt hatte, zu Heidegger dann kaum noch).

Von daher sind die Äußerungen des idealistischen, ab und an auch auf Gehalt verzichtenden Jaspers zur Liebe sicherlich aufrichtigen Herzens geschrieben und lassen sich auf die Grundthesen der Offenheit für das Unfassbare, das – wie er es nennt – Umgreifende überprüfen. Denn

Jaspers sieht den Menschen stets nach Sinn suchen, den er aber nie ganz wird greifen können. So verbleibt der Mensch inmitten einer technisierten Welt voll brutaler Durchsetzungsgewillter, weil er eigentlich ein wenig ein Tier ist: „Ein Grundphänomen des Menschen ist, daß ihm nicht wie dem Tiere eine hemmungslose triebhafte Erledigung der Sexualität in begrenzten Brunstzeiten gegeben ist, sondern daß er seine kontinuierlich bestehende sexuelle Erregbarkeit Ordnungen, Hemmungen, Vergewaltigungen unterworfen sieht.“[2] Die Forderungen von Gesellschaft und eigenem Triebleben sind unvereinbar, wo diese Unvereinbarkeit verdrängt wird, taucht das Thema anderweitig wieder auf. Wenn der Mensch aber Sex hat, und

> „… seine Geschlechtlichkeit sich rein verwirklicht, hat der Mensch die Ganzheit seines Leib-Seele-Seins bezwingend gegenwärtig. Die Einheit von Leib und Seele, sonst zumeist ein Problem seines Nachdenkens, ist hier ein ihn ergreifendes, aber auch von ihm jeweils ergriffenes Schicksal, bedeutungsvoller und entscheidender noch als selbst eine ihn verwandelnde körperliche Krankheit. Von der vitalen Sexualität über die kultivierte Erotik bis zur Liebe geht über Sprünge der Sinnverschiedenheit hinweg ein einziger Zusammenhang.“[3]

Um diesen Sinnzusammenhang abzustecken, widmet Jaspers der geschlechtlichen Liebe ein eigenes Kapitel seiner „Kleinen Schule des philosophischen Denkens“: Zwar ist der Mensch nur eine Art der Tiere, aber trotzdem nicht rein biologisch. Er hat, im Gegensatz zu jenen, Scham und das Bewusstsein von Würde. Dummerweise kollidieren diese beiden Eigenschaften, sobald es zur Sache geht, als

> „… ob in der Sexualität etwas läge, was ihm diese Würde nähme: daher seine Befangenheit. Die ‚unbefangene Natürlichkeit‘ verbirgt er. Der Mensch braucht gesellschaftliche Ordnungen, um sich im Dasein behaupten zu können, daher auch eine Ordnung des Sexuellen. Nie hat es einen Zustand beliebiger Promiskuität gegeben (außer in manchmal als heilig vollzogenen Orgien). Wird der Mensch sich seines Menschseins voll bewußt, dann verletzt er den Menschen im Partner, wenn er, ob als Mann oder als Frau, ihn nur als Mittel seiner Geschlechtlichkeit benutzt.“[4]

Also gibt es sinnvolle Gesellschaftsordnungen und drei sinnige Schubladen für Sexualität, Ehe und Erotik. Letztere ist der

> „... unendliche Reichtum der geistigen Formung. Der Sexualakt wird kunstvoll. Er selber und was zu ihm führt, wird Schönheit. Das indische Kamasutra lehrt die Gestalten geschlechtlichen Genusses, Ovids Ars amandi das reizvolle Spiel. Ehe ist die Ordnung der sexuellen und erotischen Realitäten zur Schaffung einer Familie, in die Kinder hineingeboren werden und zu sich erwachen, erzogen durch diese Welt. Die Ehe will Dauer. Sie ist ein Moment der Gesellschaft ... Erotische Leidenschaft und metaphysische Liebe, beide entzünden sich in der Jugend, beide sind zu jedem Opfer bereit, einem Einzigen hingegeben. Aber in der Leidenschaft liegt das phantastische Ewigkeitsbewußtsein des Rausches, in der Liebe der Wille zur Dauer in der Zeit. Die Leidenschaft ist gebunden an das Erlebnis, kommt und geht. Die Liebe hat den tieferen Sinn des ‚für immer' und ‚von jeher'. Sie kommt einmal im Leben und nie wieder. Die Leidenschaft ist an entscheidender Stelle blind, die Liebe hellsichtig im Ganzen."[5]

Aufgrund dieser Unterteilung entstehen klassische und stets wiederkehrende Fragen:

> „Kann die Gewißheit metaphysischer Liebe ein Irrtum der Leidenschaft sein? Kann ein treuloser Partner den Liebesursprung zerstören, den der gläubig Liebende nun an ihn vergeudet hat? Kann trotzdem nach Erfahrungen erotischen Scheiterns nun erst die Begegnung der aus dem Ursprung her zueinander gehörenden Liebenden stattfinden, die sich erkennen und rückblickend ihre Irrungen durchschauen, sie übernehmen und aufheben?"[6]

Doch der Philosoph wie der Psychiater schließt mit den Worten: „Es sind unheimliche Fragen, die im allgemeinen Reden wie in konkreten Verhängnissen gleicherweise unbeantwortet bleiben."[7] Was bleibt, ist nur die weiterhin stets suchende Auseinandersetzung mit dem anderen Menschen, gerne auch mit Hilfe der Philosophie. Denn auch die sei liebender Kampf und niemand könne allein selig werden.

Übrigens entschuldigte sich Heidegger später verschämt. Ihm hat die nachkriegsdeutsche Öffentlichkeit die Zusammenarbeit mit den Nazis verziehen, Jaspers seine Auswanderung nach Genf hingegen nicht.

Es gibt, wie vorher schon, auch jetzt nur wenige Philosophen mit einer positiven Grundeinstellung zum Thema. Die bisherigen Ausführungen von Postmoderne und radikalem Konstruktivismus haben die Würde des Menschen verschwinden lassen wie „am Meeresufer ein Gesicht aus Sand“[8] oder – etwas weniger lyrisch ausgedrückt – den menschlichen Körper zur bloßen Masturbationsvorlage verkommen lassen. Die jüdischen Religionsphilosophen wie **Martin Buber** (1878–1965) geben diese Würde wieder zurück. Denn der Mensch wird durch das Du zum Ich, „... wenn ein Mann mit seinem Weibe innig beisammen ist, sind sie von der Sehnsucht der ewigen Hügel umweht“[9]. Über allem steht Gott als das absolute Du; Sex erscheint hier als mystische und zugleich natürliche Erfahrung. Damit wäre dann auch fast schon alles gesagt, bis auf den phänomenologischen Denker Emmanuel Lévinas.

Dem Philosophen und Talmud-Gelehrten **Emmanuel Lévinas** (1906–1995) gilt die Ethik als wichtigste philosophische Disziplin, in der er die radikale Zuwendung zum Nächsten fordert, was als utopischer Gegenentwurf zur Barbarei des Nationalsozialismus zu verstehen ist. Die Ethik drückt sich im Antlitz des anderen aus, als Aufforderung und Befehl, ihm aus seiner Hilflosigkeit herauszuhelfen, was wiederum ein Tor zu Göttlichkeit und Erhabenheit öffnet: „... über alle Dinge ergießt sich vom menschlichen Antlitz und von der menschlichen Haut her die Zärtlichkeit ... Die Poesie der Welt ist untrennbar verbunden mit der Nähe par excellence oder mit der Nähe des Anderen par excellence.“[10] Diese ethische Bindung ist eine Art zärtliches Streicheln, nur ganz synästhetisch mit dem Auge und das wiederum als „bildloses „Sehen““[11], eine Art platonische Liebesbeziehung bei Stromausfall.

Sex wird bei Lévinas als die ursprünglichste uns zur Verfügung stehende Beziehung empfunden, „... die vollzogen ist, bevor sie reflektiert wird.“[12] Sex und Ethik eint die transzendente Dimension. Denn beide suchen den Anschluss ans Jenseits, nur dass die Ethik das Tor einer „unerotischen Öffnung“[13] durchschreitet. Wenn beim Sex auch noch Liebe im Spiel ist, wird sie zur vollkommenen Erfüllung: „Ich liebe nur dann wirklich, wenn der Andere mich liebt, dies aber nicht, weil ich die Anerkennung des Anderen brauche, sondern weil meine Wollust sich an seiner Wollust erfreut.“[14] Das Liebkosen der Frau wird dann „... eine Seinsweise des Subjekts, in der das Subjekt in der Berührung mit einem anderen über diese Berührung hinausgeht. Soweit die Berührung Empfindung ist, hat sie Teil an der Welt des Lichtes"[15]. Das Weibliche ist für Lévinas all das, wonach der Mann strebe. Die erotische Beziehung zur Frau sei keine Versuchung mehr, sondern ein zu bejahendes Streben und erst durch das Weibliche werde der Mann rein philosophisch zum Subjekt.

Auch das Subjekt und Seinsdenken werden in der erotischen Liebe durchgerüttelt und zwar ganz metaphorisch, denn „... in der Wollust ist der andere ich und [zugleich] getrennt von mir"[16]. Damit falle aber auch eine Belastung vom Ich des Menschen ab, nämlich die, sich mit seinem eigenen Ich zu befassen.[17] Sex drückt also die Reset-Taste des menschlichen Bewusstseins. Ganz nebenbei überwinde er auch noch die Endlichkeit der Zeit: „Eros geht auf eine Zukunft zu, die noch nicht ist und die ich nicht nur ergreifen, sondern die ich sein werde."[18] Das funktioniert für Lévinas aber nur ohne Empfängnisverhütung, denn er meint primär die Fruchtbarkeit des Eros' zur Zeugung von Nachkommen und weniger Sex als meditative Tätigkeit. Als Philosoph mit zwei Kindern haben Emmanuel Lévinas die unter Babygeschrei durchwachten Nächte anscheinend trotzdem genug Zeit gegeben, darüber zu sinnieren, dass die „... Vaterschaft das Verhältnis zu einem Fremden [ist], der, obwohl er der andere ist, Ich ist; das Verhältnis des Ich zu einem Ich-Selbst, das mir dennoch fremd ist"[19]. Sexualität und Vaterschaft führen „eine Dualität in die Existenz"[20] ein und simulieren demnach multiple Persönlichkeitsstörungen.

Unter den Vertretern der Alten Schule des 20. Jhdts. deutet sich dann ein Paradigmenwechsel aus Frankreich an: Als Philosoph dieses Landes fühlt sich **Jean-Paul Sartre** (1905–1980) zu dreierlei verpflichtet: 1. im Anschluss an Descartes über das Verhältnis von Bewusstsein und Welt nachzudenken; 2. möglichst viele Affären zu haben und 3. die ersten beiden Dinge miteinander zu verbinden: Das Bewusstsein, so hat es ihn Edmund Husserl gelehrt, ist dadurch charakterisiert, immer Bewusstsein von etwas zu sein. Von diesem Etwas – wie Sartre auch sagt, einem Sein – ist das Bewusstsein ganz durchdrungen. Sartre vergleicht das Bewusstsein daher mit einer Glaskugel, die immer die Färbung des Gegenstandes annimmt, vor den sie gerade gerollt ist. Nur hat diese Kugel eine besondere Fähigkeit: Sie kann darüber bestimmen, vor welchen Gegenstand sie rollt und welche Farbe sie also annimmt und ist daher zur Freiheit verdammt. Nun rollt das Bewusstsein nicht nur vor Sachertorten oder Philosophiebüchern. Es ist immer auch mit dem menschlichen Körper konfrontiert, der sich mit seinen Empfindungen wie Schmerz und Lust aufdrängt. Anders als das völlig transparente und daher unsichtbare Bewusstsein, hat dieser Körper eine unangenehme Eigenschaft: Er ist für andere sichtbar. Ein anderes Bewusstsein kann sich auf ihn richten und ihn zu seinem Gegenstand machen, auch – und vor allem – bei intimen Kontakten.

Das Bewusstsein hat nun dem eigenen Körper gegenüber eine Wahl: Es kann sich von ihm distanzieren und ihn als rein materiellen Gegenstand betrachten, eine Fleischmasse, die den Absichten des Bewusstseins eventuell sogar hinderlich ist; oder es kann sich mit dem Körper und dessen Empfindungen identifizieren. Das Bewusstsein ist dann der Körper. Dies äußert sich nach Sartre auch in körperlichen Symptomen, ist an erblühendem Fleisch sichtbar. Die Freiheit des Bewussteins äußert sich darin, dass es dazu in der Lage ist, diese Identifikation auch unter größtem körperlichem Druck zurückzuhalten – in der Folter wie beim Sex.

In dem Augenblick, in dem das Bewusstsein sich nicht mehr zurückhält, wird es ebenso wie der Körper zum Gegenstand für den Blick des anderen. Sartre glaubt daher, bei gelungenem Sex nicht nur den Körper, sondern auch das Bewusstsein des anderen direkt berühren zu können. In sadistischen Beziehungen bleibt allerdings der eine Partner beobachtend-distanziertes Bewusstsein und genießt es, den anderen zum Gegenstand zu haben und als Gegenstand zu erniedrigen. Derartige Beziehungen malt Sartre vor allem in seinen Erzählungen bis zum Überdruss aus. Eher am Rande bleibt bei ihm das Ideal, dass beide Partner ihre Distanz aufgeben und sich daher im Sex nicht gegenseitig zu vergegenständlichen versuchen, sondern in ihrer wechselseitigen Freiheit bestätigen.

Eine derartige Beziehung führt Sartre – zumindest dem Anspruch nach – mit Simone de Beauvoir. Was prinzipiell bedeutet: Beide sind füreinander nicht in erster Linie Gegenstand sexuellen Begehrens, sondern frei akzeptiertes Bewusstsein. Sartre versteht diese Freiheit so, dass er sich etliche andere Frauen sexuell zum Gegenstand macht und de Beauvoir dann erzählerisch an seinen Erfahrungen teilhaben lässt. Diese anderen Frauengeschichten sind für das Philosophenpaar akzidentelle Beziehungen, das wechselseitige Verhältnis dagegen ist eine notwendige Beziehung (eine Anleihe bei Leibniz, der sich über diese Verwendungsweise seiner Distinktion sicher gewundert hätte). Sprich: De Beauvoir ist für Sartre gleichsam integraler Bestandteil der eigenen Glaskugel. De Beauvoir hütet sich ihrerseits davor, Sartres Vergnügungen mit anderen Frauen zum Gegenstand des eigenen Blicks zu machen, indem sie ein besonderes Klingelzeichen ertönen lässt, bevor sie seine Wohnung betritt. Eine andere Anekdote: Als Camus Sartre beobachtet, wie er vor einer hübschen jungen Frau brilliert, stellt Camus die Frage: „Warum geben Sie sich soviel Mühe?“ Sartre antwortet: „Haben Sie sich schon mal meine Visage angesehen?“[21]

Nicht zuletzt an Sartre selbst kann **Simone de Beauvoir** (1908–1986) die Beobachtung machen, dass Männer immer im Mittelpunkt und in der Öffentlichkeit stehen, während von Frauen diskrete häusliche Zurückhaltung erwartet wird. Diese Erfahrung verarbeitet sie in ihrem Buch „Das andere Geschlecht“, in dem sie darlegt, dass die Ungleichheit zwischen Mann und Frau nicht naturgegeben ist, sondern von der Gesellschaft gemacht wird, um einigen (eben den Männern) genau die Freiheit zu geben, die den Frauen vorenthalten bleibt.

Von französischer Krankheit und französischer Post: Foucault und Lyotard

„Man macht sich selbst mit Lust und Schmerz Geständnisse, die vor niemand anders möglich wären, und daraus macht man dann Bücher.“[22]

Von einem Franzosen zum nächsten: **Michel Paul Foucault** (1926–1984) zitiert indirekt Heideggers Naturverbundenheit, indem er die Sommerferien stets im Landhaus seiner Mutter in Frankreich verbringt und dort den Garten kultiviert. Neben dieser gutbürgerlichen Tätigkeit kultiviert er auch weniger Gutbürgerliches, woanders. Seiner Affinität zum American way of life, zu Club-Sandwiches, Cola und der Schwulenszene frönte er in Kalifornien. Seit 1975 kehrte er in unregelmäßigen Abständen immer wieder dorthin zurück und lernte dort S/M-Praktiken kennen und schätzen. Denn er „... glaube nicht, dass die sexuelle Praktik etwas zu tun hat mit der Entschlüsselung oder Aufdeckung von S/M-Tendenzen in der Tiefe unseres Unbewussten. Ich glaube vielmehr, S/M ist wesentlich mehr als das; es ist die reale Schöpfung neuer Möglichkeiten des Genusses, von denen die Menschen zuvor keine Ahnung hatten."[23] Zum Teil gewährten sie ihm den Ausgleich zu seinen historischen Forschungen. Zeitgleich mit zunehmend ausgefallenen Sexualpraktiken beschäftigte er sich in den frühen 1980er Jahren mit den Kirchenvätern und Kynikern.

Das Ergebnis dieser wechselseitigen Befruchtung von Theorie und Praxis ist das Buch „Die Geständnisse des Fleisches". Darin untersucht Foucault, wie die Beichte im frühen Christentum zum Kontrollinstrument über die Sexualität des Menschen wird und dieser zum „Geständnistier" mutiert[24]. Foucault untersagte in seinem Testament eine Veröffentlichung. Als weiteren Gewinn seiner Zeit in Kalifornien sah Foucault den AIDS-Virus an, mit dem er sich dort infiziert hatte: „Was könnte schöner sein, als für die Liebe zu Knaben zu sterben?"[25] Hier zeigt sich ein weiterer Schwerpunkt der Foucaultschen Philosophie. Die Faszination des Todes war für ihn, von dem in jungen Jahren mehrere Selbstmordversuche nebst Einweisung in die Psychiatrie belegt sind, zwingend mit Lust verbunden. Die Lust zur Philosophie machte aus dem angehenden Psychiater einen Philosophen. Sein Vorbild war Diogenes. Der Philosoph muss mit Leben und Werk schockieren, so lautete auch Foucaults Credo, der seine Provokation im öffentlichen Diskurs über S/M-Sex sah. Er wurde zu einer Art Heiligem der von ihm unterstützen Schwulenbewegung. Die von Foucault praktizierte Philosophie ist so schillernd und vielseitig wie seine ausgeübten Sexualpraktiken. Sie alle eint der Schmerz wie bei der Penetration des Analbereichs mit Hand und Unterarm. Das habe bewusstseinserweiternde Krämpfe und eine „anfallartige intensive Euphorie"[26] zur Folge und schaffe „... einen geistigen Raum ... zwischen zwei Menschen"[27], was der ansonsten sehr mitteilungsfreudige Foucault allerdings nicht belegt.

In seinen letzten Lebensmonaten entstanden der zweite und dritte Band von „Sexualität und Wahrheit". Beide Werke schrieb er im Wettlauf mit dem Tod; sie erschienen am 25. Juni 1984, an Foucaults Todestag. Band 3 trug den Untertitel „Die Sorge um sich" und untersucht die Sexualpraktiken der römischen Kaiserzeit mit Schwerpunkt auf Sex innerhalb der Ehe. Aber auch gleichgeschlechtliche Beziehungen werden analysiert. Foucault stellt dabei fest, dass die philosophischen Strömungen um den vorchristlichen Denker Musonius Rufus eine symmetrische Verteilung der ehelichen Treuepflicht forderten. Im Mittelpunkt der Selbsttechnologien (selbstreflexive Tätigkeiten wie Traumdeutung und

Tagebuchführung) der jüngeren Stoa steht dabei die Sorge um sich, also eine ethische Reflexion des eigenen Handelns und Denkens. Die Sorge um sich zielt auf die Ästhetik der Existenz ab. Denn Foucault sieht das Ziel der antiken Sorge um sich primär darin begründet, ein schönes Leben zu führen, das den Tod des Individuums überglänzt, indem es in den Erzählungen der Nachwelt überdauert – und an dieser Sorge um sich wird das Auseinanderklaffen von Werk und Leben Foucaults deutlich. Denn er selbst sorgte sich weder um sich noch um andere, hatte nach seiner AIDS-Ansteckung ungeschützten Sex und nahm Drogen. LSD beschrieb er als nur und einzig vergleichbar mit Sex mit einem Fremden. All dies konnte Foucault einen mit einer festen Beziehung. Denn seit den frühen 1960er Jahren hatte er mit Daniel Defert einen festen Lebensgefährten, der heute den Foucaultschen Nachlass verwaltet. Vorher hatte er seine wilden Jahre mit dem Komponisten Jean Barraqué verbrachte, eine Beziehung auf Grundlage eines einzigen gemeinsamen Nenners, der einen Choleriker (Foucault) mit einem Alkoholiker (Barraqué) einen kann: sadomasochistischer Sex. Frauen gab es in Foucaults Leben natürlich nur als platonische Freundinnen, bei denen er durchaus so charmant sein konnte, dass die Schriftstellerin Hélène Cixous schrieb, man konnte sich „... die zärtlichsten Dinge sagen ... ohne dass sie bedrohlich wurden ... Das war ein Mann, der nicht nötig hatte, die Frauen zu hassen, um die Männer zu lieben.“[28]

Zurück zu Band 2 von „Sexualität und Wahrheit“. Hier untersucht Foucault den Gebrauch der Lüste im antiken Griechenland des 4. Jhdts. v. Chr. Die Rezeption sprach anlässlich des Erscheinens euphorisch von Foucaults Reise nach Griechenland, die durchaus Neues zutage befördert hätte: So z. B., dass sich im alten Griechenland das sexuelle Begehren vor allem auf das Schöne richtete, was moralisch umso ehrenhafter galt, je schöner das Lustobjekt war und umso mehr Widerstände es dem Begehrenden entgegensetzte. Nur das Begehren, fand Foucault heraus, stand im Mittelpunkt der moralischen Reflexion über Sex, weniger der sexuelle Akt an sich. Daher war es unerheblich, ob ein Mann mit einer Frau oder einem Mann Sex hatte. Homosexualität wurde demnach noch nicht als Perversion oder Abweichung angesehen. Erst im Mittelalter wird der Homosexuelle zum Gestrauchelten, und die Neuzeit macht ihn zur perversen Spezies, womit die Abhandlung wieder in der Neuzeit bzw. bei Band 1 von „Sexualität und Wahrheit“ ankommt: In „Der Wille zum Wissen“ meint Foucault, in der Neuzeit habe sich keine

Verdrängung und Repression der Sexualität entfaltet. Vielmehr gebe es eine seit dem christlichen Mittelalter bestehende kirchliche Tradition und Verpflichtung, alles über seinen Sex zu sagen. Die Hypothese über die Repression von Sex sei also nur ein Trick. Denn diese sei wiederum als Teil der Ordnung aufzufassen, die uns ironischerweise das Gefühl vermitteln soll, dass wir uns befreien, indem wir über den Sex sprechen, indem wir also der Unterdrückungsmacht eine andere, nur rein imaginäre Macht entgegensetzen, die uns in Wirklichkeit nur ankettet. Wir sind also das Opfer einer Verschwörung, die uns in einen faustischen Pakt verstrickt:

> „... das ganze Leben gegen den Sex, gegen die Wahrheit und Souveränität des Sexes [einzutauschen]. Der Sex ist den Tod wohl wert. In diesem – rein historischen – Sinn ist der Sex heute vom Todestrieb durchkreuzt. Als das Abendland vor langer Zeit die Liebe entdeckte, hat es ihr einen Preis zugesprochen, der hoch genug war, den Tod wettzumachen. Heute beansprucht der Sex diese Gleichwertigkeit, diese höchste von allen. Und während das Sexualdispositiv den Techniken der Macht erlaubt, das Leben zu besetzen, übt der von diesem Dispositiv fingierte Fixpunkt des Sexes auf jeden einzelnen eine solche Faszination aus, daß man das Donnerrollen des Todes darin hören mag."[29]

Foucault schuf in diesem Zusammenhang den Begriff der Bio-Macht, kein homöopathisches Potenzmittel, sondern eine Regulierung der Sexualität durch die Regierungen, wie sie sich seit der Aufklärung herausgebildet haben: „... das alte Recht ... leben zu lassen, wurde abgelöst von der Macht, leben zu machen"[30]. Denn die Bevölkerung wurde im 18. Jhdt. als Quelle des Reichtums erkannt. Ihre Reproduktion galt es somit zu organisieren, weswegen der Sex und seine Diskurse zur Angelegenheit der öffentlichen Verwaltung wurden.

Foucault wollte keine herkömmliche Geschichte der Sexualität schreiben, sondern analysieren, warum der Mensch Sexualität als moralische Erfahrung wahrnimmt. Historische Quellentexte sollten das Fundament seiner neuen (Sexual-)Ethik bilden: Dabei bettet er die Lust in sein Konzept von Lebenskunst ein, indem er sie nicht als Selbstzweck, sondern Instrument der Selbsttransformation, Quelle der Erfahrung, in der man an Reife und Selbsterkenntnis gewinnt, bewertet. Das Bindeglied zwischen

Antike und Moderne stellt die Ästhetik der Existenz dar. Denn „... die Idee einer Moral als Gehorsam gegenüber einem Regelkodex ist heute im Verschwinden begriffen und ist schon verschwunden. Und diesem Fehlen von Moral will und muß die Suche nach einer Ästhetik der Existenz antworten."[31] Also geht es wieder um den Gehorsam gegenüber Lust und Schönheit. Das ist allerdings philosophiehistorisch nicht unproblematisch, denn während es in der Antike um eine Mäßigung der Lüste ging, will Foucault gerade die Intensivierung der Lust zum ethischen Prinzip erheben. Als Widerspruch sieht er das nicht, was sich so anhört: Ich habe nur noch einmal pro Woche Sex mit wechselnden Partnern, dann aber so exzessiv, dass es nicht mehr öfter geht. Zum Verständnis hilft einzig Foucaults Vergleich mit archaischen Zeiten, in denen es noch keinen diskursiven Austausch über Sex gab. Denn mit einsetzendem Diskurs habe die Sexualität ihren Heiligenschein verloren, sei nicht mehr wie eine Sonne, die alles mit ihrem Licht überschwemmt. Vielmehr stehen wir heute in der Sexualität dunkler Behausung vor der Abwesenheit Gottes oder gar noch dem Tod. Mit der Philosophin Ariadne von Schirach (*1975) ausgedrückt: Wir sind völlig „oversexed and underfucked"[32].

Zusammenfassend zeigen sich Sex und Erotik bei Foucault zunächst als Grenzerfahrungen, als „... Eröffnung einer Erfahrung, in der das Individuum in gewisser Weise ganz und gar den Kopf verliert, nicht mehr weiß, wer es ist, seine Identität ignoriert und seine amouröse Erfahrung als ein beständiges Vergessen seiner selbst lebt."[33] Diese noch eng mit genitaler Befriedigung verbundene Erotik markiert aber nur eine Zwischenstation auf dem Weg zu Foucaults Idee einer undisziplinierten Erotik. Der geht es darum, die Macht der genitalen Lüste erstens durch die subversive Schaffung neuer Lüste und zweitens durch Einbezug des ganzen Körpers aufzuweichen. Als Denkanstöße dienen wieder die vielgelobten S/M-Praktiken, durchaus mit wenig metaphorisch gemeinten Elektroschocks:

> „Ich denke, dass wir da eine Art Schöpfung, schöpferisches Unternehmen haben, bei denen ein Hauptmerkmal das ist, was ich Desexualisierung der Lust nenne. Die Vorstellung, dass die physische Lust stets aus der sexuellen Lust herrührt, und die Vorstellung, dass die sexuelle Lust die Grundlage aller möglichen Lüste ist, dies, denke ich, ist wirklich etwas, das falsch ist. Die SM-Praktiken zeigen uns, dass wir Lust ausgehend von äußerst seltsamen Objekten hervorbringen können."[34]

Der menschliche Restkörper, ohne Genitalien, muss also zum Gegenangriff gegen die sexuellen Lüste vorgehen und neue Freuden erfinden. In dieser Lebenskunst sei jeder Mensch ein Künstler und das Leben ein erotisches Kunstwerk. Foucault sieht darin keinen Sturz sexueller Macht, sondern ein strategisches Spiel mit ihr, so etwas wie sadomasochistischen Minnesang:

> „Glauben wir nicht, dass man zur Macht nein sagt, indem man zum Sex ja sagt ... Man muss sich vielmehr von der Instanz des Sexes frei machen, will man die Mechanismen der Sexualität taktisch umkehren, um die Körper, die Lüste, die Wissen in ihrer Vielfältigkeit und Widerstandsfähigkeit gegen die Zugriffe der Macht auszuspielen.“[35]

Übrigens wäre „Sexualität und Wahrheit“ ohne einen LSD-Trip im Death Valley gar nicht in der vorliegenden Form entstanden. Foucault wurde im Jahr 1975 von dem Historiker Simeon Wade zu einem Vortrag nach Claremont eingeladen. Aber erst, nachdem der ihm einen Ausflug ins Death Valley, einen als magisch gepriesenen Ort, versprochen hatte, willigte Foucault ein. Für ihn wurde der Ausflug zu einem Epiphanie-Erlebnis, unterstützt durch die Einnahme einer LSD-Pille: „Der Himmel ist explodiert und die Sterne regnen auf mich herab. Ich weiß dass das nicht wahr ist, aber es ist die Wahrheit.“[36] Foucault erlebte nach eigenen Angaben einen unbeschreiblichen Glückszustand, war tränenüberströmt und erkannte bei nachlassender Drogenwirkung: „Heute Abend habe ich einen neuen Aspekt meines Selbst kennengelernt. Ich verstehe von nun an die Sexualität.“[37] Zurück in Paris, wanderten mehrere hundert Seiten Manuskriptentwürfe zur Geschichte der Sexualität in den Papierkorb und er begann mit der Niederschrift von „Sexualität und Wahrheit“.

Foucaults Verdienste um die Geschichte der Sexualität sind unbestritten, dennoch waren seine Ideen von einer Ethik der Lust wie postmoderne Opiumschwaden, die sich verziehen sobald man in Hörsaal und Bibliothek das Fenster zum Leben öffnet – während innerhalb der akademischen Mauern nachfolgende Generationen von Philosophen, Psychologen und Soziologen auf sein Lebenswerk lauerten, um sich wie Aasgeier Stücke herauszuhacken.

Die Suche nach Querverbindungen zwischen Philosophie und Sex bleibt im Lande. Foucaults Kollege **Jean-François Lyotard** (1924–1998) schmückt ab und an seine Erläuterungen mit Spitzen aus dem Wortfeld sexueller Betätigung. So vergleicht er die intellektuelle Attitüde seiner Zeit mit tantrischen Praktiken, genauer gesagt die Postmoderne mit dem Zurückhalten des Spermas beim Sex. Dadurch sei der natürliche Vollzug der Dinge aufgehoben zugunsten einer Erhebung auf eine höhere Bewusstseinsebene. Nun gut, dafür ist Lyotard Namensgeber der Postmoderne und darf sein Kind nennen wie er will. Er war ohnehin nicht zufrieden mit seiner Wahl. Eigentlich meinte er mit „Post-Moderne" keinen Abschluss der Moderne, sondern deren analytisch-anamnetische Weiterentwicklung durch Philosophie und Kunst. Besagte Weiterentwicklung schien Lyotard notwendig, weil alle großen Entwürfe der Geisteswissenschaften nicht viel gefruchtet hatten. Also stehen diese Diskurse hilf- und zusammenhangslos in der Landschaft herum – und die Menschen dazwischen. Keiner weiß wohin, und den Künstlern/Philosophen bleibt nur noch die Möglichkeit zu experimentieren. Die suchen dann ökologische Nischen zwischen den Stühlen der Diskurse und haben als einziges Orientierungsmittel ihre Selbstwahrnehmung. Die wiederum hat Eigenwert. Lyotard nennt das Präsenz. Es gibt nichts Schönes in der Welt, nur die Wahrnehmung der eigenen Wahrnehmung, und die führt zu einer Art kognitiver Selbstauslöschung.

In solchen Entgrenzungszuständen spielt die unschöne Welt keine Rolle mehr, eben in Rausch, Sexualität, Ekstase (oder Wahn). Was früher metaphysische Ursachen haben musste, geht bei Lyotard auch ohne. Was frühere Asketen rituell durch Reizverweigerung, Schopenhauer durch willensverneinende Pudelgassigänge oder Heavy-Metal-Fans durch hohe Musiklautstärke forcieren, erreicht Lyotard durch sinnverweigernde Selbstwahrnehmung vor großflächigen Abstraktionen des New Yorker Malers Barnett Newman. Die Kunst freut sich darüber. Die Tantristen auch. Und die Philosophen insofern, als hier auch das Erhabene, seit der Klassik tendenziell abgedrängt in die Schublade überkommener Begriffe, zu neuen Ehren kommt. Bei dieser Wiederentdeckung flicht Lyotard immer wieder Begriffe ein, die bis zu diesem Zeitpunkt so gar nicht erhaben klangen, z. B. das Wort Obszönität zwischen zwei Newman-Bildern. Im ersten Bild hat sich ein (obszönes) Ereignis noch nicht ereignet, im zweiten Bild ist es vorbei. Dazwischen: „Das als Seiendes begriffene Sein ist das Nicht-Sein."[38] Denn alles Sein hat nichts getaugt, alles horizovertikale Suchen nach dem Jenseits oder dem Heil in einer Ideologie, und dieses Sein ist auch gar nicht nötig, solange die Suche in der sich in allen Seinsvorstellungen zurückhaltenden Horizontalen Spaß macht. Nur ist fraglich, ob diese These auch außerhalb des Tantras gilt. Lyotard mochte dieses Lebensgefühl seiner Postmoderne, ein großes Fragezeichen. Dieses Versagen moderner Mythologien wurde zwar schon von den Romantikern bemerkt, aber bedauernd und mit dem Vorsatz, für Ersatz zu sorgen. Für Lyotard ist dieses Scheitern der Mythen kein Verlust, sondern eine Befreiung, ein offenes System, mit dem er zwar keuchend und mit dem Rücken an der Wand dasteht, aber dafür mündig und selbstverantwortlich. Von daher scheint die Avantgarde des 19. und 20. Jhdts. so etwas wie eine entromantisierte Romantik: Die Formalien bleiben, der Inhalt ist weg, im Grunde eine semiotische Unmöglichkeit und noch dazu nahe am Wahnsinn. Was den Kunstmarkt und dessen Vermarktung dieser Unmöglichkeit angeht, spricht Lyotard von einem perversen Verhältnis. Auch doppeldeutig sind Lyotards Formulierungen, wenn er davon spricht, sich bei seinen Kant-Interpretationen Kant von hinten zu nähern – und zwar mit seiner Meinung darüber, dass die Kantische Beziehung zwischen Einbildungskraft und Vernunft eine sadistische Beziehung sei. Denn die männliche Instanz des Intellekts würde sich die Sinnlichkeit ohne Rücksicht auf deren Wohlergehen aneignen, auch wenn so Erhabenes zustande käme, also eine lustvoll empfundene kognitive Überforderung zwischen Lust und Unlust, so Lyotards, die er von Derrida und der wiederum von Kant hatte: „Der Nerv der Argumentation ist: Dadurch, daß das Verhältnis von Einbildungskraft und Vernunft zweckwidrig ist, also missfallend oder zumindest neutral, ist es zweckmäßig, also lustvoll."[39]

Als perfekte philosophische Mischung zwischen Kant, Freud und dem Thema Sex präsentiert sich Lyotards Allegorie dieses Un-Verhältnisses in einem Unterkapitel „Familienroman des Erhabenen" seiner „Kant-Lektionen": Der Zustand des Vermögens der Lust und Unlust sei mit einer Familie mit einem zufriedenen Vater und einer unglücklichen Mutter vergleichbar. „Das erhabene Kind wird gefühlsmäßig gestört, widersprüchlich sein: Schmerz und Wohlgefallen. Denn in der Genealogie der sog. ‚Erkenntnisvermögen' … kommen die Erzeuger aus zwei verschiedenen Familien. Sie ist ‚Urteilskraft', er ‚Vernunft'. Sie ist Künstlerin, er Moralist. Sie ‚reflektiert', er ‚bestimmt'. Das Erhabene ist das Kind der unglückseligen Begegnung von Idee und Form" – womit die beiden männlichen und weiblichen Kategorien des Aristoteles mit von der Partie wären. Sie ist

> „Unglückselig, weil sich diese Idee so wenig konzessionsbereit, das Gesetz (der Vater) so autoritär, so bedingungslos, die Rücksicht, die es fordert, so ausschließlich zeigt, daß dieser Vater die Zustimmung der Einbildungskraft ... gar nicht erst einholt. Er fordert ihre Retraktion ... Er treibt die Formen auseinander ... Er befruchtet die den Formen hingegebene Jungfrau, ohne Rücksicht auf ihre Gunst. Er fordert nur Rücksicht für sich selbst, für das Gesetz und dessen Realisierung. Er bedarf keiner schönen Natur. Er verlangt gebieterisch nach einer vergewaltigten, überwältigten, erschöpften Einbildungskraft. Sie stirbt bei der Geburt des Erhabenen. Sie glaubt zu sterben.“[40]

Dies ist – nach Lyotard – jedoch nicht so schlimm, denn: „Das Erhabene braucht dagegen dein Leiden. Es ist zweckwidrig, unangemessen, aber dennoch umso erhabener (B 76). Es braucht Darstellung, für die seine Mutter – die Einbildungskraft – zuständig ist, und Eigendünkel – diese angeborene Krankheit des versklavten Willens – um deren Nichtigkeit gegenüber dem Gesetz zu demonstrieren“, womit auch noch andere Philosophen zu indirekten Ehren kämen. Den Familienmitgliedern, ihren jeweiligen Diskursen oder ihren Elementen geziemt es also, sich „die Lust, sich das Unbestimmte vorzustellen, und ... Schmerz, dieses Unbestimmte nicht in den Werken finden zu können, die gleichwohl eine Idee davon auslösen.“[41] Hoffentlich.

Denn Lyotard genügt den eigenen Anforderungen an kognitiver Erhabenheit hinsichtlich der Verständlichkeit seiner Oxymora und dem Prinzip der Spielerei. Denn nicht um das Genießen ginge alles, sondern um das Spiel, wobei das französische Wort für Genießen auch für den Genuss des Orgasmus’ stehen kann. Doch das ist laut Lyotard nicht zu bedauern. Schließlich soll alles Naturhafte lieber zeichenhaft werden, so dass reale Orgasmen hinter ihrer Beschreibung als erhabenes und widersprüchliches Moment rangieren. Doch in einer Milliarde Jahre ist die Erde ohnehin unbewohnbar, das menschliche Gesamtwissen wird in rein abstrakter Form das Sonnensystem verlassen, inklusive einer CD-ROM-Sendung samt Lyotards Philosophie.

Von französischer Innerlichkeit und Sado-Masochismus: Bataille, Lacan und Baudrillard

„Wir sind eine Kultur der ejaculatio praecox. Mehr und mehr verschwindet jede Verführung, jede Verführungssitte ... zugunsten eines naturalisierten sexuellen Imperativs.“[42]

Diesmal ist es das Thema Erhabenheit, das den Bogen zum nächsten Kapitel spannt: **Georges Bataille** (1897–1962) ist einer der wenigen Ästhetiktheoretiker, die einen Zusammenhang zwischen typischer Menschlichkeit und Schönheitsempfinden bzw. ästhetischer Wahrnehmung zu erkennen glauben, in seinem Fall durch die Überschreitung von Grenzen. Er meinte dabei andere Grenzen als Jaspers, vor allem konkreten Sex als eine von vielen Möglichkeiten sinnlicher Entgrenzung, und widmete diesem Thema zwei Bücher: „Der heilige Eros“, der Erotik als Lebensbejahung bis in den Tod hinein feiert und sie territorial aufteilt in die Erotik der Körper und der Herzen bzw. heilige Erotik. Das zweite Buch, „Die Tränen des Eros“, liefert eine Abhandlung zur spirituellen Erotik, die sakrale Opfer, also auch Gewalt, benötigt. Dürfte Bataille eine ästhetische Utopie nennen, wäre es das Ausleben seiner Lüste, was er – wie Lyotard – als erhabene Entgrenzung des Ich bezeichnen würde.

Georges Batailles Verständnis von Erotik und Sex hebt sich deutlich von dem einer Spaßgesellschaft ab, denn nicht Spaß ist das Ziel, sondern Sex soll den Menschen in seinem Innersten erschüttern, exzessiv und grenzerfahrend. Nur so kann der Mensch zum Sein zurückgelangen: „... es ist unumgänglich, dass wir zum Exzess gelangen, indem wir die Kraft finden, unser Fundament aufs Spiel zu setzen.“[43] Bataille denkt dabei keineswegs in den Sphären einer körperlosen Erotik, sondern will den Exzess des Fleisches. Erotik entfaltet dabei einen subversiven Automatismus und kennt keinen Herrn, nur Unterworfene. Sie wird zum orgiastischen Spiel mit ungewissem Ausgang, vergleichbar mit der Erotikkonzeption eines Choderlos de Laclos (1741–1803), in dessen 1782 veröffentlichtem Roman „Gefährliche Liebschaften“ am Ende alle Verführungsspiele in den sozialen oder realen Tod der Protagonisten münden. Denn Eros und Tod sind für Bataille enge Verwandte. Die „Erotik öffnet für den Tod“[44] die Pforten. Auf diesem Weg begegnet der Mensch zunächst dem Zwillingsbruder des Todes – dem Orgasmus. Beide unterscheiden sich nur in Nuancen voneinander und die ihnen folgenden Zustände sind mit dem „Absinken der Flut nach einem heftigen Sturm“[45] vergleichbar.

> „Das Verlangen [beim Orgasmus] Kopf über zu versinken, das jedes Menschenwesen im Innersten befällt, unterscheidet sich nichtsdestoweniger vom Verlangen zu sterben, weil es zweideutig ist: Zweifellos ist es auch das Verlangen zu sterben, aber es ist zugleich das Verlangen zu leben, an den Grenzen des Möglichen und des Unmöglichen, und in einer fortwährend wachsenden Intensität.“[46]

Im Orgasmus wird dann jede eventuelle Aporie zwischen Schönheit und Hässlichkeit aufgelöst. Schließlich prallt die Hässlichkeit der Geschlechtsorgane auf die Schönheit des menschlichen Antlitzes – keine unsubtile Anspielung auf orale Sexpraktiken, sondern die für Bataille notwendige Bedingung der Erotik: Denn die weibliche Schönheit muss in der Erotik beschmutzt und entweiht werden, sonst sei sie keine für die Reifung des Menschen wertvolle Erfahrung mehr. Vereinigen sich aber die genannten Gegensätze von Schönheit und Hässlichkeit für kurze Zeit im Orgasmus, wird der zum vermeintlichen Erhabenheitserlebnis, umso intensiver, je besser, je schöner die Frau und je schmutziger das Ganze. Die Philosophie der Erotik stellt demnach eine Leiter zur Verfügung, die man(n) nicht hinauf-, sondern hinabsteigen muss, um in der Tiefe das nackte Fleisch zu finden und damit die eigentliche Souveränität des Menschen in Form eines therapeutischen Aktes nötiger Selbstvergewaltigung, um sich selbst von Komplexen zu heilen.

Und das geht nicht ohne Blut: Ohne Blut gibt es für Bataille keine Erotik, nicht nur im Sinne einer ausreichenden Körperdurchblutung, sondern ganz explizit als Wiedergeburt des archaischen Blutopfers im Liebesakt des modernen Menschen:

> „Der Liebesakt und das Opfer decken beide dasselbe auf: das Fleisch. Das Opfer lässt an die Stelle der geordneten Funktionen das blinde Zucken der Organe treten. Dasselbe gilt für die erotische Konvulsion: Sie befreit die blutgefüllten Organe, deren blindes Spiel sich über das überlegte Wollen der Liebenden hinaus fortsetzt. Auf das überlegte Wollen folgen die tierischen Bewegungen der vom Blut geschwellten Organe.“[47]

Der liebende Mann wird zum Priester eines Opferkultes, denn er

> „... löst die geliebte Frau nicht weniger auf, als der blutige Opferpriester den Menschen oder das Tier, das er schlachtet. Die Frau ist in den Händen dessen, der sie überfällt, ihres Wesens beraubt. Mit dem Schamgefühl verliert sie jene sichere Schranke, die sie von den anderen trennte, die sie undurchdringlich machte: Plötzlich öffnet sie sich der Gewaltsamkeit des sexuellen Spieles."[48]

Georges Bataille verbindet mit de Sade, dass er viel Zeit damit verbrachte, sich an derartigen Imaginationen zu delektieren, wenngleich Bataille nicht im Gefängnis saß, sondern als Bibliothekar wirkte, etwa an der Bibliothèque Nationale in Paris. Doch scheint es, als ob er im Gefängnis oder Irrenhaus genauso gut aufgehoben gewesen wäre wie einst de Sade: Er plante in den 1930er Jahren die Gründung eines Geheimbunds, in dem rituelle Menschenopfer dargebracht und der Opferkult der Azteken reanimiert werden sollten. Den Plan ließ er jedoch angesichts des Zweiten Weltkriegs fallen. Natürlich hat Bataille trotz der Weltpolitik viele andere einschlägige Phantasien ausgelebt oder literarisch sublimiert. Er bemühte sich, den Marquis de Sade zu rehabilitieren und dessen Werk als Beschreibung eines archaischen Urzustands zu glorifizieren; mit dem Argument: Der Sadismus dürfe nicht unterdrückt werden, das würde die Souveränität des Menschen aufheben.

Bataille avancierte so zwar in die Gilde ähnlich argumentierender Philosophen, doch eigentlich wollte er seine Thesen eher soziologisch-ethnologisch verstanden wissen, wenn nicht gar politisch. Hier schwankt er zwischen Faschismus und Marxismus, Kapitalismus war ihm suspekt. Eine Gesellschaft müsse demnach ihre Ressourcen verschwenden, sei es beim Sex oder im Krieg (bei Bataille fast dasselbe), ansonsten drohe ihr die Vergreisung. Ausgesprochen antireligiös zeigt sich der atheistische Zyniker in seiner „Summa atheologica", einer Persiflage auf Thomas von Aquins „Summa theologica". Als Dichter verfasste Bataille einen erotischen Roman: „Das Blau des Himmels". Sein Ziel ist dabei, die Leser zum „Kotzen" zu bringen. Die Handlung: Ein reicher Müßiggänger pendelt zwischen drei Frauen und Ländern. Dabei benötigt er immer stärkere erotische Reize, um noch sexuelle Befriedigung zu finden. Highlight ist ein Liebesakt zwischen den Grabplatten eines herbstlichen Friedhofs, umrahmt von steter Nennung diverser Körperflüssigkeiten.

So wird manche Aussage des bevorzugt biographisch arbeitenden Bataille nachvollziehbar, wenn er z. B. schreibt: „Ich denke manchmal, der Tod ist der einzige Ausweg aus der schmutzigen Ausschweifung, insbesondere der allerschmutzigsten, die die Gesamtheit allen Lebens ist.“[49] Bataille zeigt damit seine ganze Widersprüchlichkeit, die sich im Ekel vor Erotik und Sexualität einerseits und ihrer Sakralisierung andererseits manifestierte.

Die Urheberrechte für die Idee der Erotik als heilige Transgression teilt sich Bataille mit Robert Musil (1880–1942). In seinem Roman „Der Mann ohne Eigenschaften“ beschreibt Musil Sex als einen auf wenige Minuten konzentrierten Flug durch Seligkeit und Tod, als ekstatischen Sturz in die Leere, die einen trägt, als erhabene Erfahrung einer „taghellen Mystik“[50]. Die wird aber, im Gegensatz zu Bataille, als positiv wahrgenommen und knüpft „ein Gewebe von todessüßer Leichtheit“[51] zwischen Mann und Frau.

Die Erhabenheit ist ebenso einer der Schlüsselbegriffe der geschlechtsbezogenen Forschungen, der sog. Gender Studies, die das Gen der Forschung versucht zu finden. Denn nicht nur die Darstellung von Männern und Frauen ist seit dem 18. Jhdt. in die zwei sich ausschließenden Kategorien von tumber Schönheit und unschöner Erhabenheit zu unterteilen, sondern auch die zeitgleichen Vorstellungen von gutem Sex: Laut feministischer Gender-Forschung gibt es das spezifisch weiblich Erhabene: Männliches Denken tendiere zur Vorherrschaft einer einzigen Meinung, weibliches zur Koexistenz mehrerer Auffassungen. Bei der Gegenpartei gibt es ein Pendant dazu, das verdeutlicht, wie verschieden männliche und weibliche Art zu denken ist, sogar wenn die Männer weiblich und die Frauen männlich tun. Bei den Frauen geht es um Schreibstile – bei den Männern geht es um den Sex zwischen den Zeilen.

Die amerikanisch-literaturtheoretischen **queer theorists** finden Sex dieser Art schon bei Shakespeare – und in Oscar Wilde, Sigmund Freud und Jacques Lacan würdevolle Bewahrer desselben. Zwar zeigt der Blick auf ästhetiktheoretische Beispiele bei Burke, de Sade und Hegel tatsächlich untergründiges Interesse für androgyne Schönheit – Verzeihung, Erhabenheit, aber Shakespeare, Wilde, Freud und Lacan sind es, die Sodomie und Erhabenheit miteinander verbinden, wie es angeblich schon im paulinischen Römerbrief vorgezeichnet ist. Shakespeare habe dazu Sonette geschrieben, in denen chiffriert sei, was die Bibel unausgesprochen ließe. An der Textoberfläche wird die Aufforderung an einen jungen Mann zur Kinderzeugung präsentiert. Als Illustration taucht eine Glasflasche auf, und es wird gefolgert: Die Flasche stünde für das dichterische Verlangen, den jungen Mann in sich aufzunehmen. Freuds These über den triebreduzierenden Ersatzsex Kunst wird invertiert, Kunst stattdessen lyotardisch zur lustbringenden (Haupt-)Sache. Wenn sich nämlich sexuelles Begehren und künstlerische Aktivität gar nicht so sehr voneinander trennen lassen, kann und muss das eine nicht erst künstlich in das andere verwandelt werden. Und mit philosophie-theoretischer Logik gilt dann: Wenn Sodomie tabuisiert, somit unaussprechlich wird, ist jede Nichtnennung potentielle Sodomie und erhabene Unaussprechlichkeit derselben.

Der Blick auf die Erhabenheitsbeispiele bei Burke, de Sade und Hegel zeigt tatsächlich untergründiges Interesse für androgyne Schönheit. Verzeihung, Erhabenheit.

An dieser Stelle wird auch der von seinen Genossen verstoßene, erst spät anerkannte Psychoanalytiker und Philosoph honoris causa **Jaques Lacan** (1901–1981) als Kronzeuge für erhabene Sodomie genannt: Bei Lacan wird ebenfalls die Libido nicht von einem sexuellen zu einem nichtsexuellen Ziel hin abgelenkt, sondern anders herum: „Lacanian sublimation removes the object of the drive from the systems of aims entirely, placing it instead at that empty gravitational center which is the Thing."[52] Dieses Ding an sich hat analen Charakter, wie Lacan mehrfach belegt: Er erzählt von Heiligen, die den Kot Kranker essen, oder vom Liebesgedicht eines Arnaut Daniel aus dem 12. Jhdt., in dem eine Dame ihren Liebhaber dazu auffordert, seinen Mund in ihre unsaubere, also anale, Trompete zu stecken. Diesen Daniel reihte Dante in den Teilnehmerkreis des Fegefeuers ein, aber bei den sexuell ausschweifenden Dichtern, nicht bei den Sodomiten.

Nach Lacan hat Kunst aufgrund ihrer (analen) Leerheit erhabenen Charakter; sie sublimiert nicht durch die Umlenkung sexueller Energien, sondern verweist auf das Unaussprechliche und damit Erhabene: „Lacan's understanding of art as sublimation has less to do with Freud directly than it does with the concept of the sublime. What is at stake is always an attempt to represent the unrepresentable Thing."[53] Lacans (erhabenes) Ding an sich liegt jenseits der Diskurse und symbolischen

Netzwerke, was dessen Unaussprechlichkeit und somit Konstituierung im philosophischen Diskurs über Erhabenheit ausmacht. Dieser Diskurs versucht sich – natürlich vergeblich – am Aussprechen des Unaussprechlichen: „... any attempt to pass beyond the network and grasp the Thing directly causes it to disappear ... the idealized object would disappear in that moment, leaving only the emptyness of the anal Thing."[54] Dumm ist nur, dass das Ding an sich nichtsprachlich ist, während das Unbewusste wie eine Sprache strukturiert ist. Die Sprache begehrt also etwas Nicht-Sprachliches. Klappt nie. Das Unbewusste ist eher wie ein Pariser Café vor der Revolution: Man kann dort über alles reden, muss aber auch alles beim Reden belassen: Sex ist also ein Versuch, zu einer anderen, nichtsprachlichen Wirklichkeit durchzubrechen. Obendrein ist dieser Versuch zum Scheitern verurteilt, weil das Unbewusste währenddessen mit sich selber weiterschwätzt. Darum gibt es auch keine wirkliche sexuelle Beziehung, weil jeder Sex nur selbstreflexiv ist. Auch die Vulva bezeichnet für Lacan nur eine Leerstelle ob des fehlenden Penis'. Trotzdem war Lacan stolzer Besitzer von Courbets „Ursprung der Welt". Dieses Bild hing in seinem Landhaus, allerdings unter einer Vexierzeichnung verborgen, die aus den Umrissen des Körpers und der Genitalien eine Landschaft formte und „... nur dem einen Zweck diente, das für erschreckend erachtete Erotische dieses Geschlechts im Rohzustand zu tarnen."[55] Nebenbei erwähnt sei, dass Lacans Ehe geschieden wurde und er später die Ex-Ehefrau von Bataille heiratete.

Alle drei hier genannten Franzosen (Lyotard, Bataille, Lacan) eint neben der Unsäglichkeit des Erhabenen die These, in Innerlichkeit gefangen zu sein und nicht in die eigentliche Welt hinausgelangen zu können, es sei denn (bei Bataille) durch Opferrituale oder Sadismus. Lacan postuliert die absolute Ausweglosigkeit. Wird das nicht akzeptiert, hilft nur der Gang auf seine psychoanalytische Couch. Bei Bataille kommt die Welt manchmal quasi von außen herein, aber das ist dann brutal und tut weh.

Damit ist der Sado-Masochismus salonfähig geworden. Wenn Dinge schon philosophisch legitimiert wehtun dürfen, dann ist die demokratisierende (weil beide Seiten des Schmerzes einbeziehende) Popularisierung von Masochismus nicht weit. Namensgebend war der Österreicher **Leopold von Sacher-Masoch** (1836–1895). Dass dieser Autor nicht als Namensgeber einer Torte, sondern mit seiner literarischen Tätigkeit weltberühmt wurde, lag vor allem an seinem Roman „Venus im Pelz", in dem eine ältere Dame über die Beziehung von Philosophie und Sexualität sinniert:

> „Ich fange an, das Unbegreifliche zu glauben, die Unbegreifliche zu begreifen. Ich verstehe auf einmal die germanische Frauentugend und die deutsche Philosophie, ich erstaune auch nicht mehr, dass ihr im Norden nicht lieben könnt, ja nicht einmal eine Ahnung davon habt, was Liebe ist."[56]

Was allgemein schlagende Argumente angeht, rät übrigens bereits Ovid dazu, bei der Suche nach Partnern adrenalinsteigernde Plätze zu suchen – kanadische Forscher konnten bestätigen, dass sich auf schwindelerregend hohen Brücken eher Dates vereinbaren lassen, als auf sicherem Boden – womit ein wissenschaftlicher Zusammenhang zwischen Stress, Sex und Spaß nachgewiesen wäre.

Doch zurück zum Thema Sadomasochismus: Interessant sind an dieser neuen Brutalität aus dem Westen auch und gerade die sexuellen Anspielungen, die das Thema des Unsäglichen im übertragenen Sinne fortsetzen und sich dadurch in unsäglichen Wendungen typisch postmodern ergießen. So spricht z. B. Derrida von einer „erschütternden Wirkung" Foucaults auf ihn, mit einer Formulierung, die im Französischen nicht nur „in meinem Innersten", sondern auch „auf meinem Hintern" bedeutet. Foucault soll von dieser Formulierung nicht angetan gewesen sein. Und die Theorie bemerkt dazu: „Diese erhaben unmessbaren und zerrüttenden Erschütterungen sind der Rückstoß theoretischer Sodomie."[57]

Auch die Erhabenheitstheorie argumentiert kaum anders, nur ohne Sex: So gehört es zum Grundwissen der Erhabenheit, dass Gewalttätigkeiten erhaben sind, wie das Attentat von 9/11 – sagt der französische Philosoph **Jean Baudrillard** (1929–2007). In solche Erhabenheitskolonisierung hatten die queer theorists auch die Gewalt des de Sade mit einbezogen, Baudrillard gemeindet die neuen Medien ein. Die seien nämlich so simulativ, dass alle gezeigten Ereignisse sowieso nur imaginären und simulativen Charakter haben. Und damit ist mediale Gewalt sogar schick, weil philosophisch, und schon kreuzen sich die Wege von Postmoderne und Sexualität wieder. Denn als postmodern gilt auch die von ihm aufgezeigte „offensive Strategie einer Kreuzung der Geschlechter bis zur völligen Verwischung ihrer Unterschiede“.[58]

Auch Madonnas Hypersexualität ist ein postmodernes Phänomen und Madonna für Baudrillard die „Anti-Jungfrau, die mit überbordenden Zeichen ihrer Erotik die Frigidität und sexuelle Gleichgültigkeit unserer Epoche exemplarisch zum Ausdruck bringt.“[59] Damit sind wir wieder bei der Simulation, der Imagination von Sexualität, primär in den Medien. Sexualität sei „nur noch ein mediales Ritual der Transparenz“[60], eine das Haptische des Fleisches verdrängende Optik der obszönen Bilder. Der postmoderne Mensch könne sich auch gar nicht mehr richtig sexuell betätigen, denn wenn

> „... die Sexualität grundlegend ein ins Spiel bringen der eigenen Identität ist und ein Versuch, sie zu verlieren (bis hin zur Tatsache, Kinder zu machen), dann sind wir genau genommen nicht mehr in der Lage, uns dem noch zu widmen, weil es uns schon genug Anstrengung kostet, unsere eigene Identität zu erreichen.“[61]

Wer derartige Kraftakte doch noch zustande bringen kann, der betreibe Sexualität als „luxuriöse Form der Transzendenz“[62], als „Verschwendung der Existenz“[63].

Daher glaubt Baudrillard, dass die Generation der sexuellen Befreiung sich in ihren entsprechenden Experimenten erschöpft habe und nun die Identifizierung mit der Liebe suche: „Nach dem ganzen Sexpathos nun die neopathetische Liebesbeziehung mit ihren Ansprüchen. Nach der Trieb- und Libidorhetorik nun die neoromantische Leidenschaft.“[64] Sex ohne Liebe hat sich als Instrument politischen Andersdenkens überlebt und wäre allenfalls noch interessant, wenn man als Mann die andere Seite der Sexualität kennen lernen könnte – denn „... [d]er Traum der Liebe bestünde darin, Frau zu werden“[65], zumindest für die Dauer des Geschlechtsakts. Aber da derartiges rein hypothetisch bleibt, ergeben sich andere Wege: Baudrillard sieht in der Verschmelzung von Liebe, Sex, Hingabe und Verführung die Chance auf eine Identitätsfindung:

> „Zum Schluß könnte ich keine schönere Allegorie finden als jene Geschichte von der Tätowierung, die man häufig auf den Schenkeln japanischer Frauen findet (oder fand), die aber normalerweise unsichtbar ist; sie erscheint nur im Augenblick der Trunkenheit oder der

Liebe. Nur die Aufregung oder die Leidenschaft lässt das Zeichen erscheinen, das sehr oft Zeichen einer objektiven Abhängigkeit ist, da die Tätowierung oftmals in den Initialen ihres Geliebten besteht. Die Markierung ihres Geliebten filigranartig auf ihrem Körper zu tragen, welche Unterwerfung, aber auch welche Herausforderung, welche Macht! Denn der Liebhaber ist dazu verurteilt, diese Frau zu erregen und ihr Lust zu verschaffen, wenn er seine eigenen Initialen erscheinen sehen will.“[66]

Von Frankfurtern: Adorno, Marcuse und Fromm

„Wirkliche Triebbefreiung [bedeutet] nicht einfach Freisetzung, sondern Verwandlung der Libido …: von der unter dem Genitalprinzip organisierten Sexualität zur Erotisierung der ganzen Persönlichkeit.“[67]

Theodor Wiesengrund Adorno (1903–1969) kam erst spät zur Philosophie. Eigentlich war er kulturkritischer Soziologe, der vor allem nach den Erfahrungen des Zweiten Weltkriegs jede Art von Kultur als zu seicht befindet. Gedichte dürften nun keine mehr geschrieben werden, Kunst sei in dümmlichen Kommerz abgedriftet, Gesellschaftsstrukturen – inklusive ihrer Vorstellungen von Sex – seien primär machtorientiert und repressiv; im Prinzip gäbe es überhaupt gar kein richtiges Leben mehr im falschen. Und was den Sex angeht, schreibt der zum Teil in Amorbach (im Odenwald) aufgewachsene Philosoph: Die modernen Gesellschaftsstrukturen sorgten dafür, dass der „… in ungezählten Formen von der materiellen und kulturellen Industrie ausgebeutete Sexus … im Einklang mit seiner Manipulation, von der Gesellschaft geschluckt, institutionalisiert, verwaltet“[68] werde. Es gäbe keine Befreiung der Sexualität. Das, was so tituliert würde, sei lediglich eine light version der Repression. Und wirkliche Lust zu verspüren, wäre beim modernen Sexbetrieb sowieso nicht mehr möglich, bei dem „Vor- und Ersatzlust die Lust überflügelt“[69] hätten. Eros wird hier zum lustlosen Schichtarbeiter in der Sexfabrik der Moderne. Für diese Problematik gibt es nur eine Lösung: „Das einzige Heilmittel gegen die Fetischisierung des Sexuellen ist der sexuelle Fetischismus.“[70] Details hierzu führt Adorno jedoch nicht aus – dafür aber die moderne Erhabenheit in bereits erwähnter Selbstwahrnehmungs-Form.

Mit nicht unbedingt minimal moralischen Ansprüchen widmete sich Adorno diesem Thema, laut einigen Anekdoten, auch höchstpersönlich. So stieß er angeblich an einer Ampel seine eigene Frau zur Seite, um in den Genuss des Anblicks einer anderen schönen Frau zu kommen. Die eigene hieß Gretel Karplus-Adorno und war die von ihm in die Institution einer Ehe mit getrennten Schlafzimmern überführte wissenschaftliche Hilfskraft, die zeitlebens seine Manuskripte abtippte, inklusive der darin ausgebreiteten erotischen Gelüste (auf andere Personen). So lautet z. B. ein Tagebucheintrag Adornos vom Oktober 1949:

> „Das Weekend mit Carol ... Sie sah entzückend aus mit ihrer bizarren, gleichsam überbrünetten Schönheit ... Welch eine Mischung aus einer libertine und einem Professor. Wir aßen im Rumpelmeier, ich setzte ihr das Programm auseinander, das wir streng innehielten; Genießen der Vorlust ... Nachmittag der äußersten Exzesse, in völliger Helle und Klarheit. Echte Masochistin: zweimal ihr Orgasmus nur beim freilich erbarmungslosen Schlagen ... Ihre Kunst des Hintanhaltens, der Küsse ins Leere, ... Das Kunststück beim Lieben von hinten einen ganz einzuschließen ... todmüde beide dann gut geschlafen, morgens nackte Reprise. Menschlich und geistig gereift. Große Integrität und Opferbereitschaft."[71]

Vergleichsweise weniger direkt klingt ein Gedicht Adornos an die Schauspielerin Julie Deste, alias Julia von Bodenhausen: „Ich wollt Dich küssen, wie hast du gelacht,/ Dein Mund war breit und rot,/ Nur deinen Namen hab ich gedacht,/ Schöner als die hohe Nacht,/ Schöner als der Tod."[72] (datiert vom Juni 1943, nach Kriegsende schrieb er konsequenterweise kein Gedicht mehr).

Natürlich bleibt die Nennung privater Einträge ähnlich ambivalent wie platonisch gemeinte Koseworte, etwa die Anrede als „Liebes Nilpferd Theodor"[73] oder „Teddylein, liebster"[74] von seiner Bewunderin Lilly Latté. Diesen Belegen ist aber doch zu entnehmen – das wiederum ist relevant, dass Sex auch die Träume Adornos betraf: Z. B. verweigert sich im Traum eine jugendliche Geliebte mit der Begründung, er müsse sich erst eine Schwanz-Waschmaschine kaufen, bevor sie ihn oral befriedigen würde. Auch Bordellbesuche sind in Adornos Traumwelt allgegenwärtig, ebenso Prostituierte aus Glas – wobei zu ergänzen ist, dass er auch tatsächlich mit Damen des Gewerbes verkehrt hat (und sich diesbezüglich, durch das philosophische Netzwerk mit Horkheimer bedingt, insbesondere in Paris gut auskannte). Adornos Traumprotokolle erwähnen auch schöne, nackte, junge Männer, mit denen er aber keinen Sex hat, sondern sie nur foltert – und auch hierbei ist anzumerken, dass Adorno zumindest eine homoerotisch geprägte Männerfreundschaft pflegte, nämlich die mit dem vierzehn Jahre älteren Soziologen und Schriftsteller Siegfried Kracauer. All diese Träume hat Adornos Frau in Schriftform gebracht. Ihre psychosomatischen Beschwerden behandelte der Cousin des Philosophen Walter Benjamin, Egon Wissing (mit beiden wurden ihr Affären nachgesagt).

Für Adorno ist nicht nur Sex, sondern auch Kunst ein möglicher Widerstand gegen die negativen Auswüchse der Welt – und zwar dann, wenn sie provokativ und rätselhaft ist, sich allem verweigert, auch jedem Verständnis. Solche Kunst soll keinen Spaß machen. Gefällt sie aber doch, dann leuchtet ein „Licht der Erlösung“[75] auf, eine Spielart der mittlerweile bekannten entgrenzenden Selbstauslöschung. Dafür zieht Adorno in seiner „Ästhetischen Theorie“ von 1970 wiederum Parallelen zu Frauen: Denn echte Kunst solle sich dem Betrachter zunächst entziehen wie eine gute Geliebte, die sich ziert und Unverfügbarkeit suggeriert. Verdinglichte Kunst sei dagegen nur eine Kulturware, die dem Betrachter zwar zu Willen ist, ihn aber trotzdem betrügt, da man nur das „standardisierte Echo seiner selbst“[76] erhalte, wie der Freier von der Prostituierten.

Im Rahmen der Ambivalenz zwischen dem falschen Leben und dem richtigen blieb Adornos professionelle Distanz zu den Dingen in seinem richtigen Leben, da er laut einer Legende der Philosophiegeschichte im Frankfurt der Studentenunruhen, genauer gesagt am 22. April 1969, einen Vorlesungssaal relativ beschleunigt verließ (die Aussagen differieren), als im Zuge der allgemeinen Demonstrationen drei Studentinnen ihm mit entblößten Oberweiten zu Leibe rückten, ihn küssten und Blumen über ihn streuten (im Auditorium saßen noch mehr von ihnen, die nur nicht zum Einsatz kamen). Vielleicht war diese Aktion aber auch eine philosophische Performance zu Adornos Interpretation des bekannten Bildes von Géricault: „die Brüste der Freiheit, die das Volk führt, sind nackt“[77]. Das konnte nie geklärt werden, denn Adorno hat das Sommersemester 1969 gar nicht überlebt. Er starb am 6. August 1969 in der Schweiz an den Folgen eines Herzinfarkts, im Schatten des Matterhorns, für ihn ein (anderes) Symbol für Erhabenheit. Überleben wird sein am meisten zitierter Satz: „Geliebt wirst Du einzig, wo du schwach dich zeigen darfst, ohne Stärke zu provozieren."[78]

Herbert Marcuse (1898–1979) war neben Adorno Hauptlehrkraft der sog. Frankfurter Schule und ihrer Lehre von der eigeninteressegeleiteten Erkenntnis. In Marcuses Philosophie der Sexualität beruft er sich einerseits auf Freud und versucht andererseits, diesen auf den Kopf – oder aus seiner Perspektive – auf die Beine zu stellen. Marcuse schätzt an Freud, dass der den Sex konsequent materialistisch denkt, d. h. ihm nicht von vornherein irgendeine geistige, also kulturelle oder religiöse, Sinnstruktur unterschiebt. Sex ist primär eine körperliche Angelegenheit. Nur bemängelt Marcuse Freuds Verengung der Vorstellung von Sex auf einen paarweisen Kontakt von Geschlechtsorganen. Das sei eine repressive Triebstruktur (was Freud im Übrigen vereinzelt auch so sah, meist hatte er aber wirklich das sog. Genitalziel vor Augen). Marcuse meint, dass solche Repressionen Folgen einer repressiven Gesellschaft seien, in der Menschen einander wie Waren behandelten. Als Beginn einer Revolution biete sich die Aufhebung der Fixierung auf Genitalien an. Das nennt er „Selbstsublimierung der Sexualität"[79]. Die setze historische Fortschritte über das allgemeine Leistungsprinzip voraus, die aber dann zu einer Trieb-Regression führen würden, zumindest zu einer Regression der Freudschen Genitalziele. Denn „... mit dieser Wiederherstellung der Urstruktur der Sexualität ist das Primat der genitalen Funktion gebrochen – und damit die Desexualisierung des Körpers"[80], die für Marcuse die Beschränkung von Sex auf Fortpflanzung bedeutet, das Freudsche „Bestreben, die eigenen Genitalien mit denen einer Person des anderen Geschlechts in Kontakt zu bringen."[81] Besser ist:

> „... der Organismus wird in seiner Gesamtheit zum Substrat der Sexualität, während zur gleichen Zeit das Triebziel nicht mehr von einer spezialisierten Funktion absorbiert wird ... so erweitert wird das Leben des Organismus selbst zum Gebiet und Ziel der Triebe. Dieser Vorgang legt fast von selbst, aus seiner inneren Logik heraus, die begriffliche Umgestaltung der Sexualität in den Eros nahe."[82]

Vielleicht meinte Clinton das, als er von sich wies, jemals eine sexuelle Beziehung zu Monika Lewinsky gehabt zu haben. Sexuelle Lust solle laut Marcuse nicht länger an einzelne Körperteile oder Praktiken gebunden sein, sondern der ganze Körper mit allen seinen Tätigkeiten, auch und allem voran die Arbeit, sollten Quellen dieser Freuden werden. Sex wäre dann nichts anderes als die pure Lust am Leben in einer von Unterdrückung und Entfremdung befreiten Gesellschaft – ein Trost und Hoffnungsschimmer für die 68er, eine Motivation, während der 70er im mehr oder weniger stillen Kämmerlein an der Revolution zu arbeiten. Bis dann die Gesellschaft entdeckte, dass sich so etwas gut medial vermarkten lässt. Zynisch und mit Adorno gesagt: Marcuse predigte die sexuelle Revolution, doch es kam das Privatfernsehen.

Erich Fromm (1900–1980) war eigentlich als Psychologe der Frankfurter Schule auserkoren. Für den Geschmack vieler 68er war er allerdings zu brav, zu individualistisch und zu wenig revolutionär. Vielen Psychologen war er zu philosophisch. Nach den Erfahrungen des Zweiten Weltkriegs und des Holocaust befürchtete er, dass die menschliche Neigung zu Destruktivität weitere unliebsame Überraschungen parat halten könnte. Mehr als mit der Libido befasst sich Fromm daher mit ihrem von Freud her bekannten dunklen Gegenspieler, dem Todestrieb; einem problematischen Trieb, spätestens seit die Menschheit über Atombomben verfügt. Jede destruktive Grundhaltung, betont Fromm im Gegensatz zu Freud, sei eben nicht naturgegeben, sondern gesellschaftlich bedingt. Eine autoritäre Gesellschaft erzeuge autoritäre und damit destruktive Persönlichkeiten, die überdies immer auch sexuell verklemmt seien. Immerhin könne jeder daran arbeiten, diese Bedingungen zu lockern – durch den Schritt vom Haben zum Sein. Die Menschen sollten sich nicht über Besitz definieren – auch nicht darüber, ihren eigenen Körper oder den Körper anderer zu sexuellen Zwecken zu besitzen. Sie sollten sich und andere nicht verdinglichen, sondern anti-autoritär zu einer Kunst des authentischen Lebens zurückfinden. Dabei kommt auch wieder die Libido ins Spiel, als Komplizin im Kampf gegen den Todestrieb. Sie soll dazu anstiften, sich gegen die zerstörerischen Kräfte der Gesellschaft zu wehren und dadurch zu sich selbst zu finden. Zum obersten Wert in der Sexualität erklärt Fromm die Freiheit, die eigene sowie die des/der anderen. Mit ihm widmet sich die Frankfurter Schule damit wieder der Thematik des guten Lebens samt unverfälschtem, repressionsfreiem Sex.

Folgen der Psychoanalyse: Žižek, Nagel, Irigaray, Butler und Preciado

„Otto Weininger, Nietzsche, Freud oder Lacan . . .,
Texte die man sehr genau lesen müsste . . .
Dann könnte man den Punkt erkennen, an dem sie ein Unbehagen an der philosophischen Tradition bezeugen: eine Krise der Heterosexualität, die nur durch Homosexualität überwunden werden kann.“[83]

Der slowenische Philosoph **Slavoj Žižek** (*1949) fühlt sich Sigmund Freud eng verbunden. Das ist mehr als nur K.- und K.-Nostalgie, auch wenn er Freud als seinen Landsmann ansieht. Es ist vor allem berufliches Interesse: Žižek hat zwar einen Lehrstuhl für Philosophie inne, ist aber auch studierter Psychoanalytiker, allerdings mehr von Lacan als von Freud geprägt. Den Beruf hat Žižek aber nie ausgeübt, denn er sei „. . . viel zu ungeduldig, um stundenlang einem Menschen zuzuhören“.[84] Viel interessanter als die langweiligen Träume von Patienten erscheint ihm die philosophische Theorie, in die er ein „total naives Vertrauen“[85] habe. Diese Naivität ist kaum zu übersehen. Der Philosoph als großes Kind ist hier ständig präsent. In seiner alles umspannenden philosophischen Theorie vereinnahmt er Kabbala, Sex, Todestrieb, Erhabenheit, Hegel – und natürlich die Psychoanalyse. So kulminieren die Žižekschen Texte zu fast schon erhabenem Chaos, zur Übersystematik eines großen Systematikers. Wenn Žižek im Jahr 1800 hätte leben dürfen, dann wäre er gerne Hegel gewesen – und dann hätte Žižek vielleicht, weil er mit einem Unterwäschemodel verheiratet war, eine Dialektik des Dekolletés verfasst (die es anderweitig gibt). Aber inzwischen wurde in dieser dritten Ehe mit dem Model Analia (!) Hounie die Scheidung eingereicht – obwohl sie mit Žižek seine Schriften herausgegeben und diese wohl auch noch verstanden hatte; aufgrund eines Lacanianers als Vater. Zumindest temporär lebt Žižek jetzt wieder ein philosophisches Junggesellendasein und arbeitet an einem Mammutwerk über Hegel – obwohl sein Vorbild Hegel die Ehe als moralische Pflicht angesehen hatte. Doch Zeit heilt Wunden, mit Psychoanalyse erst recht. Schon als Student wollte sich Žižek wegen einer unglücklichen Liebe umbringen:

> „Oh Gott, es war Liebe! Ich war völlig verzweifelt. Und die Analyse hat mich gerettet. Ich wollte mich umbringen, sagte mir jedoch:

> Heute nicht, ich habe noch einen Termin um zwei beim Analytiker. Und morgen auch nicht, da habe ich wieder einen Termin. Dieses Spiel ging einen ganzen Monat lang."[86]

Žižek glaubt nicht nur an die Psychoanalyse, sondern auch an die Liebe. Wenn auch ganz unromantisch an eine, die wehtun müsse. Sadomasochismus nicht ausgeschlossen. Nicht zuletzt träume er nur von Katastrophen, aber leider nie von nackten Schönheiten. Die Wut seiner Schriften entspringt im Grunde seines Herzens eigentlich christlicher Nächstenliebe – doch ist für Žižek die echte christliche Liebe eine „kantische reine Liebe ... Und die braucht den Hass"[87]. Noch besser wäre eine (nicht nur philosophische) Weltherrschaft, die selbst für gemochte Kollegen wie seinen „Freund Peter ... fucking Sloterdijk"[88] den Gulag vorsieht. Žižek versucht, den Sex zunächst zu kategorisieren in individuelle Tätigkeiten (wie Masturbation) oder virtuellen Gemeinschaftssport (wie Cybersex). Masturbation und Geschlechtsverkehr verbindet, dass sie nicht ohne Phantasie funktionieren. Nur dass beim Sex mit einem realen Menschen zwei nicht unbedingt kongruente Phantasiewelten aufeinander prallen: „Die Körper sind sichtbar zusammen, die Fantasien jedoch nicht zwingend oder: nie vollständig. Also könnte man Sex etwas unfreundlich auch als Masturbation zu zweit beschreiben."[89] Zumindest für den Mann gilt das in seinem phallozentrischen Selbstverständnis. Das Vergnügen der Frauen liegt hingegen in der Option, später über die Hilfestellung des Mannes bei dessen gemeinsam mit ihr vollzogener Masturbation zu reden, vielleicht sogar „... schon währenddessen eine gewisse minimale narrative Distanz" auszuüben und einzubeziehen, „... so dass sie sich selbst schon da zusehen und das Erlebnis zu einer Geschichte verarbeiten."[90] Masturbation sei eine Art sexueller Nullpunkt, über den der Mensch aber noch nicht allzu weit hinausgekommen sei, denn „... der Übergang ... zu einem lustvollen Genießen des Körpers des Anderen ist keineswegs „natürlich", sondern er impliziert eine Reihe traumatischer Schnitte, Sprünge und erfinderischer Improvisationen."[91]

Eine dieser Improvisationen ist für Žižek der Fetisch, ohne den Sex unmöglich sei. Denn das Objekt der Begierde sei zwar der begehrte Sexpartner, nur sei der Auslöser der Begierde davon zu trennen. Ursache ist ein Trick der Natur, die eine Eigenart des Körpers oder der Kleidung derart erotisch auflädt, dass sie zum Orgasmusbeschleuniger wird. Žižek konstatiert auch, dass Begierde und Trieb Hand in Hand arbeiten, weil ohne einen Fetisch als Auslöser der Sexualtrieb nicht funktioniere. Es geht also nicht um irgendeine weibliche Intimzone, sondern darum, dass

> „... diese ... der geliebten Person gehört. Mit anderen Worten, wenn ich entdecken sollte, dass die Vagina, die genauso aussieht, einer anderen Frau gehört (oder dass die Frau, die ich liebe, eine andere Vagina hat), dann würde diese Vagina nicht mehr dieselbe bedingungslose Faszination auf mich ausüben.“[92]

Die körperlichen Tätigkeiten beim Sex stehen, neben dem Ziel zum Orgasmus zu bringen, auch als lustvoller Selbstzweck im Raum. Dazwischen klafft jedoch eine Lücke, die der Situation eines künstlich Ernährten vergleichbar ist. Der wird zwar satt, aber sein Oraltrieb bleibt unbefriedigt. Dieser mutiert dann zu einer endlosen Wiederholungsschleife, zur Verewigung des Sexualtriebs. Daher kommt auch der Vagina eine doppelte Identität zu, einerseits rein naturwissenschaftlich als Penetrationsobjekt aus „Haut, Haar und Fleisch“[93], andererseits als Faszinosum des Mannes „... in ihrer körperlichen Materialität „das Ding selbst“ ... dessen Geheimnis sich niemals völlig ergründen lässt ... ihre Nicht-Identität mit sich selbst, d. h. die Art und Weise wie sie niemals unmittelbar „sie selbst“ ist.“[94] Der von Žižek in seinem Privatleben bevorzugte Fetisch ist damit klar umrissen (es gibt auch schon eine Kulturgeschichte der Vulva).

Frauen sind für Žižek ebenso lästig wie notwendig. Wie Revolutionen: „Es ist unmöglich mit ihnen, aber noch unmöglicher ist es ohne sie.“[95] Trotzdem oder deswegen: Der weibliche Intimbereich ist ihm ein ähnlich großes Mysterium wie Christus, der auch nicht die „... kontingente materielle ... Verkörperung des übersinnlichen Gottes ist, sondern seine „göttliche“ Dimension, reduziert auf die Aura des reinen Scheins.“[96] Damit sind wir bei Žižeks Religionsphilosophie angelangt, in der er sich als aggressiver Atheist geoutet hat. Er stellt die Lustfeindlichkeit des Christentums der Lebensbejahung des Judentums gegenüber. Insbesondere die in der Kabbala erwähnte Kraft oder Weisheitsquelle der Vaginalsäfte ist ihm ein Indiz dafür, dass ein obszönes Anhängsel wie die Kabbala in einem Spannungsverhältnis zum eigentlich religiösen Regelwerk – der Tora – steht, quasi einen „Über-Ich Schatten“[97] bildet, der aber eine ganzheitliche Identifizierung des Menschen mit seinem Glauben ermöglicht. In der westlichen Welt sei dagegen die traditionelle erotische Leidenschaft im Verschwinden begriffen, wirklich neue Reize und Spielarten bringe nur die virtuelle Welt von Cybersex-Spielen. Moderne Sexualität verkomme ansonsten immer mehr zum fast food, das in einer dunklen Büroecke verschlungen werde. Dagegen sei die höfische Liebe des Mittelalters so präsent wie nie zuvor, wobei die mittelalterliche Minne allerdings als Vorstufe für eine sadomasochistische Beziehung gesehen wird: Die adlige Herrin habe als strenge Domina ihren Diener mit allen verfügbaren Mitteln traktiert, auch mit Körpersäften wie Urin. Von einem ätherischen Beziehungsgeflecht sei dies weit entfernt. Ansonsten habe die moderne (sexuelle) Liebe eine echte Sublimierung (hier genannt Desublimierung) nötig und nicht mehr die Idealisierung der Geschlechter. Die Frau steigt dabei von ihrem erhabenen Podest herab und packt mit an, etwa um die beim Sex entstanden Schäden an Wohnungseinrichtung oder Bettwäsche zu beseitigen. Die „sublime Dimension“[98] der erotischen Beziehung soll also auch die trivialste Wirklichkeit des Beziehungsalltags erleuchten, wie etwa Abspülen und Bügeln.

Žižek ist radikaler Konstruktivist: Die Realität existiert für ihn nicht, allenfalls als symbolisches Netzwerk, um die Nicht-Existenz derselben zu verschleiern. Damit gibt es auch keinen echten Sex. Alles ist nur Simulation, vergleichbar mit einem vorgetäuschten Orgasmus: „Man bildet sich ein, Sex mit einem echten Partner zu haben, benutzt ihn tatsächlich aber lediglich als masturbatorisches Werkzeug. Der echte Partner stellt nur ein Minimum an Materialität dar, um die eigenen Fantasien auszuleben.“[99] Diese fehlende Realität führe uns der Cyberspace besonders drastisch vor Augen:

> „Virtueller Sex ist nicht deswegen so schrecklich, weil man feststellt: Mein Gott, früher hatten wir echte Partner, die man berühren, umarmen, an sich drücken konnte, und jetzt masturbieren wir nur noch vor dem Bildschirm. Oder man masturbiert noch nicht einmal mehr, sondern genießt nur die Vorstellung, daß jemand anders an einem anderen Bildschirm genau das tut. Der Punkt ist also, daß uns klargeworden ist, daß es noch nie echten Sex gegeben hat.“[100]

Entsprechend seiner These von nicht existenter Realität, liegt in diesen philosophischen Pollutionen wenig realer Erkenntnisgewinn. Andere, vielleicht wichtigere Fragen, etwa ob der Einsatz von Sexrobotern zur Lustbefriedigung ein ethisches Problem darstellt, ob Cyber-Lustpuppen (die es ja gibt) das Wesen des Menschen an sich verändern, nimmt Žižek nicht zur Kenntnis. Stattdessen postuliert er ein „phasmatisches Element“, das neben den am Sex beteiligten Menschen – wie viele es auch sein mögen – existiert:

> „Es muss dabei immer ein phasmatisches Element geben. Es muss mindestens ein drittes, imaginäres Element geben, das es mit möglich macht, mich in die Lage versetzt, mich sexuell zu betätigen. Ich möchte mal eine unangenehme Erfahrung ansprechen, die wohl die meisten kennen. Es kann passieren, dass man sich, während man sich sexuell betätigt, plötzlich albern vorkommt. Man verliert den Kontakt damit. In der Art: Gott, was mache ich denn da, was für dämliche Bewegungen? Und so weiter, und so fort. In der Realität hat sich in diesen seltsamen Momenten, in denen ich das erlebe, nichts geändert. Nur habe ich die Unterstützung des Phantasmas verloren.“[101]

Dieses dritte Element ist philosophiehistorisch gesehen eine logische Konsequenz der Abschaffung einer dritten Ebene durch die Abschaffung Gottes; Folge der aufklärerischen These von der Vollkommenheit des Menschen. Vorher war nur Gott vollkommen. In der Moderne sucht der Mensch seine individuelle und per se nicht vollständig umsetzbare Vollkommenheit. Und kommt sich dabei manchmal dämlich vor. Es sei denn, er lenkt sich ab mit einem Fetisch. Dieser Kunstgriff widerspricht aber der Denkweise eines anderen Philosophen:

Der amerikanische analytische Philosophieprofessor **Thomas Nagel** (!) (*1937) veröffentlicht ’69 (!) einen Aufsatz über sexuelle Perversionen, hat aber innerhalb der Philosophie mehr Erfolg mit anderen Themen, eher mit Fledermäusen als mit Vögeln (von ihm stammt der vielzitierte Grundlagentext „Wie es sich anfühlt, eine Fledermaus zu sein“ von 1974). Pervers sei, wenn keine interpersonelle Reziprozität erreicht werde; denn charakteristisch für Sex sei wechselseitiges Verlangen, daher sei die sexuelle Beziehung anders als die Beziehung zu einem Omelett (sic).

Nach all diesen Männermeinungen nun ein Blick auf die Philosophien von Frauen. Schließlich ist die Philo-Sophia weiblich – die Ikonographie von der Antike bis zur Renaissance stellt sie überwiegend als Frau dar.

Doch was ist von Thesen zu halten, wie z. B. denen der Philosophin **Luce Irigaray** (*1930). Die beschäftigt sich mit tief greifenden Problemen der Menschheit, etwa der Kreuzessymbolik von Lippen und Schamlippen: „Lippen, die sich übrigens kreuzen wie die Balken des Kreuzes ... Die Lippen des Mundes und die des Geschlechts haben nicht die gleiche Ausrichtung. Sie sind gewissermaßen entgegengesetzt zu der erwarteten Richtung angeordnet: die „unten" sind vertikal."[102] Die zwei (Scham-) Lippen würden auch für ein mathematisches Problem sorgen, denn die Frau „... ist weder eine noch zwei. Bei aller Anstrengung kann sie nicht als eine Person, noch als zwei, bestimmt werden ... Und ihr Geschlecht, das nicht ein Geschlecht ist, wird als kein Geschlecht gezählt."[103] Ansonsten sei die Frau, zumindest bei der Auto-Erotik, dem Mann gegenüber im Vorteil: „... dieser hat, um sich zu berühren, ein Instrument nötig: seine Hand, das Geschlecht der Frau"[104], während sich die Frau mit ihren Schamlippen selbst berühren könne. Die Philosophie der Irigaray staunt fast rührend über das Wunder der Fruchtbarkeit, was eher von experimentalarchäologischem Interesse bei der Simulation der Gedankenwelt steinzeitlicher Menschen ist. Auch von Engeln ist die Rede, die zwischen dem Mann und der Frau zirkulieren und dabei die sexuelle Differenz auflösen, indem sie als besänftigende Boten im Geschlechterkrieg vermitteln, „... denn die sexuelle Beziehung ist ein Fest, eine Feier und keine maskierte oder polemische Herr-Knecht-Beziehung"[105].

Wesentlich militanter präsentiert sich **Judith Butler** (*1956), die „... die Darstellung von aggressiver weiblicher Sexualität in den Medien"[106] schätzt und von der beherrschenden Macht des Heterosexismus spricht, von der sie sich sowohl in ihrer Philosophie als auch im Privatleben durch gleichgeschlechtliche Beziehungen zu befreien sucht. Alle Formen der Sexualität, die nicht der möglichen Reproduktion dienten, würden eine gesellschaftliche Pathologisierung erfahren. Daher will Butler den Bruch „... mit den Hegemonien der Heterosexualität [und] der Fortpflanzung"[107], indem sie eine Dekonstruktion der Geschlechter betreibt. Bereits die Unterscheidung der Geschlechter sei ein Sexismus, durch den die Frau in den Kerker des Leibes gesperrt werde. Das Geschlecht sei lediglich eine Konstruktion der Kultur und nicht biologisch determiniert, was ähnlichen Tiefgang hat wie die These, dass der Löwe eigentlich von Natur aus Pflanzenfresser sei: „Werden die angeblich natürlichen Sachverhalte des Geschlechts nicht in Wirklichkeit diskursiv produziert, nämlich durch verschiedene wissenschaftliche Diskurse ...?"[108] In Anlehnung an Foucault sieht Butler daher das biologische Geschlecht als „... Teil einer regulierenden Praxis, die die Körper herstellt, die sie beherrscht"[109]. Dabei geht es ihr aber weniger darum, das biologische Geschlecht der Frau im Ätzbad der Dekonstruktion aufzulösen, als vielmehr die Voraussetzungen zu hinterfragen, die den Körper zu einem spezifisch männlichen bzw. weiblichen werden lassen.

Kommen wir zu einem weiteren Beispiel femininer Sex-Philosophie: Für die Derrida-Schülerin **Beatriz Preciado** (*1970) muss am Anfang allen Philosophierens über Sex der Dildo stehen. Es werde sogar „... Zeit, dass die Philosophie vom Dildo lernt."[110] Denn dieser mache den Tod Gottes (von Nietzsche angekündigt) für den Bereich des Sexuellen wirksam. Preciado begründet dies damit, dass der Dildo die Geschlechtergrenzen aufheben würde. Er macht „... aus dem Fick einen paradoxalen Akt, in dem man die Position männlich/aktiv oder weiblich/passiv nicht identifizieren kann."[111] Da der Anus Zentrum sexueller Betätigung werden solle, sei es auch egal, welches Geschlecht man habe. Die Frau werde mit ihrem Dildo dem Mann sexuell ebenbürtig. Dieser habe auch nur eine, dem Dildo nachgeahmte, vergrößerte Klitoris. Mit diesen Thesen will Preciado in ihrem „Kontrasexuellen Manifest" eine Revolution entfesseln, die eine neue sexuelle Gesellschaftsform durchsetzt, deren einzig bleibender Wert der bereits genannte Dildo sein soll: „Die Liebe geht, die Liebe kommt, die Sex-Partner kommen und gehen, aber der Dildo ist immer da. Er ist der Überlebende der Liebe."[112] Die Protagonisten der neuen Gesellschaft nennen sich lesbische Körper bzw. Wittigs (nach der lesbischen Feministin Monique Wittig, 1935–2003). Daher verankert Preciado in zwölf Artikeln das Recht auf Geschlechtsumwandlung, natürlich tendenziell eher als Recht des Mannes, der sich nicht zur Frau – diesen Term gibt es nicht mehr –, sondern zum lesbischen Körper umwandeln lassen kann. Kleinere philosophische Unschärfen, die sich aus dem Manifest ergeben, etwa dass Männer fortan Frauennamen annehmen sollen (aus Andreas wird Andrea), sind der Destabilisierung des heterosexuellen Regimes geschuldet – oder der Logik Monique Wittigs, nach der Lesben keine Frauen seien.

Zurück zum Dildo: Die so bedeutende Wandlung aller sexuellen Werte solle nicht mehr mit dem philosophischen Hammer, sondern mit dem Dildo geschehen, zu dem jedes Körperteil werden könne und müsse. Für Preciado hat sich nicht nur der herkömmliche Sex überlebt, sondern auch die Philosophiegeschichte sei nur „... eine anale Befruchtung zwischen ‚molekularen Homosexuellen' ohne Ghetto und ohne Scham, d. h. zwischen schamhaften ‚intersexuellen' Männern, die ihre eigenen Ghettos haben. Die Geschichte der Philosophie ist die Geschichte der Heterosexualität im Closet."[113] (ein Konstrukt von Gilles Deleuze (1925–1995), der die Philosophiegeschichte mit Analsex verglich). Als Ergebnis wird das angespannte Verhältnis von Philosophie und Sex aufgehoben, aber das hat seinen burlesken Preis: Das Leben wird zur einsamen Tätigkeit, nur noch von einer schwarzen Sonne erhellt – und vom Tod. Denn, und hier ist er wieder, im Dildo manifestiere sich der gefürchtete Tod, der den lebenden Penis bedroht, ein „... Virus, der die Wahrheit des Sexes korrumpiert."[114] Wie bei Shakespeares „Hamlet" gibt es auch bei Preciado fast keine Überlebenden und nichts existenziell Überdauerndes.

Vom Üben und Schäumen: Sloterdijk

„Frauen sind sehr überzeugend, wenn sie dem Kontrahenten den Rückzug abschneiden. Dabei entsteht eine Konfliktlage, die auch einen eher beobachtenden Menschen wie mich involvieren kann. Philosophisch gesprochen: erotische Erlebnisse bilden eine eigene Klasse von Evidenz."[115]

Peter Sloterdijk (*1947) wird in den Medien gerne als Aushängeschild der deutschen Philosophie gehandelt. Er ist dafür prädestiniert, da er sich gerne zu medientheoretischen Problemen äußert, angefangen bei Spaßkultur und Musealisierung, über die kulturgeschichtliche Bedeutung von Flatulenzen bis zur Globalisierung. Aber das sind nicht die einzigen Themen seines Wirkens. Eigentlich gibt es nichts, was er nicht thematisiert, und darüber hinaus denkt er sich noch so viele neue Wörter aus, dass andere sogar Wörterbücher über den Meister des intertextuellen Diskursspringens geschrieben haben, der eine aus 20 000 Bänden bestehende Bibliothek besitzt. Laut Sloterdijk zeichnet sich nämlich nicht nur in der Philosophie der Trend zur Explikation philosophischer Begriffe ab, sondern auch in der Kunst – sexuell aufgeladene Körperteile würden thematisiert von Gustave Courbets „Ursprung der Welt" bis hin zu Veronika Bromovás „Ansichten" einer Vagina im Querschnitt und Sexualität werde immer expliziter und aggressiver:

> „Die sexuelle Explikation, die dem 20. Jahrhundert in kultureller Hinsicht sein Gepräge gab, hat die Modi und Voraussetzungen des sexuierten Lebens publizistisch, wissenschaftlich, ästhetisch, psychologisch und ökonomisch in einer historisch nicht bekannten Weise ans Tageslicht gehoben ... sie hat den Blick auf die genitalen Tatsachen scharfgestellt und das Zusehen in einem unbekannten Ausmaß angeboten – bis zu dem Punkt, an dem das Wort „explizit" präzise das Aufklaffen von Intimitäten bezeichnet."[116]

Seinen Durchbruch erlangt Sloterdijk 1983 mit der „Kritik der zynischen Vernunft". Darin weist er nach, dass sich die Vernunftgläubigkeit Kants und die „Kritische Theorie" der Frankfurter inzwischen überlebt haben. Und, dass Nacktheit eine eigene Kulturgeschichte hat, zunächst in Form der nackten Wahrheit. Hier ist ihm die kynische Schule des Diogenes Vorbild, denn diese „... wagt sich mit nackten Wahrheiten hervor ... Erst radikale Nacktheit und Unverborgenheit der Dinge befreien uns vom Zwang zur misstrauischen Unterstellung."[117] Und wir leben, was das angeht, in einer interessanten Zeit:

> „Nie zuvor ... war so evident, dass Sex ... eine völlig eigenwertige Luxusbetätigung darstellt. Als Naturtheater des Auftriebs bietet er allen Aktiven eine Chance, sein antigraves Potential zu erforschen. Durch seine Lage am Schnittpunkt zwischen Ausdruck von Passion, Begegnung, Spaß und Sport bietet er Zugänge aus allen Richtungen. Er ist, in seiner decodierten Form, die reine Laune selbst ... Deswegen bildet decodierter, explizierter, von emotionalen und reproduktiven Bedeutungen leicht abkoppelbarer Sex die Mitte der Spaßkultur."[118]

Doch gilt es darüber hinaus, über das nackte Fleisch als solches zu philosophieren. Denn das Präsentieren nackter Körper sei eine wichtige diskursive Praxis, z. B. um auf typisch kynisch-zynische Weise Kritik an „christlich-bürgerlich-kapitalistischen Schizophrenien"[119] zu üben, z. B. in Form der bereits erwähnten Busen-Attacke auf Adorno: „Hier stand das nackte Fleisch, das Kritik übte – dort der bitter enttäuschte Mann, ohne den kaum einer der Anwesenden erfahren hätte, was Kritik bedeutet – Zynismus in Aktion."[120] Ein weiteres Beispiel: Nackte Wahrheiten gräbt Sloterdijk auch über das Christentum aus und belegt anhand einer gnostischen Sekte des 4. Jhdts., dass es „die christliche Orgie"[121] gab, ein Dualsystem von Gruppensex und Gottesdienst, philosophischer ausgedrückt: „... ein hemmungsloses, unschuldiges, ja heilig-wildes Sichgehenlassen und ein gottwohlgefälliges Wühlen in männlichen und weiblichen Säften. Mindestens dies eine Mal zeigte sich das Christentum als nacktes Durcheinander von trunkenen Christenleibern, die ihre Lust zelebrieren."[122] Die etwas ruhigere christliche Sexualethik der Moderne sei von daher nur ein „Sexualzynismus", der „... auf erhabenen Lügen aufgebaut ist."[123] Sloterdijk sieht sich selbst jedoch als Teil einer Generation, die die Gesellschaft „orgienfähig"[124] machen wollte und den Traum einer folgen-, also kinderlosen „Verausgabungssexualität ohne Angst vor dem Monat danach"[125] träumte. Sloterdijk nennt das daraus entstehende Missverhältnis von viel Sex und wenig Kindern „Permasex". Der ist etwas Gutes, denn erstens: Die reproduktive Sexualität hat sich sowieso überlebt, diese sei sogar eine „kommunistische Zumutung"[126]. Denn, wenn zwei gegensätzliche Individuen an einem so immanent gemeinsamen Projekt arbeiten würden, müsste man dem Gegenüber einen „ungeheuer großen biologischen Kredit"[127] geben. Die Zukunft gehört dem Klon, alles andere wäre eine Kamikaze-Entscheidung. Zweitens:

> „Ich hatte brillante Jugendfreunde, mit denen man über das Entscheidende reden konnte, über Benn und Adorno, über Bense und Sartre, über Fichte und Luhmann, und dann verschwanden sie eines Tages hinter Windeln und kommandierenden Müttern. Ich könnte eine Novellensammlung liefern, mit lauter Gründen, Kinder abzulehnen."[128]

Noch besser: Sloterdijk ist selbst verheiratet und Vater einer Tochter. Doch weit vor jedem Urteil muss man ihm zugute halten: Das Mysterium der Sexualität ist (seiner Aussage nach) für den Mann ohnehin undurchschaubar. Männer seien Sinnbild der Verschwendung ob ihrer Überfülle an Naturgaben, die sie an die Frauen weitergeben wollen (Sloterdijk kommt aufgrund interdisziplinärer Rechenkünste auf 150 Milliarden Spermien während seiner aktiven Tätigkeit). Die Frauen wollen das aber gar nicht permanent. Also mutiert der Mann vom strahlenden Grandseigneur zum Bittsteller, auch im metaphysischen Sinne:

> „Das Mysterium der mamisphärischen Weiblichkeit besteht darin, dass dort eine Ovulationsspieluhr abläuft, auf die man keinen Einfluß hat und die uns in die Verlegenheit bringt, da hinein zu wollen, um irgendwie mitzumachen. Der Mann ist sozusagen in einer Bettler-Situation als externer Betrachter einer Welt von Frauengeheimnissen, zu der es keinen Zugang gibt.“[129]

Die scheinbare Opposition von Philosophie und familiären Banden gilt indes nicht für Metaphysik und Sex, denn „... in der Erotik [werden] unsere letzten metaphysischen Schlachten geschlagen ... Für den Habitus der Europäer, das Leben durch Höhepunkte zu rechtfertigen, ist die Sexualität die letzte Bastion.“[130] Jenseitsgläubigkeit sei nämlich durch Höhepunktgläubigkeit des „modernen Orgasmusnarren“[131] ersetzt worden und der Tod im 21. Jhdt. nur noch ein „in die Kiste springen, ... eine trockene Abschaffung, man kippt aus dem Bild.“[132] Also weicht unser „metaphysischer Restsinn“[133] in den Orgasmus, wenn nicht sogar in die „genitale Apokalypse“[134]. Zumindest im Westen. „Der Westen hat seine apokalyptische Dynamik an den Genitalien festgemacht, sozusagen für endlose erotische Mobilmachung plädiert, ja man kann sagen, der westliche Mann will lieber ein Ende mit Schrecken als einen unendlichen Verkehr.“[135] Vergleichsweise weniger militant strebten demgegenüber die indischen Tantriker „... nicht so sehr einen scharfen Gipfel an, sondern ein endloses tiefes Tal.“[136] Auch die stundenlangen „Tummeleien im halbsteifen Bereich“, wie sie die alten Chinesen lehrten, seien unserem „Kult der Entladung“[137] völlig entgegengesetzt. In beiden Fällen gilt: Erfüllte Erotik ist nur durch ständige Übung möglich. Nicht zuletzt seien die großen (sexuellen) Weltkulturen (China und Indien) Übungskulturen gewesen (und er fordert in dem Buch „Du musst Dein Leben ändern“ stetes Üben ein, wenn auch nicht nur im Bett, sondern ganz unanzüglich eigentlich immer und überall). In Europa hingegen sei die Suche nach erfüllendem Sex mit dem Warten auf das Christkind vergleichbar: „Oft wird nur geklingelt, und es kommt nicht“ (wenn es aber doch kommt, entsteht die eingangs bezeichnete eigene Klasse von Evidenz[138]).

Dass Sloterdijk mit diesem Argument letztendlich doch die eigene christlich-europäische Prägung outet, steht vor dem Hintergrund seiner Lehr- und Jugendjahre im nichtchristlichen Indien – genauer gesagt, in den erotischen Seminaren des von ihm verehrten Sektenführers Bhagwan Shree Rajineesh (1931–1990):

„Im wesentlichen war der Ashram in Poona ein Institut für Vergleichende Religionsforschung – mit angegliedertem Labor für erotische Feldarbeit. Es gab an ihm viele begabte Forscher und Forscherinnen, ich war lange genug da, um es zu bezeugen. Wir würden das alles heute wohl unter interaktiven gender studies einordnen … der Lehrkörper bestand zu großen Teilen aus Frauen, Schönheiten, Entblößtheiten, duellfreudig, berührungswillig in einer Weise, an die heute zu erinnern melancholisch stimmt."[139]

Sloterdijks Indienaufenthalt bei diesem „Wittgenstein der Religionen"[140] war für ihn zu diesem Zeitpunkt „lebenswichtig"[141]. Und davon erzählt er in einem „Playboy"-Interview: „Ich war in Indien, aber nur im Umfeld des Ashrams."[142] Frühere Aussagen wie: „… man taumelte von einer Übung zur anderen"[143] sucht man hier vergeblich, Teil der somit im Laufe von 27 Jahren vollzogenen Indoktrination dieser – so Sloterdijk – „Titten- und Schenkelpresse"[144], die „… mit hohen Graden an Bewusstheit auf raffinierte Verblödung hin"[145] arbeite.

Aber egal wo und egal ob Sex oder Permasex – dieser Themenkomplex ist virulent im Werk Sloterdijks, z. B. in den „Sphären", wichtig für jede Art der Thematisierung von Schäumen und Blasen. In diesem dreibändigen Werk untersucht Sloterdijk die vom Menschen bewohnten Räume und dessen Beziehungsgeflechte, angefangen im Mutterleib, wo der Embryo im sog. Uterotop „Blasen" bildet, also seine erste enge Beziehung aufbaut. Mit der Geburt wird diese Blase zerstört. Das Drama der menschlichen Existenz beginnt. Und endet schlimmstenfalls im Einzimmerapartment, eingeschlossen mit einer masturbatorischen Selbstbeziehung. Oder in der Ehe, auch nur ein Vertrag zur postnatalen Lebenshilfe in einem Leben voller Schäume. Schäume sind wie Beziehungen zwischen Menschen – etwa im sexuellen Bereich. Nicht von ungefähr habe Aristoteles die Ejakulation als Phänomen von durch Luftzufuhr aufgeschäumten Körpersäften beschrieben. Gegen diese immense kulturgeschichtliche Bedeutung des Schaums verweigere sich aber die Neuzeit:

„Ein populärer Biedersinn hat dem Schaumigen, Leichten, Allzuleichten seit jeher die kalte Schulter zeigen wollen. Zwischen der klassischen Metaphysik und dem volksontologischen Alltag herrschte, über tiefe Differenzen hinweg, von alters her das Einvernehmen, dass man den ernsten, den verantwortlichen Geist an seiner Schaumverachtung erkennt."[146]

Dass dem nicht immer so war, zeigt der Schaumdeuter Sloterdijk mit einem Blick auf die antiken Schöpfungsmythen und der dortigen „... Aufladung des Schaums mit generativer Potenz und Fruchtbarkeitsbedeutungen"[147], z. B. beim Werden der Aphrodite, der Schaumgeborenen, aus dem schäumenden Penis des Titanen Uranos. Auch die indischen Mythen seien voll schäumender Ozeane mit zahllosen darin treibenden Liebes-Mädchen, die in ihrer erotischen Immanenz danach trachten, den Schaum von seiner Rolle als Verkörperung des Nichts in „Ausgehuniform"[148] zu befreien. Neben diesen metaphysischen Verortungen der Sexualität treten auch eher handfeste Themen wie Brüste und Genitalien auf. Letztere sind für Sloterdijk die „... Genies unter den Organen der unteren Körperhälfte. Wenn sie genug Erfahrung gesammelt haben, können sie ein Lied davon singen, wie es in der großen und der kleinen Welt wirklich zugeht. Sie gleichen den Drahtziehern im Dunkeln"[149], die eigentlich Menschheitsgeschichte machten. Weniger verborgen, aber genauso wirkungsmächtig seien die weiblichen Brüste, wenngleich wir nur mehr die sog. „Idealbrüste" aus einschlägigen Herrenmagazinen gewohnt seien: „Diese modernen Geschäftsbrüste existieren, philosophisch gesprochen, nur an sich, als Dinge, nicht für sich, als bewusste Körper. Sei bedeuten bloß eine Macht, eine Attraktion."[150] Ein Segen sei daher die Würdigung realer Brüste in ihrer Qualität, gerade wenn sie nicht der herrschenden Ästhetik entsprechen, denn „... [m]anche ... haben die Süße von reifen Birnen, die so schwer und freundlich zu sich selber geworden sind, daß sie bei guter Gelegenheit vom Baum fallen in eine Hand, von der sie sich erkannt fühlen."[151] Nun denn. Wer solchen Obstes entbehrt, dem bleibt besagte Möglichkeit zur schäumenden Selbstbefriedigung. Schließlich seien Apartments die Mönchszellen des 21. Jhdts., in die wir uns bevorzugt zu postmodernen Meditationen zurückziehen. Eben um zu masturbieren. Denn dies sei der Ort, an dem sich die Verbindung von Subjekt, Phantasma und Genitalien herstelle, ein eigentlich sehr philosophisches Unterfangen – und der Terminus Selbstbefriedigung auch ein Widerspruch in sich selbst: Schließlich triebe man es eigentlich nie mit sich selbst, sondern immer mit einem imaginären Sexpartner, das zentrale Sexualorgan sei das Gehirn – und die Genitalien damit eigentlich zu vernachlässigen.

Wegen dieser Querverbindung steht zu fragen, ob Sloterdijks spätes Schaffen im Zeichen einer „Kritik der sexuellen Vernunft“ stehen wird, um zu relativieren, dass sich die Philosophie immer mehr von praktischen Dingen wie der Sexualität entfernt hat, zunächst „Potenzstörungen“[152] bekam und sich dann „... vollends zu einem organisierten Eunuchentum“[153] entwickelt hat – schließlich bezeichnet er sich im genannten Interview als sexuellen Spätzünder, als „Depp auf diesem Gebiet und langsam von Begriff“, der dann aber doch noch „halbwegs Tritt gefasst“[154] habe.

6 Kein böses Nachspiel: Die Philosophie zwischen Grenzen und Bettkanten

Im Paris des 19. Jhdts. war es üblich, dass Prostituierte desinteressierte Passanten mit dem Nachruf „quel philosophe“[1] („Was für ein Philosoph“) bedachten. Das ist zwar kein zwingender Beweis, aber zumindest ein Hinweis darauf, dass das Verhältnis von Sexualität und Philosophie ein zutiefst problematisches ist. Es ist eines der vielen Mysterien der Menschheit, dass menschliche Beziehungen für Außenstehende nicht einsehbar und meist anders sind, als diese denken. Manche Pärchen wirken beneidenswert glücklich und lassen sich dann unvermittelt scheiden. Andere streiten sich so hingebungsvoll, dass sie bis ans Ende ihrer Tage keine Zeit für die Scheidung haben. Manche sind unglücklich und behaupten das Gegenteil. Andere sind glücklich und erzählen keinem, warum. Manchmal ändern sich Beziehungen, manchmal die Menschen. Ohne Angaben rationaler Gründe. Schon Pascal meinte, dass das Herz Gründe hätte, die die Vernunft nicht kennt. Wären die Philosophie und der Sex miteinander in einer real existierenden Beziehung liiert, wäre die gegenseitige Anziehungskraft mit der jeweiligen Andersartigkeit zu erklären; Gegensätze ziehen sich an. Vielleicht wäre diese Differenz aber auch streckenweise belastend und eher geeignet für eine Fernbeziehung. Gegen die gemeinsame Innigkeit spricht, dass einer der beiden Partner gerne viel, fast zu viel, spricht. Als ob jemand auf der Bettkante säße und Monologe hielte. Aber was für welche: Entweder sehr freudianisch (mit ganz viel Sex) oder wenig freudig (mit viel Askese) oder beides gleichzeitig. Nicht, dass jeder Wunsch der Bettkantianer peinlich wäre, aber die Kaltblütigkeit des Darüberschreibens und der (nicht in jedem, aber in manchem Fall) schlagerähnliche Tiefgang dieser Überlegungen befremden. Und manche Wünsche doch auch. Vielleicht ist es also kein Zufall, dass ausgerechnet der „Denker“ Rodins ein gerne verwendetes Logo verschiedener Internetseiten zum Thema sexueller Dysfunktionen ist.

Zwar zitieren verschiedene philosophische Zusammenschlüsse in ihren Logos Rodins „Denker“ – doch zeichnet sie das nicht eher als nichtwissend ob dieser Querverbindung aus? Vielleicht ist es tatsächlich nicht gut, wenn man nie aufhört zu denken, auch nicht für das Denken selbst. Was verbindet dann die Philosophie und den Sex? Davon abgesehen, dass beide stimulieren, wenn sie gut sind. Eine nicht ganz einfache Frage. Denn in der Geschichte der Liaison von Philosophie und Sex gibt es verschiedene Phasen, die sich scheinbar durch die Verschiedenheit sexueller Vorstellungen auszeichnen – vielleicht aber auch nur durch die Verschiedenheit der Deckmäntel für doch immergleiche Wünsche. Was die Philosophie und den Sex mit Sicherheit eint, ist der Beginn aller Leidenschaft im Kopf. Es gibt bei de Sade eine Frauengestalt, die aufgrund ihrer bloßen Phantasie zum Orgasmus gelangen kann – ohne Sexualpartner oder andere Hilfsmittel. Doch ist de Sade kein arrivierter Philosoph und eine Frau kein anerkannter Mann. Beides aber wäre entscheidend in einer nichtmatriarchalischen Gesellschaft und deren Philosophie. Wann immer in unserer heimischen Philosophenwelt darüber sinniert wird, ob die Sinne nur für die Lust, für die Fortpflanzung, für den Sex mit einer Frau, einem Mann, beiden, getrennt oder miteinander, oder mit noch ganz anderem gedacht und gemacht sind, scheint es zwar, als ob sich ein immergleicher Trieb mit epochengebunden verschiedenen Legitimationen ziert – diese sind aber fast immer frauenunfreundlich. Auch bei den Philosophinnen. Und den Frauen unter den Lesenden der vor allem männlicher Feder entstammenden Ergüsse ist nicht von ungefähr vom Genuss dieser Lektüre abzuraten, wie ihnen die Bücher selbst davon abraten. Dass die vorgestellten Sexosophien alle Gesellschaftsmodelle außer der Polyandrie (dem Konzept der einen Frau mit vielen Männern) durchexerzieren, spricht für sich – ebenso wie das quantitative Verhältnis weniger philosophierender Frauen zu vielen, vielen Männern. Was man nicht im Kopf hat, muss man eben zwischen den Beinen haben.

Ein zweites immergleiches Muster der beschriebenen Thesen zeigt sich in der Bewertung der Liebe: Fast immer spielt sie, der Grundstock des menschlichen Miteinanders, eine nur geringe Rolle, wenn nicht gar die Rolle des Bösen. Das aber bringt den philosophisch ambitionierten Teil der Menschheit nicht nur um vielfältige Möglichkeiten der vertraulichen Genüsse, sondern zeichnet die Philosophie auch als nur bedingt interdisziplinär aus. Denn aus der hamsteropfernden medizinischen Forschung ist bekannt, dass Sex im Allgemeinen und Sperma im Besonderen Träger von Glückshormonen sind, die nur dann auf ihre darwinistische Reise gehen können, wenn sie nicht durch Kondome aufgehalten werden. Doch wäre in heutiger Zeit ein unverhüllt dem Philosophen Foucault nachfolgender Akt nicht nur politisch inkorrekt, sondern auch kriminell. Das ist das eine Problem von mit realer Sexualität interagierender Philosophie. Das andere Problem ist, dass Sex mit Liebe innerhalb einer monogamen Beziehung nicht selten als Ende der Lust gehandelt wird (das statistisch gesehen, weil auf Hormonproduktion untersucht, nach etwa sieben Jahren eintritt). Denn so wie der Vorsokratiker Heraklit schon meinte, dass alles fließt und man deswegen nicht zweimal in den gleichen Fluss steigen könnte, so meinte auch der Kommunikationstheoretiker-Ökologe-Philosoph Bateson (zum Thema Zeitpunkte), dass man nicht zweimal mit der gleichen Frau zum ersten Mal ins Bett gehen könnte.[2] Und doch fragt sich der versierte Philosoph, warum eine Wiederaufnahme der Jagd nach neuen chemischen Reaktionen in einer Welt aus virtueller Simulation (wie bei Baudrillard und Žižek definiert) sich nicht ebenso auf virtuelle Simulation beschränken kann. So bliebe, aufgrund der Einsparung sozialer Vorverhandlungen, mehr Zeit für die Philosophie, wenn nicht gar den Akt selber – und damit doch wieder für die Liebe. Schließlich haben Wüstenmäuse unter Laborbedingungen gezeigt, dass Akkordkopulation durchaus der Festigung sozialer Bindungen dient – im Gegensatz zum Kosmologen-Naturphilosophen Kanitscheider, der in einem Interview mit Erkan und Stefan die Verschiedenheit von Geschlechts-Programmierung mit der Notwendigkeit verschiedener Sexualkontakte kombiniert. Entgegen der Meinung seiner Ehefrau.[3] Glaubt man aber nicht dem Philosophen, sondern den Mäusen, würde die Vereinung von Liebe mit Sex implizieren: Wenn Treue Spaß macht, ist es Liebe – aber diese Einsicht wiederum stammt von dem nicht philosophiestudierten Weibe (Julie Andrews), der Darstellerin einer Romanfigur (Mary Poppins), die noch dazu stets darauf drängt, nicht zuviel zu hinterfragen und nicht zuviel zu sagen. Ausgerechnet.

Für die wissenschaftliche Positionierung im Feld zwischen Philosophie und Sex, Liebe und Lust gilt: Wenn ästhetische Wahrnehmung und die Lust an psychologischem Schönheitsempfinden tatsächlich ein Pendant des rationalen Denkens sind, dann wäre Sex einerseits nicht in Worte zu fassen, andererseits aber (als eine von vielen ästhetischen Tätigkeiten) so notwendig für ein gelingendes Leben wie der blinde Fleck des Auges für das Sehen. Jede philosophisch formulierte Darstellung von Sex ist von daher dieser Parade-Disziplin des Denkens nicht unbedingt unwürdig, aber in sich ambivalent. So wie alle wissenschaftliche Beschreibung ästhetischer Tätigkeiten. Das Dilemma zwischen Sag- und Sinnlichkeit ist in diesem Falle aber nicht unbedingt nur von Schaden, denn Leerstellen des Denkens sind obligatorisch für das Funktionieren des psychischen Systems und Geheimnisse dementsprechend wichtig. Eigentlich. Keine philosophische These ist nämlich so interessant wie der unbekannte Inhalt des schwarzen Aktenkoffers, der nach Adornos Tod aus seinem Haus geschafft wurde.

Trotzdem philosophiert die Philosophie weiter. Dass sogar Vertreter dieses Standes einander des intellektuellen Striptease[4] (sic!) bezichtigen, kümmert keinen. Und so changiert der Eindruck mancher Thesen zwischen der eingangs erwähnten Anmahnung, im Falle sexueller Anfechtung Ablenkung durch die Philosophie zu suchen auf der einen Seite, andererseits dem melancholischen Gedenken an eine Bemerkung in Rousseaus Bekenntnissen: Nach der pflegte der Philosoph manche Bücher, wie die „Thérèse philosophe", beim Lesen mit nur einer Hand zuhalten, um die andere freigestellt zu wissen für spezielle Tätigkeiten. Zweifel an der philosophischen Nachhaltigkeit mancher gezeigter Thesen sind also erlaubt, vor allem seit den Thesen des 18. Jhdts.: In dem Moment, in dem die ethische Verbindlichkeit des christlichen Glaubenssystems relativiert wird, relativieren sich auch die philosophischen Bewertungen der Sexualität bis hin zur Unrelativitätstheorie modernen Denkens. Das fängt philosophiehistorisch gesehen schon damit an, dass der Begriff der Sexualität erst zu Beginn des 19. Jhdts. aufkommt; vorher war die sog. Geilheit ein menschliches Bedürfnis wie andere Bedürfnisse auch. Doch mit dem Aufkommen des modernen Denkens und der modernen Philosophie, die im Philosophieren bzw. im Descartschen zweifelnden Denken ihre einzige gesicherte Existenzgrundlage sieht, wird auch der Sex umgewertet. Er ist nicht mehr in erster Linie fortpflanzungsorientiert, sondern zunehmend Mittel zur individuellen Selbstverwirklichung und Selbstvergewisserung. Und weil das Selbst in der Regel Sex braucht, oder meist zumindest haben möchte, wird im 18. Jhdt. die Natürlichkeit der Sexualität ein gebräuchliches Argument. Von romantisch-viktorianischen Rekonvaleszenzphasen abgesehen, bleibt die Philosophie bei dieser Meinung und propagiert in der Gegenwart zusätzlich die Natürlichkeit der Perversionen. Dass diese neue Freiheit nicht nur die Meinung vereinzelter Philosophen im Elfenbeinturm, sondern eine allgemeingültige und nicht nur glückbringende Tendenz ist, wird sichtbar am stetig abnehmenden Strafmaß für Sexualdelikte oder an der zunehmenden Medialisierung sexueller Gewalt. Andererseits sind Dokumentationen über den offiziell anerkannten Berufsstand des S/M-Ausbilders in heutigen Zeiten hoher Arbeitslosigkeit schon wieder gesellschaftsrelevant.

Aber ist eine Gesellschaft mit solchen Werten und Peitschen denn philosophisch abgesichert? Haben die Haushaltshilfen philosophischer Psycho-Haushalte mehr Sexappeal als die anderer? Oder tut die Philosophie schlecht daran, Leitmotive von Schmerz und Normübertretung, bzw. die Freiheit des Denkens bei freiem Zugang zu allen erdenklichen Sexualpraktiken zu kultivieren? Gibt es unerlaubte Geschäfts-Absprachen zwischen Philosophen und Uro- und Proktologen, den heimlichen Nutznießern entsprechender Praktiken? Harmonieren die Philosophie und der Sex? Fragte man dazu einen Philosophen, würde der wahrscheinlich ganz philosophisch nach der Definition von Sex fragen und danach, wie denn Sex ganz normativ sein solle. Doch das wäre ein Thema für ein eigenes Buch – ein anderes, so dass der vorliegende Text eine Antwort auf die Frage nach einer maximal lustbringenden und gleichzeitig moralinen oder möchtegernbösen These schuldig bleibt.

Ob all dieser Frage-Stellungen zeigt sich die Beziehung von Philosophie und Sex zwar als problematische, doch darin relativ lebendige Beziehung. Denn wer miteinander Probleme hat, teilt, wenn auch nicht das Bett, so doch irgendetwas. Und mit dieser Einsicht ist die vorliegende Beziehungsgeschichte so erschöpft wie omne animale post coitum triste, kommt zum Ende, und eingedenk der bereits genannten Geschichte von Woody Allen ist das gut so. Denn dort heißt es: „Die Freiheit des Menschen hieß für Nadelmann, sich der Absurdität des Lebens bewußt zu sein. „Gott schweigt“, sagte er gern, „wenn wir jetzt bloß die Menschen dazu brächten, die Klappe zu halten“.“[5]

Anmerkungen

Die Philosophie und der Sex

1 C. G. Lichtenberg: Lichtenbergs Werke in einem Band, Berlin/Weimar 1985, Heft B, 1768–1771, S. 9.
2 Johannes Klimakos, zitiert nach: E. M. Cioran: Vom Nachteil, geboren zu sein, Frankfurt am Main 1979, S. 98.
3 W. Allen: Nebenwirkungen, Reinbek bei Hamburg 1986, S. 17.
4 T. W. Adorno: Tagebuch vom 16. 10. 1949, in: Theodor W. Adorno Archiv (Hg.): Adorno. Eine Bildmonographie, Frankfurt am Main 2003, S. 203.

Die Antike

1 Hesiod: Werke und Tage, S. 702–705.
2 Platon: Symposion, 206d3–7 (nach http://www.gottwein.de/Grie/plat/symp201d.php).
3 Ders.: Symposion, Rede des Phaidros, 178c4–5.
4 J. W. von Goethe: Venezianische Epigramme, CXLIII, online unter: http://www.gutenberg.org/dirs/etext04/7vepi10.txt.
5 Platon: Phaidros, 251b.
6 Diogenes von Sinope, bei Plutarch: Über Kindererziehung, 7.
7 Diogenes Laertius: Leben und Meinungen berühmter Philosophen, Hamburg ^{3}1990, S. 317.
8 Lukrez, IV, 1175–1178.
9 L. Flem: Casanova oder die Einübung ins Glück, Hamburg 1998, S. 43.
10 Martial, I 35, 3–5.
11 Ovid: Drei Bücher über die Liebeskunst, Heilmittel gegen die Liebe, München 1920, S. 152.
12 Ders.: Liebeskunst, in: Ders.: Werke in zwei Bänden, Berlin, Bd. 2, Weimar 1982, S. 264.
13 Plutarch: Coniugalia praecepta, 48, 145B/C.
14 Ders.: Septem sapietium convivium, 156d, zitiert nach: M. Foucault: Die Sorge um sich, Frankfurt am Main 1989, S. 237.
15 Ders.: Amatorius, 750c, zitiert nach: M. Foucault: Die Sorge um sich, Frankfurt am Main 1989, S. 257.
16 Ebd., zitiert nach: M. Foucault, a. a. O., S. 263f.
17 Ebd., zitiert nach: M. Foucault, a. a. O., S. 266.
18 S. M. Platek/D. Singh: Optimal Waist to-Hip Ratios in Women Activate Neural Reward Centers in Men, in: PloS ONE February 2010, Volume 5, Issue 2, online unter: http://www.plosone.org/article/info:doi%2F10 1371%2Fjournal.pone.0009042.
19 Plutarch: Amatorius 754d, zitiert nach: M. Foucault: Die Sorge um sich, Frankfurt am Main 1989, S. 253.
20 Augustinus: Bekenntnisse, VIII 7.
21 Philon: Über die Einzelgesetze, III. Buch, in: Ders.: Werke in deutscher Übersetzung, Bd. 2, Berlin 1962, S. 238f.
22 Plotin: Enneade, III 5,1, in: Ders.: Schriften, Bd. 5, Hamburg 1960, S. 175.

Mittelalter und Renaissance

1 Abaelard: Die Leidensgeschichte und der Briefwechsel mit Heloisa, München 1987, 1. Brief: Die Leidensgeschichte, S. 21.
2 Augustinus: In epistulam Ioannis ad Parthos, tractatus VII, 8.
3 Hildegard von Bingen: Heilkunde. Das Buch von dem Grunde und Wesen und der Heilung der Krankheiten, Salzburg 1957, S. 204.
4 Dies.: Heilwissen. Causae et Curae. Von den Ursachen und der Behandlung von Krankheiten nach Hildegard von Bingen, Augsburg 1997, S. 137.
5 Dies.: Ursachen und Behandlungen der Krankheiten (causae et curae), Heidelberg ^{2}1980, S. 121f.
6 Roswitha von Gandersheim: Werke, Paderborn 1936, S. 81.
7 Thomas von Aquin: Summa Theologica, II–II, 153, in: Die deutsche Thomas-Ausgabe, Bd. 23, Graz, Wien, Köln 1993, S. 43.
8 Ders.: Summa Theologica, I, 98, 2.
9 Ebd.
10 M. Ficino: Über die Liebe oder Platons Gastmahl, Lateinisch – Deutsch, Hamburg 2004, S. 39.
11 P. Aretino: I Modi, Stellungen. Die Sonette des göttlichen Pietro Aretino zu den Kupfern Marcantonio Raimondis, Nachgedichtet und mit einem Essay versehen von Thonas Hettche, Frankfurt am Main 1997, Sonett I, S. 13.
12 P. Aretino: Die Gespräche des göttlichen Pietro Aretino, online unter: http://gutenberg.spiegel.de/?id=5&xid=71&kapitel=4&cHash=628f2283922#gb_found.
13 A. Vignali: La Cazzaria, München 1988, S. 32.
14 Ders., zitiert nach: Kurzel-Runtscheiner: M.: Töchter der Venus. Die Kurtisanen Roms im 16. Jahrhundert, München 2001, S. 136.
15 Ebd.
16 G. Bruno: De vinculis in genere, in: Giordano Bruno. Ausgewählt und vorgestellt von Elisabeth von Samsonow, München 1995, S. 166–228.
17 Ebd.
18 Ders.: Von den heroischen Leidenschaften, Hamburg 1989, S. 55f.
19 M. de Montaigne: Essais, Frankfurt am Main 1998, Erstes Buch, 28: Von der Freundschaft, S. 100.
20 Ders.: Tagebuch der Reise nach Italien über die Schweiz und Deutschland von 1580 bis 1581, Frankfurt am Main 2002, S. 189f.
21 Ebd., S. 169.
22 Ders.: Essais, Frankfurt am Main 1998, Drittes Buch, 5: Über einige Verse des Vergil, S. 429.
23 Ebd., S. 430.
24 Ebd.
25 Ebd., S. 444.
26 Ebd., S. 430.
27 M. Fonte: Il Merito delle Donne, in: E. Gössmann (Hg.): Ob die Weiber Menschen seyn, oder nicht?, München 1988, S. 136.
28 L. Marinella: Le Nobilita et Eccellenze delle Donne et i Difetti e Mancamenti de gli Houmini [1600], in: E. Gößmann (Hg.), Eva – Gottes Meisterwerk. Archiv für philosophie- und theologiegeschichtliche Frauenforschung, Bd. 2, München 1985, S. 23–44, hier S. 26.
29 Vgl. M. Rullmann: Philosophinnen. Von der Antike bis zur Aufklärung, Zürich, Dortmund 1993, S. 167.
30 T. D'Aragnona: Dialog über die Unendlichkeit der Liebe, Tübingen 1988, S. 85.

Barock und Aufklärung

1 Lyrik des deutschen Barock, München 1965, S. 74f. (aus: „Die Wollust").
2 Ebd., S. 87f.

3 R. Descartes: Die Leidenschaften der Seele, Hamburg 1984, Artikel 90, S. 139ff.
4 Ebd., S. 141
5 J. O. de La Mettrie: Über das Glück oder das Höchste Gute („Anti-Seneca"), Nürnberg 1985, S. 82.
6 Vie de Maupertius par L. Angliviel de la Beaumelle. Oeuvre posthume avec des lettres de Fréderic le Grand et de Maupertius, Paris 1856, S. 368.
7 J. O. de La Mettrie: L'homme machine, Paris 1966, S. 95.
8 Ders.: Die Kunst Wollust zu empfinden, Nürnberg 1987, S. 65.
9 Ebd., S. 19.
10 Ebd., S. 109.
11 Ders.: École de la volupté, zitiert nach: U. P. Jauch: Jenseits der Maschine. Philosophie, Ironie und Ästhetik bei Julien Offray de La Mettrie (1709–1751), München, Wien 1998, S. 362.
12 Ders.: Über das Glück oder das Höchste Gut („Anti-Seneca"), Nürnberg 1985, S. 28.
13 Ebd., S. 22.
14 P. L. M. de Maupertuis: Venus physique, Paris [6]1751, S. 86ff.
15 J.-B. d'Argens: Thérèse Philosophe oder Memoiren zu Ehren der Geschichte von Pater Dirrag und Mademoiselle Eradice, in: R. Darnton (Hg.): Denkende Wollust, Frankfurt am Main 1996, S. 230.
16 U. P. Jauch: Damenmoral & Männermoral. Von Abbé de Gérard bis Marquis de Sade. Ein Versuch über die lächelnde Vernunft, Wien 1991, S. 168.
17 J. B. D'Argens: Thérèse philosophe oder Memoiren zu Ehren der Geschichte von Pater Dirrag und Mademoiselle Eradice, in: R. Darnton (Hg.): Denkende Wollust, Frankfurt am Main 1996, S. 268.
18 Ebd., S. 266.
19 Ebd., S. 241.
20 J. O. de La Mettrie: Über das Glück oder das höchste Gut („Anti-Seneca"), Nürnberg 1985, S. 36.
21 J.-B. d'Argens: Thérèse philosophe oder Memoiren zu Ehren der Geschichte von Pater Dirrag und Mademoiselle Eradice, in: R. Darnton (Hg.): Denkende Wollust, Frankfurt am Main 1996, S. 341.
22 D.-A.-F. de Sade: Geschichte der Juliette, in: Ders.: Ausgewählte Werke, Bd. 3, Hamburg 1963, S. 892.
23 N. Rodgers/M. Thompson: Philosophen wie wir. Große Denker menschlich betrachtet, Berlin 2007, S. 20.
24 A. Baruzzi: Sade, in: Ders. (Hg.): Aufklärung und Materialismus im Frankreich des 18. Jahrhunderts, München 1968, S. 133–153, hier S. 153.
25 D.-A.-F. de Sade: Justin und Juliette, 10 Bde., München 1990–2002, hier: Bd. 3, S. 158.
26 Ders.: Die 120 Tage von Sodom oder die Schule der Ausschweifung, München 1999, S. 86.
27 Ebd., S. 20.
28 Ders.: Die 120 Tage von Sodom oder die Schule der Ausschweifung, in: Ders.: Ausgewählte Werke, Bd. 1, Hamburg 1963, S. 430.
29 R. Meyer, zitiert nach: J. Stanley: „To Hell with Relevancy and Off with the Blouses ...", in: San Francisco Chronicle, sec. Datebook, 3. August 1975, S. 21.
30 D.-A.-F. de Sade: Justin und Juliette, 10 Bde., München 1990–2002, hier: Bd. 2, S. 214.
31 I. Kant: Metaphysik der Sitten, AB 107–108.
32 D. A.-F. Sade: Justin und Juliette, 10 Bde., München 1990–2002, hier: Bd. 5, S. 228.
33 Ebd., S. 172.
34 Ders.: Brief an seine Frau vom Juli 1783, in: Ders.: Œevres complètes du Marquis de Sade, Bd. XII, Paris 1966/67, S. 395, zitiert nach: M. Pfister/S, Zweifel: Pornosophie und Imachination. Sade La Mettrie Hegel, München 2002, S. 96.
35 T. Perrottet: Das Ei des Napoleon, München 2008, S. 170f.
36 D.-A.-F. de Sade: Juliette ou les prospérités du vice,Bd. 2, ed. 1797, S. 63.
37 M. Foucault: Dits et Ecrits, Schriften in vier Bänden, Bd. 2, Frankfurt am Main 2002, S. 1023.
38 M. Horkheimer/T. W. Adorno: Dialektik der Aufklärung, Frankfurt am Main 1988, S. 95.
39 Ebd., S. 369.
40 N. E. Réstif de la Bretonne: Anti-Justine, online unter: http://www.zeno.org/Literatur/M/Restif+de+la+Bretonne,+Nicolas+%C3%89dm%C3%A9/Roman/Anti-Justine/Vorwort [27. 08. 2009].

41 L. J. Damon: Notes sur M. de Sade, in: Œuvres Complétes, Paris 1966–1967, hier: Bd. 15, S. 42.
42 I. Kant: Anthropologie in pragmatischer Sicht, in: Ders.: Werke, Akademie-Ausgabe, Bd. 7, Berlin 1968, S. 303.
43 Ders.: Beobachtungen über das Gefühl des Erhabenen und Schönen, in: Ders.: Werke, Akademie-Ausgabe, Bd. 2, Berlin 1968, S. 210.
44 Ebd., S. 239.
45 Ebd., S. 149.
46 Ders.: Metaphysische Anfangsgründe der Tugendlehre, Hamburg ^{2}2008, S. 63.
47 Ders.: Metaphysik der Sitten. Vigilantius, in: Ders.: Vorlesungen über Moralphilosophie, Bd. 4, Berlin 1975, S. 638.
48 G. Casanova: Geschichte meines Lebens, Bd. 10, Berlin 1985, S. 153.
49 J. Boswell: Londoner Tagebuch, 1. November 1764, zitiert nach: H. Schreiber: Casanova. Eine Biographie, Düsseldorf 1998, S. 210.
50 G. Casanova: Geschichte meines Lebens, Bd. 10, Wiesbaden, Paris 1960/1962, S. 353.
51 Ders.: Geschichte meines Lebens, München 1984, Bd. 1, S. 22.
52 Ders.: Geschichte meines Lebens, Bd. 4, Wiesbaden, Paris 1960/1962, S. 732, zitiert nach L. Flem: Casanova oder die Einübung ins Glück, Hamburg 1998, S. 240.
53 Ebd., zitiert nach ebd.
54 Ders.: Geschichte meines Lebens, München 1984, Bd. 1, S. 7ff.
55 Ebd.
56 J. O. de La Mettrie: Über das Glück oder das höchste Gut („Anti-Seneca"), Nürnberg 1985, S. 107.
57 Vgl. L. Flem: Casanova oder die Einübung ins Glück, Hamburg 1998, S. 192f.
58 G. Casanova: Geschichte meines Lebens, Bd. 10, Wiesbaden, Paris 1960/1962, S. 516, zitiert nach L. Flem: Casanova oder die Einübung ins Glück, Hamburg 1998, S. 223.
59 Ebd., Bd. 1, S. 4, zitiert nach ebd., S. 242.
60 Ders.: Aus dem Leben des Venetianers Jakob Giacomo de Seingalt, oder sein Leben wie er es zu Dux in Böhmen niederschrieb, Bd. 2, Leipzig 1822, S. 34 f.

Die Romantik und der Beginn der Moderne

1 M. Luther/G. Ecker: Ein schöner Alcoranischer Nessel-Krantz: aus den köstlichen unnd ubertrefflichen nicht Tischreden sondern fürnemen Operibus, unnd Büchern … Martini Lutheri … auff des Gottlosen Lucas Osianders … unsinnig Alcoranische Haupt … in Tag gegeben, Freyburg 1591, S. 34.
2 J. G. Fichte: Grundlage des Naturrechts nach Prinzipien der Wissenschaftslehre, Hamburg 1979, 1. Abschn.§ 4, 310.
3 J. J. W. Heinse: Ardinghello und die glücklichen Inseln, Berlin 1921, S. 37f.
4 J. G. Fichte: Grundriß des Familienrechts, in: Grundlage des Naturrechts nach Prinzipien der Wissenschaftslehre, Hamburg 1979, 1. Abschn., § 4, 305.
5 Ebd., 2. Abschn., § 4, 341.
6 Ebd., § 4, 393.
7 Ebd., § 15, 320.
8 Ebd., § 3, 303.
9 F. W. J. Schelling: Schriften zur Philosophie der Freiheit 1804–1815, in: Ders.: Werke, 4. Hauptband, München 1997, S. 360.
10 Vgl. F. W. Korff: Der Philosoph und die Frau. Zur Geschichte einer Mesalliance, Leipzig 2000, S. 100f.
11 Ebd., S. 99.
12 Ebd., S. 106.
13 F. W. J. Schelling: Antikritik zu: Vom Ich als Princip der Philosophie oder über das Unbedingte im menschlichen Wissen, in: Ders.: Ausgewählte Schriften, Bd. 1, Frankfurt am Main 1985, S. 132.

14 Ders.: Epikurisch Glaubensbekenntnis Heinz Widerporstens, in: M. Frank/G. Kurz (Hg.): Materialien zu Schellings philosophischen Anfängen, Frankfurt am Main 1975, S. 148ff.

15 C. Schlegel-Schelling: Brief an Friedrich Schelling, Brief vom Februar 1801, in: S. Damm (Hg.): „Lieber Freund ich komme weit her schon an diesem frühen Morgen". Caroline Schlegel-Schelling in ihren Briefen, Frankfurt am Main ^{2}1981, S. 217.

16 Dies.: Brief an Friedrich Schelling, 9. Juni 1800, in: Dies.: Caroline. Briefe aus der Frühromantik, nach Georg Waitz, Bd. I, Leipzig 1913, S. 603.

17 F. Schlegel: Lucinde, Stuttgart 1964, S. 89.

18 S. Kierkegaard: Brief an Emil Boesen vom 16. Januar 1842, in: Ders.: Briefe. Ausgewählt, übersetzt und mit einem Nachwort versehen von Walter Boehlich, Köln 1955, S. 43.

19 Ders.: Noch eine Verteidigung der höheren Anlagen der Frau, zitiert nach: S. Wennerscheid: Das Begehren nach der Wunde. Religion und Erotik im Schreiben Kierkegaards, Berlin 2008, S. 69.

20 J. G. Herder: Kalligone, in: Ders.: Sämmtliche Werke, Bd. 22, Berlin 1880, S. 162.

21 Berufungsschreiben an Friedrich Wilhelm Schelling vom 1. August 1840, in: F. W. Schelling: Philosophie der Offenbarung, Frankfurt am Main 1977, S. 486.

22 S. Kierkegaard: Brief an P.J. Spang vom 18. November 1841, in: Ders.: Briefe, ausgewählt, übersetzt und mit einem Nachwort versehen von Walter Boehlich, Köln 1955, S. 39.

23 Ders.: Entweder-Oder, in: Ders.: Gesammelte Werke, Bd. 2, Gütersloh 1979ff., S. 368.

24 Ebd., S. 389f.

25 G. W. F. Hegel: Enzyklopädie der philosophischen Wissenschaften, zitiert nach: C. Honegger: Die Ordnung der Geschlechter. Die Wissenschaft vom Menschen und das Weib 1750–1850, Frankfurt am Main 1992, S. 168.

26 J. Michelet: La femme, Paris ^{8}1876, S. 141, zitiert nach: B. Vinken: Herz Jesu und Eisprung. Jules Michelets devotio moderna, in: B. Menke (Hg.): Stigmata. Poetiken der Körperinschrift, München 2004, S. 315.

27 Ders.: Journal, II, 524, zitiert nach: B. Vinken, a. a. O., S. 316.

28 F. Nietzsche: Götzen-Dämmerung, in: Ders.: Werke in drei Bänden, Bd. 2, München 1954, S. 1003.

29 A. Schopenhauer: Die Welt als Wille und Vorstellung, in: Ders.: Werke in zehn Bänden, Zürich 1977, Kapitel 44: Metaphysik der Geschlechterliebe, S. 624.

30 Ebd.

31 Ders.: Parerga und Paralipomena, in: Ders.: Kleine philosophische Schriften, Bd. 1, Berlin ^{2}1862, S. 104f.

32 Ders.: Metaphysik der Geschlechterliebe, in: Ders: Die Welt als Wille und Vorstellung, Teil II, Zürich 1988, S. 50.

33 Ebd., S. 53.

34 T. Fontane: Unveröffentlichte Aufzeichnungen und Briefe, in: Sinn und Form. Beiträge zur Literatur 13 (1961), S. 711.

35 Ebd., S. 84.

36 Vatsyayana: Kamasutram, Berlin 1922, S. 12.

37 F. Nietzsche: Götzendämmerung, in: Ders.: Werke in drei Bänden, Bd. 2, München 1954, S. 1003.

38 Ders.: Also sprach Zarathustra, in: Ders.: Sämtliche Werke. Kritische Studienausgabe, Bd. 4, Berlin 1980, S. 86.

39 Ders.: Die fröhliche Wissenschaft, in: Ders.: Sämtliche Werke. Kritische Studienausgabe, Bd. 3, Berlin 1980, S. 611.

40 Ders.: Kritische Gesamtausgabe. Briefwechsel, Bd. 3, Berlin, New York 1975, S. 402.

41 L. von Salome, zitiert nach: P. D. Schmücker: Nietzsche in Psychoanalytischer Sicht, in: B. Vogel (Hg.): Der Mensch – sein eigenes Experiment, Kolloquium 2003 des Nietzsche Forums München, Vorträge aus den Jahren 2003–2005, München 2008, S. 378.

42 F. Nietzsche: Nachgelassene Fragmente, in: Ders.: Sämtliche Werke. Kritische Studienausgabe, Bd. 12, Berlin 1980, S. 229.

43 Ders.: Jenseits von Gut und Böse, in: Ders.: Werke in drei Bänden, Bd. 2, München 1954, S. 639.

44 Ders.: Menschliches, Allzumenschliches, in: Ders.: Sämtliche Werke. Kritische Studienausgabe, Berlin 1980, S. 273.
45 S. Freud: Das Unbehagen in der Kultur. In: Ders.: Gesammelte Werke, Bd. 14, Werke aus den Jahren 1925–31, [3]1963 Frankfurt am Main, S. 458.
46 Ebd., S. 463.
47 Ebd., S. 464.
48 O. Weininger: Geschlecht und Charakter. Eine prinzipielle Untersuchung, Wien, Leipzig [19]1920, S. 447.
49 Ebd., S. 137.
50 Ebd., S. 111.
51 Ebd., S. 378.
52 Ebd., S. 345.
53 Ebd., S. 284.
54 Ebd., S. 313.
55 K. Tucholsky: Ein Taschenbuch, in: Die Weltbühne, 05. 02. 1920, Nr. 6, S. 190, online unter: http://www.zeno.org/Literatur/M/Tucholsky,+Kurt/Werke/1920/Ein+Taschenbuch.
56 G. Simmel: Weibliche Kultur, in: Ders.: Philosophische Kultur, Leipzig [2]1919, S. 262.
57 Ders.: Philosophie der Geschlechter (Fragmente), in: Die Zeit, Nr. 1265, Morgenblatt vom 3. April 1906, Feuilleton-Teil, S. 1–3, online unter: http://socio.ch/sim/verschiedenes/1906/geschlechter.htm.
58 Ders.: Weibliche Kultur, in: Ders.: Philosophische Kultur, Leipzig [2]1919, S. 262.
59 Ebd., S. 282.
60 Ebd., S. 284ff.
61 Ebd.
62 Ders.: zitiert nach: M. Ulmi: Frauenfragen, Männergedanken. Zu Georg Simmels Philosophie und Soziologie der Geschlechter, Zürich 1989, S. 104.
63 Ders.: Brief an Marianne Weber, in: M. Ulmi, a. a. O., S. 111.

Moderne, Postmoderne und Post-Moderne

1 K. Jaspers: Kleine Schule des philosophischen Denkens, XI. Liebe, München 1974, S. 145.
2 Ders.: Allgemeine Psychopathologie, Heidelberg [9]1973, S. 525.
3 Ebd.
4 Ebd., S. 147.
5 Ebd., S. 148ff.
6 Ebd., S. 150f.
7 Ebd., S. 151.
8 M. Foucault: Die Ordnung der Dinge: Eine Archäologie der Humanwissenschaften, Frankfurt am Main 1969, S. 414.
9 M. Buber: Ich und Du, Heidelberg 1974, S. 122.
10 E. Lévinas: Die Spur des Anderen. Untersuchungen zur Phänomenologie und Sozialphilosophie, Freiburg im Breisgau 1983, S. 280.
11 Ders.: Totalität und Unendlichkeit, Freiburg im Breisgau, München 1989, S. 23.
12 Ebd., S. 170.
13 Ders.: Jenseits des Seins oder anders als Sein geschieht, Freiburg im Breisgau, München 1992, S. 224.
14 Ders.: Totalität und Unendlichkeit, Freiburg im Breisgau, München 1989, S. 389f.
15 Ders.: Die Zeit und der Andere, Hamburg 2003, S. 60.
16 E. Lévinas: Totalität und Unendlichkeit, Freiburg im Breisgau, München 1989, S. 389.
17 Vgl. W. N. Krewani: Emmanuel Lévinas, Denker des Anderen, Freiburg im Breisgau 1992, S. 181.

18 E. Lévinas: Totalität und Unendlichkeit, Freiburg im Breisgau, München 1989, S. 397.
19 Ders.: Die Zeit und der Andere, Hamburg 2003, S. 62.
20 Ebd., S. 63.
21 O. Todd: Albert Camus, Reinbek bei Hamburg 2001, S. 370.
22 M. Foucault: Sexualität und Wahrheit 1: Der Wille zum Wissen, Frankfurt am Main 1983, S. 63.
23 Ders.: Dits et Ecrits. Schriften. Bd. 4: 1980–1988, Frankfurt am Main 2005, S. 912f.
24 Ders.: Sexualität und Wahrheit 1: Der Wille zum Wissen, Frankfurt am Main 1983, S. 63.
25 Interview mit Miller vom 11. April 1992, abgedruckt in: J. Miller: Die Leidenschaft des Michel Foucault, Köln 1995, S. 512.
26 G. Rubin: The Catacombs: A Temple of the Butthole, in: Drummer 139, zitiert nach: J. Miller, a. a. O., S. 392
27 Ebd., S. 393.
28 H. Cixous: Cela ǹa pas du nom, ce qui se passait, in: Le Débat 51 (1986), S. 154f.
29 M. Foucault: Sexualität und Wahrheit 1: Der Wille zum Wissen, Frankfurt am Main 1977, S. 150.
30 Ebd., S. 29.
31 Ders.: Eine Ästhetik der Existenz, in: Ders.: Von der Freundschaft als Lebensweise. Michel Foucault im Gespräch, Berlin 1984, S. 136.
32 A. von Schirach: Der Tanz um die Lust, München 2007, S. 34.
33 M. Foucault: Le retour de la morale (Gespräch Gilles Barbedette u. André Scala vom 29. Mai 1980), zitiert nach: W. Schmid: Auf der Suche nach einer neuen Lebenskunst. Die Frage nach dem Grund und die Neubegründung der Ethik bei Foucault, Frankfurt am Main 1991, S. 342.
34 Ders.: Dits et Ecrits. Schriften. Bd. 4: 1980–1988, Frankfurt am Main 2005, S. 912f.
35 Ders.: Sexualität und Wahrheit, 1: Der Wille zum Wissen, Frankfurt am Main 1977, S. 177.
36 S. Wade: Foucault in California, unveröffentlichtes Manuskript, zitiert nach: J. Miller: Die Leidenschaft des Michel Foucault, Köln 1995, S. 367.
37 Ebd., S. 369.
38 J.-F. Lyotard: Der Widerstreit, München 1987, S. 138.
39 Ders.: Die Analytik des Erhabenen. Kant-Lektionen, Bonn 1994, S. 147.
40 Ebd., S. 200–202.
41 Ders.: Philosophie und Malerei im Zeitalter des Experimentierens, Berlin 1986, S. 114.
42 J. Baudrillard: Von der Verführung, Berlin 1992, S. 58.
43 G. Bataille: Der heilige Eros, Neuwied 1963, S. 164.
44 Ders.: Die Erotik, München 1994, S. 27.
45 Ders.: Der heilige Eros, Neuwied 1963, S. 127.
46 Ebd., S. 313.
47 Ders.: Der heilige Eros, Frankfurt am Main 1974, S. 88.
48 Ebd., S. 86.
49 Ders.: Meine Mutter, in: Ders.: Das obszöne Werk, Frankfurt am Main 1972, S. 131.
50 R. Musil: Der Mann ohne Eigenschaften, II. Aus dem Nachlaß, Reinbek bei Hamburg 2005, S. 1089
51 Ders.: Vereinigungen, Frankfurt am Main 1990, S. 83.
52 R. Halpern: Shakespeare's Perfume. Sodomy and Sublimity in the Sonnets, Wilde, Freud, and Lacan, New York 2002, S. 88f.
53 Ebd., S. 89.
54 Ebd.
55 E. Roudinesco: Jacques Lacan, Köln 1996, S. 283.
56 L. von Sacher-Masoch: Venus im Pelz, online unter: http://gutenberg.spiegel.de/?id=5&xid=2305&kapitel=1#gb_found.
57 R. Halpern: Shakespeare's Perfume. Sodomy and Sublimity in the Sonnets, Wilde, Freud, and Lacan, New York 2002, S. 56f.
58 J. Baudrillard: The Madonna Deconnection, übersetzt und gekürzt von R. Fleck, online unter: http://www.egs.edu/faculty/baudrillard/baudrillard-the-madonna-deconnection.html.
59 Ebd.

60 Ders.: Die Rituale der Transparenz, in: Chr. Wulf (Hg.): Lust und Liebe. Wandlungen der Sexualität, München 1985, S. 395–410, hier S. 399.

61 Ebd., S. 398.

62 Ebd.

63 Ebd.

64 Ders., zitiert nach: A. von Schirach: Der Tanz um die Lust, München 2007, S. 311.

65 Ders.: Die fatalen Strategien, München 1991, S. 157.

66 Ders.: Die Rituale der Transparenz, in: Chr. Wulf (Hg.): Lust und Liebe. Wandlungen der Sexualität, München 1985, S. 395–410, hier S. 410.

67 H. Marcuse: Der eindimensionale Mensch. Studien zur Ideologie der fortgeschrittenen Industriegesellschaft, München 1994, S. 153.

68 T. W. Adorno: Sexualtabus und Recht heute, in: Ders.: Gesammelte Schriften, Bd. 10, Frankfurt am Main [2]1997, S. 534.

69 Ebd., S. 535.

70 Adorno an Erich Fromm in: T. W. Adorno/M. Horkheimer: Briefwechsel, Bd. 1: 1927–1937, Frankfurt am Main 2003, S. 543..

71 Ders.: Tagebuch vom 16. 10. 1949, in: Theodor W. Adorno Archiv (Hg.): Adorno. Eine Bildmonographie, Frankfurt am Main 2003, S. 203.

72 Ders: o.T., in: Theodor W. Adorno Archiv (Hg.): Adorno. Eine Bildmonographie, Frankfurt am Main 2003, S. 186.

73 L. Latté an Theodor Adorno, Brief vom 18. 12. 1949, in: ebd., S. 193.

74 L. Latté an Theodor Adorno, Brief vom 26. 11. 1949, in: ebd., S. 191.

75 T. W. Adorno: Minima Moralia. Reflexionen aus dem beschädigten Leben, in: Ders.: Gesammelte Schriften Bd. 4, Frankfurt am Main 1984, S. 333.

76 Ders.: Ästhetische Theorie, in: Ders.: Gesammelte Schriften Bd. 7, Frankfurt am Main 1970, S. 33.

77 Ders.: Tagebuch vom 30. 10. 1949, in: Theodor W. Adorno Archiv (Hg.): Adorno. Eine Bildmonographie, Frankfurt am Main 2003, S. 207.

78 Ders.: Minima Moralia. Reflexionen aus dem beschädigten Leben, in: Ders.: Gesammelte Schriften, Bd. 4, Frankfurt am Main 1984, S. 218.

79 H. Marcuse: Triebstruktur und Gesellschaft, Frankfurt am Main 1965, S. 202.

80 Ebd.

81 Ebd.

82 Ebd.

83 B. Preciado: Kontrasexuelles Manifest, Berlin 2003, S. 132.

84 S. Žižek: Interview mit einem schnellen Brüter, in: Die Weltwoche, Ausgabe 45/05 vom 9. 11. 2005, online unter: http://www.weltwoche.ch/ausgaben/2005–45/artikel-2005–45-interview-mit-einem-schnellen-brueter.html.

85 Ebd.

86 Ders., Die Perle ist immer Dreck, Interview mit S. Žižek, in: „Das Magazin", 22. 01. 2010, online unter: http://dasmagazin.ch/index.php/die-perle-ist-immer-dreck/.

87 Ebd.

88 Ebd.

89 Ebd.

90 Ders., in: „The Pervert's Guide to Cinema". Lone Star/Mischief/Kasander/Amoeba Film Production, Regie Sophie Fiennes, Großbritannien/Österreich/Niederlande 2006.

91 Ders.: Die gnadenlose Liebe, Frankfurt am Main 2001, S. 73.

92 Ebd., S. 129, Fn. 119.

93 Ebd., S. 129.

94 Ebd.

95 S. Žižek, zitiert nach: P. Oehmke: Der Denkautomat, in: Der Spiegel 27/2010, online unter: http://www.spiegel.de/spiegel/0,1518,druck-704729,00.html.

96 Ebd., S. 129.

97 Ebd., S. 175.
98 Ebd., S. 88.
99 Hysterie und Cypberspace. Ulrich Gutmair und Chris Flor im Gespräch mit Slavoj Zizek, (07. 10. 1998), online unter: http://www.heise.de/tp/r4/artikel/2/2491/1.html.
100 Ebd.
101 S. Žižek, in: „The Pervert's Guide to Cinema". Lone Star/Mischief/Kasander/Amoeba Film Production, Regie Sophie Fiennes, Großbritannien/Österreich/Niederlande 2006.
102 L. Irigaray: Ethik der sexuellen Differenz, Frankfurt am Main 1991, S. 26.
103 Dies.: Das Geschlecht das nicht eins ist, Berlin 1979, S. 26.
104 Ebd., S. 23.
105 Dies.: Ethik der sexuellen Differenz, Frankfurt am Main 1991, S. 27.
106 Interview mit Judith Butler, online unter: http://www.thing.de/neid/archiv/1/text/butler.htm.
107 J. Butler: Das Unbehagen der Geschlechter, Frankfurt am Main 2003, S. 41.
108 Ebd., S. 23.
109 Dies.: Körper von Gewicht. Die diskursiven Grenzen des Geschlechts, Frankfurt am Main 1997, S. 23.
110 B. Preciado: Kontrasexuelles Manifest, Berlin 2003, S. 10.
111 Ebd., S. 66.
112 Ebd., S. 67.
113 Ebd., S. 141.
114 Ebd., S. 63.
115 P. Sloterdijk/Chr. Thiele: Interview, in: Playboy April 2010, S. 55.
116 P. Sloterdijk: Sphären, Bd. 3: Schäume, Frankfurt am Main 2004, S. 854.
117 Ders.: Kritik der zynischen Vernunft, Frankfurt am Main 1983, S. 27f.
118 Ders.: Sphären, Bd. 3: Schäume, Frankfurt am Main 2004, S. 856.
119 Ebd., S. 214.
120 Ebd., S. 27.
121 Ebd., S. 477.
122 Ebd.
123 Ebd., S. 473.
124 Ders.: Selbstversuch. Ein Gespräch mit Carlos Oliveira, München 1999, S. 77.
125 Ebd.
126 Ebd., S. 35.
127 Ebd.
128 Ebd.
129 Ders.: Gottes- und Orgasmusnarren, in: C. Hegemann (Hg.): Glück ohne Ende. Kapitalismus und Depression, Berlin 2000, S. 46–49, hier S. 47.
130 Ders.: Selbstversuch. Ein Gespräch mit Carlos Oliveira, München 1999, S. 91.
131 Ders.: Gottes- und Orgasmusnarren, in: C. Hegemann (Hg.): Glück ohne Ende. Kapitalismus und Depression, Berlin 2000, S. 46–49, hier S. 47.
132 Ders.: Selbstversuch. Ein Gespräch mit Carlos Oliveira, München 1999, S. 91.
133 Ebd.
134 Ebd., S. 93.
135 Ebd.
136 Ebd.
137 Ebd.
138 P. Sloterdijk/Chr. Thiele: Interview, in: Playboy April 2010, S. 55.
139 P. Sloterdijk: Selbstversuch. Ein Gespräch mit Carlos Oliveira, München 1999, S. 106.
140 Ebd., S. 105.
141 P. Sloterdijk/H.-J. Heinrichs: Kantilenen der Zeit. Zur Entidiotisierung des Ich und zur Entgreisung Europas, online unter: http://www.lettre.de/archiv/36_sloterdijk.html.

142 P. Sloterdijk/Chr. Thiele: Interview, in: Playboy April 2010, S. 55.
143 P. Sloterdijk: Selbstversuch. Ein Gespräch mit Carlos Oliveira, München 1999, S. 106.
144 Ebd., S. 488.
145 Ebd.
146 Ders.: Sphären. Bd. 3: Schäume, Frankfurt am Main 2004, S. 30.
147 Ebd., S. 44.
148 Ebd., S. 30.
149 Ders.: Die Kritik der zynischen Vernunft, Frankfurt am Main 1983, S. 290.
150 Ebd., S. 281.
151 Ebd.
152 Ebd., S. 466.
153 Ebd.
154 P. Sloterdijk/Chr. Thiele: Interview, in: Playboy April 2010, S. 55.

Die Philosophie zwischen Grenzen und Bettkanten

1 Vgl. F. W. Korff: Der Philosoph und die Frau. Zur Geschichte einer Mesalliance, Leipzig 2000, S. 125.
2 Vgl. G. Bateson: Ökologie des Geistes. Anthropologische, psychologische, biologische und epistemologische Perspektiven, Frankfurt am Main 1981, S. 373.
3 Vgl. B. Kanitscheider, in: Erkan und Stefan, Staffel, Folge 8, im Internet unter: www.youtube.com/watch?v=z-FOdKobmxY [08. 05. 2010].
4 Vgl. B. Brock: Ästhetik als Vermittlung, im Internet unter: www.brock.uni-wuppertal.de/schrifte/AV/striptea.html.
5 W. Allen: Nebenwirkungen, Reinbek bei Hamburg 1986, S. 9.

Literaturverzeichnis

Abaelard: Die Leidensgeschichte und der Briefwechsel mit Heloisa, München 1987.

Adorno, T. W.: Gesammelte Schriften, Frankfurt a. M. ²1997.

Adorno, T. W. / Horkheimer, M.: Briefwechsel, Bd. 1: 1927–1937, Frankfurt a. M. 2003.

Airaksinen, T.: The philosophy of the Marquis de Sade, London u. a. 1995.

Alexander, W. M.: Philosophers have avoided Sex, in: Diogenes 72 (1970), S. 56–74.

Allen, W.: Nebenwirkungen, Reinbek bei Hamburg 1986.

Ammicht Q., R.: Vergifteter Eros? Zum krisenhaften Verhältnis von Sexualität, Eros und christlicher Religion, in: Der blaue Reiter. Journal für Philosophie 16 (2002), S. 63–68.

Annerl, C.: Das neuzeitliche Geschlechterverhältnis. Eine philosophische Analyse, Frankfurt a. M. u. a. 1991.

Aretino, P.: I Modi, Stellungen. Die Sonette des göttlichen Pietro Aretino zu den Kupfern Marcantonio Raimondis, Nachgedichtet und mit einem Essay versehen von Thomas Hettche, Frankfurt a. M. 1997.

Ders.: Die Gespräche des göttlichen Pietro Aretino, online unter: [http://gutenberg.spiegel.de/?id=5&xid=71&kapitel=4&cHash=628f2283922#gb_found], [05. 01. 2011].

Argens, J.-B. d': Thérèse Philosophe oder Memoiren zu Ehren der Geschichte von Pater Dirrag und Mademoiselle Eradice, in: R. Darnton (Hg.): Denkende Wollust, Frankfurt a. M. 1996, S. 227–341.

Ariés, P. / Béjin, A. / Foucault, M. u. a. (Hg.): Die Masken des Begehrens und die Metamorphosen der Sinnlichkeit. Zur Geschichte der Sexualität im Abendland, Frankfurt a. M. 1984.

Augustinus: Die Bekenntnisse, Stuttgart ⁴1863.

Baker, R. / Wininger, K. J. / Elliston, F.: Philosophy and Sex, Amherst 1998.

Bachl, G.: Der beschädigte Eros: Frau und Mann im Christentum, Freiburg im Breisgau, Basel, Wien 1989.

Balfour, I.: Torso: Sublime Sex, Beautiful Bodies, and the Matter of the Text, in: Eighteenth-Century Studies 39 (2006), S. 323–337.

Balzer, P. / Rippe, K. P. (Hg.): Philosophie und Sex, München 2000.

Barcha, F.: Die Lust: Ein Disput in der abendländischen Tradition – von Homer bis Robespierre, Wien 2009.

Barta, I.: Der disziplinierte Körper. Bürgerliche Körpersprache und ihre geschlechtsspezifische Differenzierung am Ende des 18. Jahrhunderts, in: ders. (Hg.), Frauen. Bilder. Männer. Mythen. Kunsthistorische Beiträge, Berlin 1987, S. 84–106.

Bartens, W. / Hermann, S.: Alles über das Eine, Frankfurt a. M. 2007.

Baruzzi, A. (Hg.), Aufklärung und Materialismus im Frankreich des 18. Jahrhunderts, München 1968.

Bataille, G.: Der heilige Eros, Neuwied 1963.

Ders.: Das obszöne Werk, Reinbek bei Hamburg 1972.

Ders.: Der heilige Eros, Frankfurt a. M. 1974.

Ders.: Die Tränen des Eros, München 1981.

Ders.: Die Erotik, München 1994.

Bateson, G.: Ökologie des Geistes. Anthropologische, psychologische, biologische und epistemologische Perspektiven, Frankfurt a. M. 1981.

Baudrillard, J.: Die Rituale der Transparenz, in: Chr. Wulf (Hg.): Lust und Liebe. Wandlungen der Sexualität, München 1985, S. 395–410.

Ders.: Die fatalen Strategien, München 1991.

Ders.: Von der Verführung, Berlin 1992.

Ders.: The Madonna Deconnection, Übersetzt, gekürzt von Robert Fleck, online unter: [http://www.egs.edu/faculty/baudrillard/baudrillard-the-madonna-deconnection.html], [05. 01. 2011].

Beck, H. / Rieber, A.: Anthropologie und Ethik der Sexualität, zur ideologischen Auseinandersetzung um körperliche Liebe, München 1982.
Bennent, H.: Galanterie und Verachtung. Eine philosophiegeschichtliche Untersuchung zur Stellung der Frau in Gesellschaft und Kultur, Frankfurt a. M., New York 1985.
Bertau, M.-C.: Eros und Metapher, in: Der blaue Reiter. Journal für Philosophie 6 (1997), S. 35–38.
Beutin, W.: Sexualität und Obszönität: Eine literaturpsychologische Studie über epische Dichtungen des Mittelalters und der Renaissance, Würzburg 1990.
Ders.: Aphrodites Wiederkehr: Beiträge zur Geschichte der erotischen Literatur von der Antike bis zur Neuzeit, Frankfurt a. M., New York 1995.
Blackburn, S.: „Wollust". Die schönste Todsünde, Berlin 2008.
Blankert, S.: Thomas von Aquin: Lust auf Leben. Texte und Kommentare, Röllshausen 2001.
Blaschitz, G.: Das Freudenhaus im Mittelalter, in: A. Classen (Hg.): Sexuality in the Middle Ages and Early Modern Times. New Approaches to a Fundamental Cultural-Historical and Literary-Anthropological Theme, Berlin 2008, S. 715–750.
Böhme, G.: Der Leib, in: ders. (Hg.), Anthropologie in pragmatischer Hinsicht, Frankfurt a. M. 1985, S. 113–126.
Ders.: Umgekehrte Vernunft. Dezentrierung des Subjekts bei Marquis de Sade, in: ders., Natur und Subjekt, Frankfurt a. M. 1988, S. 274–307.
Ders.: Erotische Anatomie. Körperfragmentierung als ästhetisches Verfahren in Renaissance und Barock, in: C. Benthien / Chr. Wulf (Hg.): Körperteile. Eine kulturellen Anatomie; Reinbek bei Hamburg 2001, S. 228–254.
Botul, J.-B.: Das sexuelle Leben des Immanuel Kant, Leipzig 2001.
Brock. B.: Ästhetik als Vermittlung, online unter: [http://www.brock.uni-wuppertal.de/Schrifte/AV.html], [05. 01. 2011].
Bremmer, J. (Hg.): From Sappho to de Sade. Moments in the History of Sexuality, London, New York 1989.
Brittnacher, H.: Delirien des Körpers. Phantastik und Pornographie im späten 18. Jahrhundert. Ein Essay, Hannover 1998.
Bronfen, E.: Die schöne Leiche. Weiblicher Tod als motivische Konstante von der Mitte des 18. Jahrhunderts bis in die Moderne, in: R. Berger / I. Stephan (Hg.), Weiblichkeit und Tod in der Literatur, Wien/Köln 1987, S. 87–115.
Dies.: Nur über ihre Leiche. Tod, Weiblichkeit und Ästhetik, München 1994.
Ders.: Let Me Count the Ways. Canonists and Theologians Contemplate Coital Positions, in: Journal of Medieval History 10 (1984), S. 81–94.
Ders.: Law, Sex and Christian Society in Medieval Europe, Chicago 1987.
Bruno, G.: De vinculis in genere, in: Giordano Bruno. Ausgewählt und vorgestellt von E. von Samsonow, München 1995, S. 166–228.
Ders.: Von den heroischen Leidenschaften, Hamburg 1989.
Bruns, C. / Walter, T. (Hg.): Von Lust und Schmerz. Eine historische Anthropologie der Sexualität, Köln, Weimar, Wien 2004.
Buber, M.: Ich und Du, Heidelberg 1974.
Butler, J.: Das Unbehagen der Geschlechter, Frankfurt a. M. 2003, S. 41.
Dies.: Körper von Gewicht. Die diskursiven Grenzen des Geschlechts, Frankfurt a. M. 1997.
Carter, A.: The Sadeian Woman And The Ideology of Pornography, New York, London 1979.
Casanova, G.: Aus dem Leben des Venetianers Jakob Giacomo de Seingalt, oder sein Leben wie er es zu Dux in Böhmen niederschrieb, 2. Bd., Leipzig 1822.
Ders.: Geschichte meines Lebens, Wiesbaden, Paris 1960/1962.
Ders.: Geschichte meines Lebens, 12 Bücher in 6. Bd., Berlin 1985.
Childs, J. R.: Casanova. Die große Biographie, München 1977.
Chlada, M.: Dialektik des Dekolletés: Zur kritischen Theorie der Oberweite, Aschaffenburg 2006.
Christensen, B.: Ironie und Skepsis: das offene Wissenschafts- und Weltverständnis bei Julian Offray de La Mettrie, Würzburg 1996.
Cioran, E. M.: Vom Nachteil geboren zu sein, Frankfurt a. M. 1979.
Ders. (Hg.): Sexuality in the Middle Ages and Early Modern Times. New Approaches to a Fundamental Cultural-Historical and Literary-Anthropological Theme, Berlin 2008.

Clemens, D. / Schabert, T.: Kulturen des Eros, München 2001.
Crawford, K.: European Sexualities, 1400–1800. New Approaches to European History, Cambridge 2007.
Croix, A de la: Liebeskunst und Liebeslust. Sinnlichkeit im Mittelalter, Ostfildern 2003.
Culianu, I. P.: Eros und Magie in der Renaissance, Frankfurt a. M. 2001.
Damm, S. (Hg.): „Lieber Freund, ich komme weit her schon an diesem frühen Morgen". Caroline Schlegel-Schelling, Frankfurt a. M. ²1981.
D'Aragona, T.: Dialog über die Unendlichkeit der Liebe, Tübingen 1988.
Darnton, R.: Denkende Wollust. Oder die sexuelle Aufklärung der Aufklärung, in: ders. (Hg.), Denkende Wollust, Frankfurt a. M. 1996, S. 7–44.
Davidson, J. N.: Kurtisanen und Meeresfrüchte. Die verzehrenden Leidenschaften im klassischen Athen, Berlin 1999.
Davies, N.: Liebe, Lust und Leidenschaft. Kulturgeschichte der Sexualität, Reinbek bei Hamburg 1987.
De la Beaumelle, A.: Vie de Maupertius, Paris 1856.
De La Mettrie, J. O.: L'homme machine, Paris 1966.
Ders.: Über das Glück oder das Höchste Gute („Anti-Seneca"), Nürnberg 1985.
Ders.: Die Kunst Wollust zu empfinden, Nürnberg 1987.
Denis, L.: Kant on the Wrongness of „Unnatural" Sex, in: History of Philosophy Quarterly 16 (1999), S. 225–248.
Descartes, R.: Die Leidenschaften der Seele, Hamburg 1984.
Detel, W.: Macht, Moral, Wissen. Foucault und die klassische Antike, Frankfurt a. M. 1998.
Ders.: Macht und Geschlechterverhältnisse im klassischen Altertum. Eine Foucault'sche Perspektive, in: Der Blaue Reiter. Journal für Philosophie 16 (2002), S. 23–30.
Diderot, D.: Philosophische Schriften, Bd. 2, Berlin 1961.
Dinzelbacher, Peter (Hg.): Minne ist ein swaerez spil. Neue Untersuchungen zum Minnesang und zur Liebe im Mittelalter, Göppingen 1986.
Diogenes Laertius: Leben und Meinungen berühmter Philosophen, Hamburg ³1990.
Dollymore, J.: Sexual Dissidence. From Augustine to Wilde, Freud to Foucault, Oxford 1991.
Dubost, J.-P.: Eros und Vernunft – Literatur und Libertinage, Frankfurt a. M. 1988.
Ders.: Die libertine Literatur, wertvolles Material für eine Kritik der erotischen Vernunft, in: L. Schwarte (Hg.): Philosophien des Fleisches. Das Theater der Libertinage zwischen Kunst und Wissenschaft, Hildesheim u. a. 2008, S. 77–100.
Dufourmantelle, A.: Blind Date: Sex and Philosophy, Illinois 2007.
Dulong, C.: Zwischen Eros und Sexus. Die Liebe im 17. Jahrhundert, Hamburg 1971.
Eder, Franz X.: Kultur der Begierde: Eine Geschichte der Sexualität, München 2002.
Fabeck, H. von: An den Grenzen der Phänomenologie. Eros und Sexualität im Werk Maurice Merleau-Pontys, München 1994.
Feichtinger, B. (Hg.): Eros und Aphrodite. Von der Macht der Erotik und der Erotik der Macht. Zur diskursiven Verknüpfung von Macht und Erotik in der griechisch-römischen Antike, Trier 2009.
Fehige, J. H.: Sexualphilosophie: Eine einführende Annäherung, Hamburg 2007.
Feuerstein, G.: Gott und die Erotik. Spirituelle Dimensionen der Sexualität, München 1993.
Fichte, J. G.: Grundlage des Naturrechts nach Prinzipien der Wissenschaftslehre, Hamburg 1979.
Ficino, M.: Über die Liebe oder Platons Gastmahl. Lateinisch – Deutsch, Hamburg 2004.
Flandrin, J.-L.: Sex in Western World. The Development of Attitudes and Behaviour, Chur u. a. 1991.
Flandrin, J.: Un temps pour embrasser, Paris 1993.
Flaßpöhler, S.: Der Wille zur Lust. Pornographie und das moderne Subjekt, Frankfurt a. M. 2007.
Flem, L.: Casanova oder die Einübung ins Glück, Hamburg 1998.
Foucault, M.: Die Ordnung der Dinge. Eine Archäologie der Humanwissenschaften, Frankfurt a. M. 1969.
Fontane, T.: Unveröffentlichte Aufzeichnungen und Briefe, in: Sinn und Form. Beiträge zur Literatur 13 (1961), S. 704–747.
Ders.: Sexualität und Wahrheit 1: Der Wille zum Wissen, Frankfurt a. M. 1977.
Ders.: Das Abendland und die Wahrheit des Sexes, in: ders.: Dispositive der Macht, Berlin 1978, S. 96–103.
Ders.: Von der Freundschaft als Lebensweise. Michel Foucault im Gespräch, Berlin 1984.

Ders.: Sexualität und Wahrheit 2: Der Gebrauch der Lüste, Frankfurt a. M. 1989.
Ders.: Sexualität und Wahrheit 3: Die Sorge um sich, Frankfurt a. M. 1989.
Ders.: Dits et Ecrits. Schriften in vier Bänden, Frankfurt a. M. 2002.
Frank, M. / Kurz, G. (Hg.): Materialien zu Schellings philosophischen Anfängen, Frankfurt a. M. 1975.
Frayser, S. G. / Whitby, T. J.: Studies in Human Sexuality. A Selected Guide, Englewood, Colombia ^{2}1995.
Freud, S.: Gesammelte Werke, Frankfurt a. M. 1999.
Gay, P.: Erziehung der Sinne. Sexualität im bürgerlichen Zeitalter, München 1987.
Gerburg, T.-D.: Die Gottesmaschine. Erinnerungen an den Marquis de Sade als politischen Denker, online unter: [http://www.freitag.de/2004/50/04501701.php], [05. 01. 2011].
Glanzmann, S.: Der einsame Eros, eine Untersuchung des Symposion-Kommentars „De amore" von Marsilio Ficino, Tübingen 2006.
Gössmann, E. (Hg.): Ob die Weiber Menschen seyn, oder nicht? München 1988.
Grawert-May, E. von: Erotisch/ Erotik/ Erotismus, in: Ästhetische Grundbegriffe. Historisches Wörterbuch in sieben Bänden, hg. v. K. Barck u. a., Bd. 2, Stuttgart, Weimar 2001, S. 310–337.
Grimminger, R.: Die Utopie der vernünftigen Lust. Sozialphilosophische Skizze zur Ästhetik des 18. Jahrhunderts bis zu Kant, in: Chr. Bürger / P. Bürger / J. Schulte-Sasse (Hg.), Aufklärung und literarische Öffentlichkeit, Frankfurt a. M. 1980, S. 116–132.
Halperin, D. / Winkler, J. J. / Zeitlin, F. I. (Hg.): Before Sexuality. The Construction of Erotic Experience in the Ancient World, Princeton 1990.
Halpern, R.: Shakespeare's Perfume. Sodomy and Sublimity in the Sonnets, Wilde, Freud, and Lacan, New York 2002.
Hammer, F.: Leib und Geschlecht. Philosophische Perspektiven von Nietzsche bis Merleau-Ponty, Bonn 1974.
Hart, C. / Stevenson, K.: Heaven and the Flesh. Imagery of Desire from Renaissance to the Rococo, Cambridge 1995.
Harvey, K.: Reading Sex in the Eighteenth Century. Bodies and Gender in English Erotic Culture, Cambridge 2004.
Hauschild, H. P.: Fleisches Theologie, Berlin, Hamburg, Münster 2004.
Hegemann, C. (Hg.): Glück ohne Ende. Kapitalismus und Depression, Berlin 2000.
Heinse, J. J. W.: Ardinghello und die glücklichen Inseln, Berlin 1921.
Herder, J. G.: Sämmtliche Werke, Bd. 22, Berlin 1880.
Heyden-Rynsch, V. von der: Das Spiel der Verführung. Liebe und Galanterie im Wandel der Zeiten, Düsseldorf, Zürich 2004.
Hildegard von Bingen: Heilkunde. Das Buch von dem Grunde und Wesen und der Heilung der Krankheiten, Salzburg 1957.
Dies.: Ursachen und Behandlungen der Krankheiten (causae et curae), Heidelberg ^{2}1980.
Dies.: Heilwissen. Causae et Curae. Von den Ursachen und der Behandlung von Krankheiten nach Hildegard von Bingen, Augsburg 1997.
Honegger, C.: Die Ordnung der Geschlechter. Die Wissenschaft vom Menschen und das Weib 1750–1850, Frankfurt a. M. 1992.
Horkheimer, M. / Adorno, T. W.: Dialektik der Aufklärung, Frankfurt a. M. 1988.
Hunt, L. (Hg.): Die Erfindung der Pornographie. Obszönität und die Ursprünge der Moderne, Frankfurt a. M. 1994.
Irigaray, L.: Das Geschlecht das nicht eins ist, Berlin 1979.
Dies.: Ethik der sexuellen Differenz, Frankfurt a. M. 1991.
Jacob, M. C.: Die materialistische Welt der Pornographie, in: L. Hunt (Hg.): Die Erfindung der Pornographie. Obszönität und die Ursprünge der Moderne, Frankfurt a. M. 1994, S. 132–182.
Jäger, M.-C.: Ordnung des Sexuellen. Foucaults Unterscheidung von sadistischer Disziplinarmacht und SM-Subkultur, in: M. Chlada /
M.-Chr. Jäger (Hg.): Das Spiel der Lüste. Sexualität, Identität und Macht bei Michel Foucault, Aschaffenburg 2008, S. 117–130.
Jaspers, K.: Kleine Schule des philosophischen Denkens, München 1974.
Ders.: Allgemeine Psychopathologie, Heidelberg ^{9}1973.
Jauch, U. P.: Damenmoral und Männermoral. Von Abbé de Gérard bis Marquis de Sade. Ein Versuch über die lächelnde Vernunft, Wien 1990.

Dies: Jenseits der Maschine. Philosophie, Ironie und Ästhetik bei Julien Offray de La Mettrie (1709–1751), München, Wien 1998.

Dies: Wenn Therese philosophiert ... Einige Fußnoten zum Verhältnis von d'Argens und La Mettrie, in: H.-U. Seifert / J.-L. Seban (Hg.): Der Marquis D'Argens, Wiesbaden 2004, S. 139–151.

Dies: Venus wird physisch: Pierre Louis Moreau de Maupertuis im Land der Fortpflanzung, in: L. Schwarte (Hg.): Philosophien des Fleisches. Das Theater der Libertinage zwischen Kunst und Wissenschaft, Hildesheim u. a. 2008, S. 101–119.

Kaegi, D. / Rudolph, E. (Hg.): Philosophie der Lust, Zürich 2009.

Kant, I.: Werke, hg. v. W. Weischedel, Darmstadt 1960 (zitiert nach der Originalpaginierung).

Ders.: Vorlesungen über Moralphilosophie, Bd. 4, Berlin 1975.

Ders.: Metaphysische Anfangsgründe der Tugendlehre, Hamburg [2]2008.

Kennedy, E. / Mendus, S.: Women in Western Political Philosophy. Kant to Nietzsche, Brighton 1987.

Kierkegaard, S.: Briefe. Ausgewählt, übersetzt und mit einem Nachwort versehen von Walter Boehlich, Köln 1955.

Ders.: Gesammelte Werke, Gütersloh 1977 ff.

Kondylis, P. (Hg.): Der Philosoph und die Lust, Frankfurt a. M. 1991.

Korff, F. W.: Der Philosoph und die Frau. Zur Geschichte einer Mesalliance, Leipzig 2002.

Krewani, W. N.: Emmanuel Lévinas, Denker des Anderen. Freiburg im Breisgau 1992.

Krieger, V. (Hg.): Metamorphosen der Liebe: Kunstwissenschaftliche Studien zu Eros und Geschlecht im Surrealismus, Münster, Hamburg, Berlin, London 2006.

Küchler Williams, C.: Südsee, Sex und Frauen im Diskurs des 18. Jahrhunderts, in: H.-J. Lüsebrink (Hg.): Das Europa der Aufklärung und die außereuropäische koloniale Welt, Göttingen 2006, S. 302–325.

Kurzel-Runtscheiner, M.: Töchter der Venus. Die Kurtisanen Roms im 16. Jahrhundert, München 2001.

Laqueur, T.: Making Sex. Body and Gender from the Greeks to Freud, Cambridge/Mass. 1990.

La Mettrie, J. O. de: Über das Glück oder das höchste Gut („Anti-Seneca"), Nürnberg 1985.

Ders.: Die Kunst, Wollust zu empfinden, Nürnberg 1987.

Laska, B. A.: La Mettrie und die Kunst, Wo(h)llust zu empfinden. Portrait eines verfemten Denkers, online unter: [http://www.lsr-projekt.de/lmsex.html], [05. 01. 2011].

Lautmann, R. / Schetsche, M.: Sexualität im Denken der Moderne, in: Historisches Wörterbuch der Philosophie, Bd. 9, Darmstadt 1995, S. 730–742.

Lever, M.: Marquis de Sade. Die Biographie, München 1998.

Lévinas, E.: Die Spur des Anderen. Untersuchungen zur Phänomenologie und Sozialphilosophie, Freiburg im Breisgau 1983.

Ders.: Totalität und Unendlichkeit, Freiburg im Breisgau, München 1989.

Ders.: Jenseits des Seins oder anders als Sein geschieht, Freiburg im Breisgau, München 1992.

Ders.: Die Zeit und der Andere, Hamburg 2003.

Lichtenberg, G. C.: Lichtenbergs Werke in einem Band, Berlin/Weimar 1985.

Liessmann, P.: Erotik als Kunst. Sören Kierkegaards Ästhetik der Verführung, in: Der blaue Reiter. Journal für Philosophie 12 (2000), S. 23–27.

Ders. (Hg.): Der listige Gott. Über die Zukunft des Eros, Wien 2002.

Luhmann, N.: Liebe als Passion, Zur Codierung von Intimität, Frankfurt a. M. 1994.

Lukrez: s. Titus Lucretius Carus.

Luther, M. / Ecker, G.: Ein schöner Alcoranischer Nessel-Krantz: aus den köstlichen unnd ubertrefflichen nicht Tischreden sondern fürnemen Operibus, unnd Büchern ... Martini Lutheri ... auff des Gottlosen Lucas Osianders ... unsinnig Alcoranische Haupt ... in Tag gegeben, Freyburg 1591.

Lutterbach, H.: Sexualität im Mittelalter. Eine Kulturstudie anhand von Bußbüchern des 6. bis 12. Jahrhunderts, Köln, Weimar, Wien 1999.

Lyotard, J.-F.: Der Widerstreit, München 1987.

Ders.: Die Analytik des Erhabenen. Kant-Lektionen, Bonn 1994.

Marcuse, H.: Triebstruktur und Gesellschaft, Frankfurt a. M. 1965.

Ders.: Der eindimensionale Mensch. Studien zur Ideologie der fortgeschrittenen Industriegesellschaft. München 1994.

Margulis, L. / Sagan, D.: Geheimnis und Ritual. Die Evolution der menschlichen Sexualität, Berlin 1993.

Marietta, D. E. Jr.: Philosophy of Sexuality, 1996.

Marinella, M.: Le Nobilità et Eccellenze delle Donne et i Difetti e Mancamenti de gli Houmini [1600], in: E. Gößmann (Hg.), Eva – Gottes Meisterwerk. Archiv für philosophie- und theologiegeschichtliche Frauenforschung, Bd. 2, München 1985, S. 23–44.
Martial: Epigramme, Zürich/Stuttgart 1957.
Marx, R.: Aufklärung und Sexualität. Studien zum Sexualitätsdiskurs in der deutschen Literatur des 18. Jahrhunderts, Stuttgart 1999.
Maupertius, P. L. M. de: Venus physique, Paris [6]1751.
Meyer-Zwiffelhoffer, E.: Im Zeichen des Phallus. Die Ordnung des Geschlechtslebens im antiken Rom, Frankfurt a. M./New York 1995.
Miller, J.: Die Leidenschaft des Michel Foucault, Frankfurt a. M. 1995.
Mocek, I.: Ein Herz für Tiere, in: NEON 2 (2009), S. 74–78.
Montaigne, M. de: Essais, Frankfurt a. M. 1998.
Ders.: Tagebuch der Reise nach Italien über die Schweiz und Deutschland von 1580 bis 1581, Frankfurt a. M. 2002.
Moog-Grünewald, M: Eros, zur Ästhetisierung eines (neu)platonischen Philosophems in Neuzeit und Moderne, Heidelberg 2006.
Muchembled, R.: Die Verwandlung der Lust: Eine Geschichte der abendländischen Sexualität, München 2008.
Müller, W.: Eros und Sexus im Urteil der Philosophen, Bonn 1985.
Ders.: Der Mann ohne Eigenschaften, II. Aus dem Nachlaß, Reinbek bei Hamburg 2005.
Naumann-Beyer, W.: Anatomie der Sinne im Spiegel von Philosophie, Ästhetik, Literatur, Köln, Weimar, Wien 2003.
Neumann, W. G.: Sexualität und Philosophie – Zur Psychoanalyse kritischen Denkens, Hannover 1993.
Nietzsche, F.: Werke in drei Bänden, München 1954.
Ders.. Kritische Gesamtausgabe. Briefwechsel. Bd. 3, Berlin, New York 1975.
Ders.: Sämtliche Werke. Kritische Studienausgabe, 15 Bde., Berlin u. a. 1980.
Oehmke, P.: Der Denkautomat, in: Der Spiegel 27/2010, online unter: [http://www.spiegel.de/spiegel/print/d-71261447.html], [05. 01. 2011].
Onfray, M.: Philosophie der Ekstase, Frankfurt a. M. 1993.
Ders.: Theorie des verliebten Körper. Für eine solare Erotik, Berlin 2001.
Ovid: Drei Bücher über die Liebeskunst. Heilmittel gegen die Liebe, München 1920.
Ders.: Werke in zwei Bänden, Berlin, Weimar 1982.
Pechriggl, A.: Eros, Wien 2009.
Perrottet, T.: Das Ei des Napoleon, München 2008.
Pfister, M. / Zweifel, S.: Pornosophie und Imachination. Sade, La Mettrie, Hegel, München 2002.
Philo von Alexandrien: Werke in deutscher Übersetzung, Bd. 2, Berlin 1962.
Platek, S. M. / Singh, D.: Optimal Waist to-Hip Ratios in Women Activate Neural Reward Centers in Men, in: PloS ONE February 2010, Volume 5, Issue 2, online unter: [http://www.plosone.org/article/info:doi%2F10 1371%2Fjournal.pone.0009042], [05. 01. 2011].
Platon: Werke. Bd. 3: Phaidon. Das Gastmahl. Kratylos, Darmstadt [3]1990.
Plotin: Schriften, Bd. 5, Hamburg 1960.
Plutarch: Dialog über die Liebe. Amatorius, Tübingen 2006.
Pott, H.-G.: Liebe und Gesellschaft. Das Geschlecht der Musen, München 1997.
Prange, P.: Das Paradies im Boudoir, Glanz und Elend der erotischen Libertinage im Zeitalter der Aufklärung, Marburg 1994.
Preciado, B.: Kontrasexuelles Manifest, Berlin 2003.
Rattner, J. / Danzer, G.: Eros und Sexus. Ihre Befreier von 1500 bis 2000, Würzburg 2007.
Reichert, C.: Können wir Roboter lieben? In: P.M. 08/2009, S. 96–98.
Reschke, R.: Denkumbrüche mit Nietzsche. Zur anspornenden Verachtung der Zeit, Berlin 2000.
N. F. Réstif de la Brettone: Anti-Justine, online unter: [http://www.zeno.org/Literatur/M/Restif+de+la+Bretonne,+Nicolas+%C3%89dm%C3%A9/Roman/Anti-Justine/Vorwort], [27. 08. 2009].
Richlin, A.: The Garden of Priapus. Sexuality and Aggression in Roman Humor, New Haven, London 1983.
Dies. (Hg.): Pornography and Representation in Greece and Rome, Oxford 1991.
Ridley, M.: Eros und Evolution. Die Naturgeschichte der Sexualität, München 1998.

Rochester, J. W. Earl of: Der beschädigte Wüstling. Satiren, Lieder und Briefe, München 2008.
Rodgers, N. / Thompson, M.: Philosophen wie wir. Große Denker menschlich betrachtet, Berlin 2007.
Ross, W.: Der ängstliche Adler. Friedrich Nietzsches Leben, München [4]1999.
Roswitha von Gandersheim: Werke, Paderborn 1936.
Roudinesco, E.: Jacques Lacan, Köln 1996.
Rougemont, D. de: Die Liebe und das Abendland, Zürich 1986.
Rullmann, M.: Philosophinnen. Von der Antike bis zur Aufklärung, Zürich, Dortmund 1993.
Sade, D.-A.-F. de: Ausgewählte Werke, Hamburg 1963.
Ders.: Œevres complètes du Marquis de Sade, Paris 1966/67.
Ders.: Justin und Juliette, 10 Bde., München 1990–2002.
Ders.: Die 120 Tage von Sodom oder die Schule der Ausschweifung, München 1999.
Salisbury, J. E. (Hg.): Sex in the Middle Ages. A Book of Essays, New York, London 1991.
Scheler, M.: Liebe und Erkenntnis, München 1955.
Schelling, F. W. J.: Philosophie der Offenbarung, Frankfurt a. M. 1977.
Ders.: Ausgewählte Schriften, Frankfurt a. M. 1985.
Ders.: Werke, 4. Hauptbd., München 1997.
Schirach, A. von: Der Tanz um die Lust, München 2007.
Schlegel, F.: Lucinde, Stuttgart 1964.
Schmid, W.: Auf der Suche nach einer neuen Lebenskunst. Die Frage nach dem Grund und die Neubegründung der Ethik bei Foucault, Frankfurt a. M. 1991.
Ders.: Die Geburt der Philosophie im Garten der Lüste. Michel Foucaults Archäologie des platonischen Eros, Frankfurt a. M. 2000.
Schopenhauer, A.: Kleine philosophische Schriften, Bd. 1, Berlin [2]1862.
Ders.: Werke in zehn Bänden, Zürich 1977.
Ders.: Die Welt als Wille und Vorstellung, Zürich 1988.
Schott, R. M.: Cognition and Eros. A Critique of the Kantian Paradigm, Boston 1988.
Schreiber, H.: Casanova. Eine Biographie, Düsseldorf 1998.
Schulte, G.: Ich impfte euch mit Wahnsinn. Nietzsches Philosophie der verdrängten Weiblichkeit des Mannes, Frankfurt a. M. 1982.
Schwarte, L. (Hg.): Philosophien des Fleisches. Das Theater der Libertinage zwischen Kunst und Wissenschaft (1680–1750), Hildesheim u. a. 2008.
Schwikart, G.: Sexualität in den Weltreligionen, Gütersloh 2001.
Siems, A. K. (Hg.): Sexualität und Erotik in der Antike, Darmstadt 1988.
Simmel, G.: Philosophie der Geschlechter (Fragmente), in: Die Zeit, Nr. 1265, Morgenblatt vom 3. April 1906, Feuilleton-Teil, S. 1–3,
online unter: [http://socio.ch/sim/verschiedenes/1906/geschlechter.htm], [05. 01. 2011].
Ders.: Philosophische Kultur, Leipzig [2]1919.
Ders.: Der platonische und der moderne Eros, in: G. Kantorowicz (Hg.), Fragmente und Aufsätze aus dem Nachlass und Veröffentlichungen der letzten Jahre, München 1923, S. 125–146.
Ders.: Schriften zur Philosophie und Soziologie der Geschlechter, Frankfurt a. M. 1985.
Sloterdijk, P.: Die Kritik der zynischen Vernunft, Frankfurt a. M. 1983.
Ders: Die Zeugung als restkommunistische Zumutung, in: C. Hegemann (Hg.): Glück ohne Ende. Kapitalismus und Depression, Berlin 2000, S. 34–37.
Ders.: Gottes- und Orgasmusnarren, in: C. Hegemann (Hg.): Glück ohne Ende. Kapitalismus und Depression, Berlin 2000, S. 46–49.
Ders.: Selbstversuch. Ein Gespräch mit Carlos Oliveira, München 1999.
Ders.: Sphären. Bd. 3: Schäume, Frankfurt a. M. 2004.
Ders.: Interview mit Christian Thiele, in: Playboy April 2010, S. 50–55.
Soble, A.: Philosophy of Sex, Lanham 2002.
Ders.: Kant on Sexual Perversion, in: The Monist. An International Quarterly Journal of General Philosophical Inquiry 86 (2003), S. 55–90.
Steintrager, J. A.: „Are You There Yet?“: Libertinage and the Semantics of the Orgasm differences, in: A Journal of Feminist Cultural Studies 11 (1999), S. 22–52.
Stevenson, D: The Beggar's Benison: Sex Clubs of Enlightenment Scotland and Their Rituals, East Linton 2001.

Stewart, P.: Engraven Desire. Eros, Image and Text in the French Eighteenth Century, Durham u. a. 1992.
Stroh, W.: Sexualität und Obszönität in römischer Lyrik, in: Th, Stemmler / S. Horlacher (Hg.): Sexualität in der Lyrik, Mannheim 2000, S. 11–49.
Stumpp, B. E.: Prostitution in der Römischen Antike, Berlin 2001.
Theodor W. Adorno Archiv (Hg.): Adorno. Eine Bildmonographie, Frankfurt a. M. 2003.
Thomas von Aquin: Die deutsche Thomas-Ausgabe, Graz, Wien, Köln, Bd. 22, 1993.
Thiele, J.: Verflucht sinnlich. Die Erogenen Zonen der Religion, München 2000.
Titus Lucretius Carus: Von der Natur der Dinge. Übersetzt von Karl Ludwig von Knebel, Leipzig ^{2}1831.
Todd, O.: Albert Camus, Reinbek bei Hamburg 2001.
Trumbach, R.: Erotische Phantasie und männlicher Libertinismus in England während der Aufklärung, in: L. Hunt (Hg.): Die Erfindung der Pornographie. Obszönität und die Ursprünge der Moderne, Frankfurt a. M. 1994.
Turner, J. G.: The Libertine Sublime: Love and Death in Restoration England, in: L. A. Brown / P. Craddock (Hg.), Studies in Eighteenth-Century Culture 19 (1989), S. 99–115.
Ders.: Illustrious Depravity and the Erotic Sublime, in: P. J. Korshin (Hg.), The Age of Johnson, New York 1989, Bd. 2, S. 1–38.
Ulmi, M.: Frauenfragen, Männergedanken. Zu Georg Simmels Philosophie und Soziologie der Geschlechter, Zürich 1989.
Vatsyayama: Kamasutram, Berlin 1922.
Varden, H.: A Kantian Conception of Rightful Sexual relations: Sex, (Gay) Marriage, and Prostitution, in: Social Philosophy Today 22 (2007), S. 199–219.
Verene, D. Ph.: Sexual Love and Western Morality. A Philosophical Anthology, London 1972.
Vickermann, G.: Verschiebung zwischen Leib und Seele. Populärmedizinisches Sprechen über Verführung im 18. Jahrhundert, in: M. Bergengruen / R. Borgards / J. F. Lehmann (Hg.), Die Grenzen des Menschen. Anthropologie und Ästhetik um 1800, Würzburg 2001, S. 51–64.
Vignali, A.: La Cazzaria, München 1988.
Vinken, Barbara: Herz Jesu und Eisprung. Jules Michelets devotio moderna, in: B. Menke (Hg.): Stigmata. Poetiken der Körperinschrift. München 2004, S. 295–318.
Vogel, B. (Hg.): Der Mensch – sein eigenes Experiment, Kolloquium 2003 des Nietzsche Forums München, Vorträge aus den Jahren 2003–2005, München 2008.
Wagner, P. (Hg.): Erotica and the Enlightenment, Frankfurt a. M., Bern, New York 1991.
Weininger, O.: Geschlecht und Charakter. Eine prinzipielle Untersuchung, Wien, Leipzig ^{19}1920.
Weischedel, W.: Die philosophische Hintertreppe. Die großen Philosophen in Alltag und Denken, München ^{28}1998.
Wennerscheid, S.: Das Begehren nach der Wunde. Religion und Erotik im Schreiben Kierkegaards, Berlin 2008.
Winkler, J.: Der gefesselte Eros. Sexualität und Geschlechterverhältnis im antiken Griechenland, Marburg 1994.
Wulf, Chr. (Hg.): Lust und Liebe. Wandlungen der Sexualität, München 1985.
Žižek, S.: Die Metastasen des Genießens, Sechs erotisch-politische Versuche, Wien 1996.
Ders.: Hysterie und Cypberspace. Ulrich Gutmair und Chris Flor im Gespräch mit Slavoj Zizek (07. 10. 1998), online unter: [http://www.heise.de/tp/r4/artikel/2/2491/1.html], [05. 01. 2011].
Ders.: Die gnadenlose Liebe, Frankfurt a. M. 2001.
Ders.: Interview mit einem schnellen Brüter, in: Die Weltwoche, Ausgabe 45/05 vom 09. 11. 2005, online unter: [http://www.weltwoche.ch/ausgaben/2005-45/artikel-2005-45-interview-mit-einem-schnellen-brueter.html], [05. 01. 2011].
Ders.: Die Perle ist immer Dreck, Interview mit S. Žižek, in: „Das Magazin", 22. 01. 2010, online unter: [http://dasmagazin.ch/index.php/die-perle-ist-immer-dreck/], [05. 01. 2011].